Léon Brunschvicg

La raison et la religion

Essai

 Le code de la propriété intellectuelle du 1er juillet 1992 interdit en effet expressément la photocopie à usage collectif sans autorisation des ayants droit. Or, cette pratique s'est généralisée dans les établissements d'enseignement supérieur, provoquant une baisse brutale des achats de livres et de revues, au point que la possibilité même pour les auteurs de créer des œuvres nouvelles et de les faire éditer correctement est aujourd'hui menacée. En application de la loi du 11 mars 1957, il est interdit de reproduire intégralement ou partiellement le présent ouvrage, sur quelque support que ce soit, sans autorisation de l'Éditeur ou du Centre Français d'Exploitation du Droit de Copie , 20, rue Grands Augustins, 75006 Paris.

ISBN : 978-2-37976-143-0

10 9 8 7 6 5 4 3 2 1

Léon Brunschvicg

La raison et la religion

Essai

Table de Matières

INTRODUCTION	7
PREMIÈRE PARTIE	20
SECONDE PARTIE	64

INTRODUCTION

I. — Le présent ouvrage a son point de départ dans une communication qui m'avait été demandée pour le *Congrès international de Philosophie*, tenu à Prague en septembre 1934 [1]. J'y avais présenté cette thèse qu'à la raison vraie, telle qu'elle se révèle par le progrès de la connaissance scientifique, il appartient de parvenir jusqu'à la religion vraie, telle qu'elle se présente à la réflexion du philosophe, c'est-à-dire comme une fonction de l'esprit se développant selon les normes capables de garantir l'unité et l'intégrité de la conscience. « Par religion (disait Jules Lachelier au cours d'un dialogue mémorable où il se confrontait à Émile Durkheim) je n'entends pas les pratiques religieuses ou les croyances particulières, qui trop évidemment varient d'un état social à un autre. Mais la vraie religion est bien incapable de naître d'aucun rapprochement social ; car il y a en elle une négation fondamentale de tout donné extérieur et par là un arrachement au groupe, autant qu'à la nature. L'âme religieuse se cherche et se trouve hors du groupe social, loin de lui et souvent contre lui... [2]. L'état de conscience qui seul peut, selon moi, être proprement appelé religieux, c'est l'état d'un esprit qui se veut et se sent supérieur à toute réalité sensible, qui s'efforce librement vers un idéal de pureté et de spiritualité absolues, radicalement hétérogène à tout ce qui, en lui, vient de la nature et constitue sa nature » (*ibid.*, p. 166).

En reprenant l'étude esquissée à Prague, je saisis l'occasion de relever un malentendu auquel elle a donné lieu et que j'ai à cœur de dissiper. Le P. Charles Boyer, qui avait bien voulu de très bonne grâce exprimer quelques réserves au cours de la discussion, me permettra de citer ici son article intitulé : « La Religion du Verbe, Apostille à une communication de M. Brunschvicg » (*Revue de Philosophie*, mai-juin 1935) : « M. Brunschvicg prend forcément position contre le christianisme, ou, pour éviter toute équivoque, contre le catholicisme, parce qu'il condamne, au nom de la philosophie, toute religion positive. » Et le P. Charles Boyer précise

---

1 *Note de l'éditeur*. — Religion et Philosophie, paru avec quelques additions dans la *Revue de Métaphysique et de Morale*, 42ᵉ année, n° 1, janvier 1935, pp. [1]-13 et repris dans *Écrits philosophiques*, t. III, pp. [235]-246, P.U.F., 1958.
2 Société française de Philosophie. Séance du 4 février 1913, *apud Œuvres de Jules Lachelier*, t. II, 1933, p. 170.

en note : « Nous ne parlons pas de l'intention de l'auteur, mais du contenu réel et de la portée logique et nécessaire de son écrit » (p. 194). Ce qui amène le P. Charles Boyer à conclure : « La lumière qui éclaire tout homme venant en ce monde doit exister en elle-même sans dépendre des reflets qu'elle allume. Pour avoir voulu donner à l'homme une grandeur usurpée, l'idéalisme aboutit au pessimisme et à la désespérance ; et quand il parle de la religion du Verbe il ne peut que jouer avec des mots sublimes dont il fait disparaître le contenu » (p. 201).

S'il s'agissait ici de polémiquer, il semble que la réponse serait assez facile : n'est-ce pas une attention sincère et sérieuse à la signification intrinsèque du Verbe, qui oblige, par une voie « logique et nécessaire », à le délivrer de ses liens de chair, à renoncer le privilège, évidemment injustifié, certainement « usurpé » par notre espèce, d'une figuration humaine, trop humaine, à retrouver enfin l'universalité absolue de la lumière naturelle ? Se met-on réellement en dehors du christianisme, et du catholicisme même, parce qu'on ne se résigne pas à en faire une religion fermée sur la lettre de son symbole, parce que, suivant l'interprétation profonde qu'en donnait un Spinoza, on considère qu'elle a pour raison d'être de s'ouvrir à l'élan infini d'une spiritualité pure ?

Le malentendu auquel nous venons de faire allusion est rendu plus douloureux encore par les sentiments fraternels dont il s'accompagne. Des amis catholiques, des prêtres, m'ont confié qu'ils priaient pour moi ; ils ajoutaient délicatement qu'ils avaient presque à s'en excuser, supposant que je regardais ce mouvement de charité comme un reste de superstition. Il a fallu que je les détrompe ; le mot ne me vient jamais à l'esprit, même quand je ne fais que discuter avec moi-même. Mais comment l'amour répondrait-il à l'amour si nous cédions à la tentation présomptueuse de préjuger, pour une conscience qui n'est pas la nôtre, du tableau de répartition des valeurs religieuses, alors que le devoir strict est de nous borner à déclarer exactement le chemin que nous nous sommes efforcé de nous éclairer à nous-même et de découvrir avant que nous soyons en état de le suivre ? Le philosophe qui n'est que philosophe reprendra en toute sincérité de cœur la parole simple et noble que Renouvier adressait à Louis Ménard : « Nos dissidences n'ôtent rien à ma sympathie ; nous cherchons la vérité »¹.

Ce que nous aurons, pour notre propre compte, à retenir de la question soulevée par notre contradicteur, c'est que son problème est aussi notre problème. Nous entendons Pascal lorsqu'il nous crie : « Humiliez-vous, raison impuissante ; taisez-vous, nature imbécile... Écoutez Dieu »². Quel Dieu, et dans quelle langue ? Si nous avons accepté l'hypothèse que religion signifie *religion positive*, il ne nous est plus accordé de nous refuser au spectacle de l'histoire :

> Plusieurs religions semblables à la nôtre,
> Toutes escaladant le ciel...

Et par leur multiplicité se condamnant toutes à demeurer déchues de leur espérance, sauf une sans doute, une peut-être — et laquelle ?

Lorsqu'on prend la peine d'envisager la foi religieuse sous les aspects infiniment divers qu'elle a présentés au cours des siècles, on devra, comme le fait M. Henri Delacroix, conclure à la puissance créatrice de la foi, mais foi créatrice d'une psychologie et d'une sociologie, nullement d'une ontologie et d'une théologie. La parole est impuissante à garantir la parole. Et c'est Pascal lui-même qui nous en avertit : « Tant s'en faut que d'avoir ouï-dire une chose soit la règle de votre créance, que vous ne devez rien croire sans vous mettre en état comme si jamais vous ne l'aviez ouï »³.

En vain le fidèle rêve de n'avoir qu'à s'incliner devant une autorité qu'il proclamerait infaillible pour définir les limites hors desquelles la pensée n'aura plus le droit de s'exercer. La tentation se retourne contre elle-même ; et, là encore, c'est à Pascal que nous en appelons : « Il y en a qui n'ont pas le pouvoir de s'empêcher ainsi de songer, et qui songent d'autant plus qu'on leur défend. Ceux-là se défont des fausses religions, et de la vraie même, s'ils ne trouvent des discours solides » (f° 41 ; fr. 259). Fénelon, si dur à l'égard de

---

1 Lettre du 1ᵉʳ septembre 1891, Correspondance inédite publiée par A. Peyre, *Revue de Métaphysique et de Morale*, 1902, p. 13.
2 *Pensées*, f° 261, éd. Hachette, fr. 434.
3 F° 273, fr. 260. Cf. f° 41, fr. 615 : « On a beau dire. Il faut avouer que la religion chrétienne a quelque chose d'étonnant. — *C'est parce que vous y êtes né*, dira-t-on. — Tant s'en faut ; je me roidis contre, pour cette raison-là même, de peur que cette prévention ne me suborne ; mais, quoique j'y sois né, je ne laisse pas de le trouver ainsi. »

ceux qui passaient pour « Jansénistes », n'en signale pas moins au prétendant Jacques III, dans des termes qui rejoignent curieusement l'esprit du *Tractatus Theologico-Politicus*, ce qu'il y a d'odieux et de ridicule dans la prétention de l'intolérance : « Nulle puissance humaine ne peut forcer le retranchement de la liberté du cœur »[1]. C'est donc du point de vue qui leur est intérieur que le problème de la vérité du christianisme, et particulièrement du catholicisme, se trouvera posé devant la conscience humaine, impuissante en quelque sorte à se dessaisir de son autonomie, tenue à porter un jugement objectif sur les religions positives d'après les critères qu'elles-mêmes auront revendiqués.

II. — Le contenu réel que le christianisme propose à l'examen de la raison humaine est fourni par les Écritures, inspirées de Dieu lui-même. Or comment apparaît le christianisme, rapporté à son axe interne de référence, placé en face de sa propre révélation ? Tout récemment, la réponse venait à nous du haut de la chaire de Notre-Dame à Paris : « Choisissez un groupe de croyants très sincères, très ardents ; mettez entre leurs mains n'importe lequel de nos évangiles, et attendez ! A échéance plus ou moins longue, vu les illusions auxquelles nous sommes sujets, surtout lorsqu'il s'agit des mystères de l'Au-delà et de la discipline des mœurs, cet évangile d'où devait jaillir la vie produira... oh ! pitié ! exactement ce que nous avons sous les yeux : des sectes, contre-sectes, sous-sectes de toute nuance et de toute dénomination, se querellant les unes les autres, discréditant le Christ lui-même (comme la multitude des dilutions, imitations et contrefaçons pharmaceutiques induit à tenir jusqu'aux médecins les plus dignes d'estime et de confiance, pour des charlatans), sectes, contre-sectes et sous-sectes empêchant en tout cas les paroles divines de produire ce qu'elles produiraient infailliblement, si leur sens authentique était respecté : la régénération de l'humanité, l'ordre et la paix ! Ah ! Messieurs (poursuit le R. P. Pinard de La Boullaye), ne me forcez pas à appuyer sur des plaies saignantes ! Toute vérité n'est pas bonne à dire, quand elle éveille chez tels et tels auditeurs une douleur trop vive »[2].

---
1 *Œuvres*, édit. GAUME, 1850, t. VII, p. 102.
2 Première conférence du carême de 1935 : Où trouver l'enseignement authentique de Jésus ? 10 mars 1935, L'héritage de Jésus, p. 23.

Avant donc que l'on aborde la querelle des Testaments, examinés dans leur contexture interne, une question préalable est ainsi posée : comment peut-il se faire que des paroles, pour lesquelles on a commencé de réclamer la prévalence exceptionnelle d'une origine transcendante, demeurent incapables de satisfaire à la plus humble des exigences humaines, à la simplicité franche d'une expression sans équivoque et sans arrière-pensée ? Comment expliquer cette sorte de fatalité, ce refus de Providence, qui du Dieu « véritablement caché » d'Isaïe se transmettent au Dieu que l'Incarnation de Jésus aurait cependant dû rendre évidemment sensible ?

Du point de vue catholique la réponse est assurée. Si l'apologiste a reconnu, aisément et crûment, qu'« à elle seule, hélas ! l'Écriture ne peut amener d'autre résultat certain que celui-ci : la désunion », c'est qu'il se réserve, le moment venu, de faire surgir de l'aveu provisoire de défaite un chant de victoire. Le recours à l'Église, à son Église, ne devient-il pas d'autant plus nécessaire que les scrupules de la critique exégétique et le progrès de l'histoire comparée des religions auront jeté dans un abîme d'obscurités et de contradictions les pages mêmes qui auraient dû présenter aux fidèles la transparence d'une clarté toute divine ?

Or, qu'il soit séparé du problème de l'Écriture, ou qu'il en dépende malgré tout, les conditions dans lesquelles se pose dans l'histoire le problème de l'Église le rendent à peine moins complexe et moins inextricable. Bossuet aimait à citer, pour s'y appuyer, la déclaration formelle de saint Augustin : « Je ne croirais pas, pour ma part, à l'autorité de l'Évangile si ne m'y portait l'autorité de l'Église catholique » [1]. Et, en effet, par la nature de son génie comme par les circonstances de sa carrière, Bossuet a été amené à souligner le rôle primordial qui revient à l'Église dans l'institution chrétienne : « L'hérétique est celui qui a une opinion ; et c'est ce que le mot même signifie. Qu'est-ce à dire : avoir une opinion ? C'est suivre sa propre pensée et son sentiment particulier. Mais le catholique est catholique, c'est-à-dire qu'il est universel ; et sans avoir de sentiment particulier il suit sans hésiter celui de l'Église » [2].

Le ton est péremptoire. Seulement, dès que l'on essaie de s'ins-

---

[1] *Contre Epistolam Manichœi, VI,* édit. MIGNE, t. VIII, 1845, col. 176.
[2] Première instruction pastorale sur les promesses de l'Église (1700), édit. LACHAT, t. XVII, 1875, p. 112.

truire plus avant à l'école du même Bossuet, les hésitations et les scrupules vont se multiplier. C'est de lui que nous l'apprenons : la notion d'Église n'est pas d'origine chrétienne. Il convient d'entendre par là, « selon l'usage reçu par les juifs, la société visible du peuple de Dieu. Les chrétiens ont pris ce mot des juifs, et ils lui ont conservé la même signification » [1]. Bien plus, quand il s'agit de définir le point capital, de formuler la règle du discernement, ce n'est pas à son Évangile, c'est à la Bible juive, que Bossuet se réfère expressément [2]. « Sans sortir de notre maison, nos parents mêmes nous montreront cette Église : *Interrogez votre père, et il vous le dira ; demandez à vos ancêtres, et ils vous l'annonceront* » (*Deut.*, XXXII, 7).

L'empereur Julien a été surnommé l'Apostat pour être revenu au « paganisme » de ses aïeux. Et cependant, à suivre strictement la norme proposée par Bossuet, il devrait apparaître moins coupable que l'Apôtre désertant la loi ancienne pour adhérer à la loi nouvelle. Du moment que *priorité* veut dire aussi *primauté*, que l'on se croit par là fondé à soutenir que le protestantisme est une hérésie chrétienne et non un christianisme réformé, n'est-on pas conduit inévitablement à faire du christianisme une hérésie juive plutôt qu'un judaïsme réformé ? C'est bien ce qui cause à Bossuet, durant le cours de cette conférence qu'il eut en 1678 avec le ministre Claude en vue de la conversion de Mlle de Duras, le malaise d'un embarras constant, d'un équilibre instable. N'aurait-il pas suffi que le ministre calviniste remontât jusqu'au principe pour que l'on vît s'écrouler l'édifice de la démonstration, la méthode même qui était destinée à faire la preuve ? Mais, préoccupés d'un résultat pratique, les deux interlocuteurs s'enferment par une sorte d'accord tacite dans les limites du Nouveau Testament. Claude se contente de citer les Grecs, les Arméniens, les Éthiopiens ; il n'en énonce pas moins la réserve décisive : « Chacun de nous a reçu l'Écriture sainte de l'Église où il a été baptisé : chacun croit la vraie Église énoncée dans le symbole ; et dans les commencements on n'en connaît pas même d'autre. Que si, comme nous avons reçu sans examiner l'Écriture sainte de la main de cette Église où nous sommes, il nous en faut aussi, comme vous dites, recevoir à l'aveugle toutes les interpré-

---

1 Conférence avec M. Claude, ministre de Charenton, sur la matière de l'Église, ibid., t. XIII, p. 510.
2 *Conférence,* Avertissement, t. XIII, p. 502.

tations : c'est un argument pour conclure que chacun doit rester comme il est et que toute religion est bonne. »

Bossuet comprend, rien ne lui fait honneur comme la franchise de son témoignage : « C'était en vérité ce qui se pouvait objecter de plus fort ; et, quoique la solution de ce doute me parût claire, j'étais en peine comment la rendre claire à ceux qui m'écoutaient. Je ne parlais qu'en tremblant, voyant qu'il s'agissait du salut d'une âme ; et je priais Dieu, qui me faisait voir si clairement la vérité, qu'il me donnât des paroles pour la mettre dans tout son jour ; car j'avais affaire à un homme qui écoutait patiemment, qui parlait avec netteté et avec force, et qui enfin poussait les difficultés aux dernières précisions » [1].

Engagée de cette façon, et tant qu'elle demeure sur un terrain pacifique, opposant raison interne à raison interne, la controverse sera nécessairement sans issue. L'Église chrétienne n'a pu obtenir de son dieu, averti pourtant du sort qui attend la « maison divisée contre elle-même », que l'unité soit maintenue, même en apparence. La seule perpétuité que l'Europe ait connue et qu'elle connaisse encore, c'est celle des haines intestines, des passions sanglantes, qui déshonorent et disqualifient. Et c'est ce que va illustrer tragiquement l'exemple de Bossuet lui-même. L'heure de la détente cordiale, de la charité sincère, est bientôt oubliée. L'appel au bras séculier lui apparaîtra comme la ressource légitime d'une orthodoxie en face d'une orthodoxie rivale. L'Édit de Nantes est révoqué. Tandis que Claude va mourir en exil, Bossuet prend prétexte de l'Oraison funèbre de Michel Le Tellier pour l'apothéose du souverain qui a fait expier aux protestants de son royaume les péchés d'une jeunesse trop galante. « Nos pères n'avaient pas vu, comme nous, une hérésie invétérée tombée tout à coup, les troupeaux égarés revenir en foule, et nos églises trop étroites pour les recevoir ; leurs faux pasteurs les abandonner, sans même en attendre l'ordre et heureux d'avoir à leur alléguer leur bannissement pour excuse ; tout calme dans un si grand mouvement, l'univers étonné de voir dans un événement si nouveau la marque la plus assurée, comme le plus bel usage, de l'autorité ; et le mérite du prince plus reconnu et plus révéré que son autorité même. Touchés de tant de merveilles, épanchons nos cœurs sur la piété de Louis ;

---

1 Edit. LACHAT, t. XIII, p. 546.

poussons jusqu'au ciel nos acclamations. »

De telles paroles sont explicables sans doute par l'histoire, puisqu'elles font écho à l'exécution sauvage d'un Michel Servet dans la Genève de Calvin, d'un Thomas More dans l'Angleterre d'Henri VIII. Tout de même, devant le juge impartial aux yeux de qui tout martyr de sa foi est également sanctifié, c'est le reniement direct de la douceur de l'Évangile, une offense sensible à l'âme de Jésus et qui tournerait en justification inconsciente et involontaire de ses bourreaux. Il convient seulement de rappeler qu'ici encore le langage et le cœur de Fénelon contrastent avec le langage et le cœur de Bossuet : « La force ne peut jamais persuader les hommes ; elle ne fait que des hypocrites » [1].

III. — Le problème que pose, en droit, la pluralité inéluctable des interprétations de l'Écriture ne saurait donc être considéré comme résolu, en fait, par le recours à l'unité de l'Église, telle que Bossuet l'entendait d'après saint Augustin. L'espérance est ailleurs. Dans l'été de 1937, ce ne sont pas moins de cent vingt communions chrétiennes qui ont tenu leurs assises œcuméniques à Oxford puis à Édimbourg. Des représentants de toutes races, de tous peuples, de toutes langues, ont examiné en commun, d'une part, les rapports de l'Église avec la Nation et l'État, d'autre part, les problèmes de la grâce, de la parole divine et de la tradition, du ministère dans l'Église et des sacrements. La participation active du catholicisme romain a fait défaut, mais non les témoignages d'intérêt et de sympathie [2].

Il n'est guère d'événement plus heureux à une époque où dans tant de grands pays César se souvient qu'il était autrefois *summus pontifex* aussi bien qu'*imperator*, où, tandis que l'infaillibilité papale a entraîné en France dans le début du XXe siècle la condamna-

---
1 Edit. cit., t. VII, p. 102.
2 L'archevêque catholique de Saint-Andrews, Mgr McDonald, écrivit au Dr Temple, archevêque anglican d'Edimbourg qui présidait la conférence *Foi et constitution* : « J'avais espéré qu'il me serait possible de rencontrer de quelque manière les délégués de la conférence *Faith and Order* durant leur séjour à Edimbourg... Je serais bien reconnaissant à Votre Grâce si elle voulait porter mes regrets à la Conférence et l'assurer de mes plus sincères prières pour que Dieu la guide dans ses délibérations et dans la recherche de la vérité, pour le service du Christ, Notre Seigneur. » (*La vie intellectuelle*, 25 novembre 1937, p. 41.)

tion de mouvements sociaux comme le *Sillon*, de tendances théologiques comme le *modernisme*, on assiste ailleurs à la violence inattendue des troubles suscités, aux États-Unis par le trop fameux procès *du singe*, en Angleterre par la révision du *prayer's book*, en Grèce par la mise au point du calendrier, en Yougoslavie par un projet de concordat avec Rome. Dirai-je un mot de plus ? la séparation et l'inimitié des Églises qui se réclament d'un même Christ sont d'autant plus amèrement ressenties qu'on est soi-même plus étranger au particularisme des symboles et des rites par lequel s'est si souvent exaspérée la concurrence des confessions voisines. L'apparence d'absolu que chaque groupe de croyants confère à sa profession de foi et qu'il soutient avec âpreté, n'est-elle pas le signe le plus certain de sa relativité ?

De ce point de vue il apparaîtra singulièrement touchant que les Églises chrétiennes donnent l'exemple d'une sorte de *Société des Religions*, où soit consacré définitivement et mis en pratique le principe de la liberté de conscience. Mais, si la considération de l'avenir est l'essentiel de notre problème, nous ne pouvons pas en demeurer là. *Vérité, c'est unité*. Il ne suffit pas d'assurer le statut juridique de la personne et qu'il soit permis à chacun de rester, suivant le mot de Descartes où l'on a vainement voulu voir un soupçon d'ironie, *fidèle à la religion de sa nourrice* [1]. L'adage renouvelé des Anciens [2] qui a conjuré pour un temps les ravages des guerres de religion : *Cujus regio, ejus religio*, est d'allure sceptique autant que d'allure pacifique. Plaisante religion, faudrait-il dire dans le style de Pascal, qu'*une rivière borne*, qu'un *iota* délimite.

Mais c'est ici que Descartes intervient pour se répondre à lui-même. Le *Discours de la méthode*, qui marque dans l'histoire de l'esprit humain la ligne de partage des temps, est un traité de la seconde naissance, non plus du tout le rite de passage, la cérémonie d'initiation, qui voue l'enfant à l'idole de la tribu, mais bien l'effort viril qui l'arrache au préjugé des représentations collectives, à la tyrannie des apparences immédiates, qui lui ouvre l'accès d'une vérité susceptible de se développer sous le double contrôle de la raison et de l'expérience. Or, comment demeurer scrupuleusement et sincèrement *fidèle au service unique de la vérité* si l'on a d'avance entravé

---

1 Charles ADAM, *Vie et œuvres de Descartes*, 1910, p. 345.
2 Sua cuique civilati religio est. CICÉRON, *Pro Flacco*, XXVIII.

sa destinée par un engagement qui lie l'avenir au passé, c'est-à-dire qui détruit l'avenir en tant qu'avenir ? Aussi bien Descartes en a eu le sentiment clair et distinct lorsqu'il déclare « mettre entre les excès toutes les promesses par lesquelles on retranche quelque chose de sa liberté. Non que je désapprouvasse les lois qui, pour remédier à l'inconstance des esprits faibles, permettent, lorsqu'on a quelque bon dessein, ou même, pour la sûreté du commerce, quelque dessein qui n'est qu'indifférent, qu'on fasse des vœux ou des contrats qui obligent à y persévérer ; mais, à cause que je ne voyais au monde aucune chose qui demeurât toujours en même état, et que, pour mon particulier, je me promettais de perfectionner de plus en plus mes jugements, et non point de les rendre pires, j'eusse pensé commettre une grande faute contre le bon sens, si, pour ce que j'approuvais alors quelque chose, je me fusse obligé de la prendre pour bonne encore après, lorsqu'elle aurait peut-être cessé de l'être, ou que j'aurais cessé de l'estimer telle » [1]. Et sur ce point capital il est remarquable que Pascal rejoigne Descartes : « C'est le consentement de vous à vous-même, et la voix constante de votre raison, et non des autres, qui vous doit faire croire » (f° 273, fr. 260).

Le but de cette *Introduction* serait atteint si le lecteur se laissait convaincre qu'il n'y a pas de fidélité en soi qui permette de conférer à l'adjectif fidèle, comme aux épithètes contraires incroyant ou incrédule, l'absolu d'un substantif. *Une chose est la fidélité à notre passé d'enfant*, à l'engagement qui nous a été soit imposé soit proposé suivant l'âge du baptême ou de la communion ; *autre chose est la fidélité au verdict de notre conscience* dans le seul engagement à la recherche de la vérité, à la continuité de l'effort spirituel.

De cette contrariété entre courants de pensée qui correspondent à des inclinations différentes de l'âme, l'exemple le plus caractéristique est fourni par Descartes lui-même. Toute sa carrière d'écrivain a été traversée par la nouvelle de la condamnation absurde que le Saint-Office prononça contre Galilée. Et en effet, au moment de publier son *Traité du Monde*, il déclare y avoir renoncé, ayant appris qu'une certaine opinion physique avait été désapprouvée « par quelques personnes à qui je défère et dont l'autorité ne peut guère moins sur mes actions que ma propre raison sur mes pen-

---

[1] *Discours de la méthode*. Edit. ADAM-TANNERY des *Œuvres de Descartes* (A.-T.), t. VI, p. 24.

sées » [1].

Serait-il possible de chercher à généraliser une telle altitude, à découvrir le « biais », selon l'expression favorite de Descartes, qui permettrait de concilier, sincèrement ou prudemment, les deux fidélités ? ou faudra-t-il reconnaître que nécessairement on est infidèle à l'une, *à la fidélité de naissance*, dans la mesure où on sera résolument fidèle à l'autre, *à la fidélité d'esprit* ? et de quel prix devra-t-on payer cette découverte, de quel déchirement intérieur s'accompagnera la rupture avec le moi social pour le progrès du moi véritable ? La question est au centre de notre étude et nous n'avons pas à en préjuger le résultat. Du moins, que ce même mot de *fidélité* puisse convenir à deux *attitudes* inverses, on serait tenté de dire à deux *vertus* inverses, cela implique de part et d'autre plus qu'un devoir de simple tolérance, plus qu'une sympathie indulgente, un fond solide d'estime et de tendresse qui doit écarter méprises et mépris.

El il y a intérêt à le remarquer dès maintenant : ce renversement de perspectives, qui transporte du plan de l'institution au plan de la conscience l'idée même de la régénération et du salut, qui met en regard le Dieu de la tradition et le Dieu de la réflexion, Dieu d'Abraham, d'Isaac et de Jacob, comme dira Pascal, et Dieu des Philosophes et des Savants, est préparé de loin dans l'histoire religieuse de l'Occident. Il suffit de rappeler l'ouverture large des théologies orthodoxes d'Alexandrie sur la métaphysique platonicienne, pour nous convaincre que le christianisme, pas plus que le judaïsme, ne s'est senti étranger à l'aspiration idéaliste telle qu'elle se manifestait dans le monde hellénique. Et le même éclectisme, qui inspirait les symboles de la foi suivant l'enseignement des Pères et les décisions des Conciles, a présidé à l'ordonnance du culte. « La seule religion chrétienne (écrit Pascal) [2] est proportionnée à tous, étant mêlée d'extérieur et d'intérieur » ; ce qu'en effet Henri Delacroix, d'un point de vue tout objectif, souligne : « Dans la doctrine et dans la pratique catholiques des sacrements, le spiritualisme le plus élevé se rencontre avec le matérialisme le plus précis » [3]. D'un *maximum* $_{P011}$ à l'autre et pour remplir, suivant

---

[1] *Ibid.*, p. 60.
[2] *Pensées*, f° 431, fr. 251.
[3] La religion et la foi, 1922, p. 53.

l'expression pascalienne, l'*entre-deux*, on conçoit comment se sont introduites une infinité de manières d'opérer le dosage entre la foi et la raison, entre la lettre et l'esprit. De gradation en gradation, ou de dégradation en dégradation, selon le sens que l'on adoptera, il arrive que l'on franchisse insensiblement les bornes qu'une orthodoxie avait cru prescrire, au risque d'éveiller les soupçons mutuels qui sous couleur d'hérésie ont empoisonné la vie chrétienne, qui ont rendu vaine la promesse de l'unité sainte dans la paix et la charité. « Le schisme véritable atteindra l'Église qui condamne et non pas celle qu'on exclut »[1].

Pour parer au danger des séparations mortelles, la tentation sera forte de chercher ce qu'il y a de commun aux confessions diverses, en se repliant sur une idée générique qui effacerait les différences comme les nuances disparaissent dans l'abstraction de la couleur. Le point de réunion serait alors fixé à la *limite inférieure*, vers ce qu'après les déistes anglais, Voltaire et Rousseau ont appelé la *religion naturelle*. Mais il est trop évident qu'alors on n'a plus entre les mains qu'une sorte de fantôme. On retient le cadre des religions positives, en laissant échapper le tableau. Pour nous la religion rationnelle, qui doit être religion d'unité, sera tout à fait aux antipodes, et à cause de ceci d'abord qu'il importe de déclarer au seuil d'une étude sur les rapports de la raison et de la religion : *La raison, telle qu'elle a pris conscience de soi par l'élaboration des méthodes scientifiques, n'a rien de commun avec une faculté d'abstraire et de généraliser*. Sa fonction est tout inverse ; il s'agit de coordonner les perspectives fragmentaires et en apparence divergentes que les sens nous apportent afin de parvenir à la constitution de l'univers réel. Si donc la raison s'attache à la pluralité des cultes particuliers au-dedans ou en dehors du christianisme, c'est *en travaillant pour les porter au-dessus d'eux-mêmes*, en dénonçant délibérément le mélange d'extérieur et d'intérieur, en rompant, aussi nettement que possible, la solidarité du *charnel* et du *spirituel*. Quels qu'en soient l'avantage politique, l'intérêt pédagogique et moral, cette même « rencontre », qui par le symbolisme des formules et des rites ennoblit et sublime les données de l'imagination, risque de corrompre une inspiration dont la pureté se caractérise par le refus de faire encore une part à ce qui ne serait qu'imagination ou

---
1 *Apud* Jean Baruzi, *Leibniz*, 1909, p. 58.

symbole.

S'il en est ainsi, nous n'aurons aucun motif d'admettre, comme le P. Charles Boyer suppose que nous le pensons en quelque sorte $_{P012}$ malgré nous, que la résolution d'aller jusqu'au bout dans la voie de la spiritualité contredise le progrès de pensée qui se développe avec les prophètes de l'Ancien Testament et qui prépare l'avènement du Nouveau. Pascal commentait pour Mlle de Roannez le mot de saint Paul : *Jésus-Christ est venu apporter le couteau, et non pas la paix* (*Math.*, X, 34). Et sans doute est-ce là une énigme dont il sera réservé au plus digne de découvrir la clé. Signifierait-elle la dissolution du lien social, et particulièrement de la famille, suivant le texte d'une netteté brutale que les *Synoptiques* nous ont conservé : « Si quelqu'un vient à moi, et qu'il ne hait pas son père et sa mère et son épouse et ses fils et ses frères et ses sœurs, et en outre sa propre vie, il ne peut pas être mon disciple » ? (*Luc*, XIV, 26.) On pourrait encore l'interpréter dans le sens d'une opposition historique entre la Loi de la Bible et la Loi de l'Évangile, comme nous y invite le Sermon de la Montagne ; du moins les rédacteurs des paroles de Jésus ont-ils introduit, dans ce qui devait être l'apologie d'un amour sans ombre et sans restriction, des allusions, méprisantes et hors de place, aux scribes, aux pharisiens, aux païens. Mais, pour autant que le salut est *en nous*, il faut bien creuser plus avant, comprendre que le combat est un combat intérieur. Nous avons à *dépouiller le vieil homme*, celui que notre enfance a hérité de l'instinct naturel et de la tradition sociale et qui s'est comme incorporé à notre substance. Nous avons à opérer la séparation radicale de l'image illusoire et de l'idée véritable, des ténèbres et de la lumière.

Sans doute, de cette séparation les mystiques ont-ils rêvé ; mais il y aura lieu de nous demander si, faute d'une discipline intellectuelle suffisamment stricte, ils ont fait autre chose que d'en rêver, tandis que se rapprochaient effectivement du but les philosophes qui ont su traverser le mysticisme et ne pas s'y arrêter. Le rationalisme entièrement spiritualisé qui transparaît chez Platon et qui se constitue définitivement avec Spinoza mérite d'être considéré comme *supra-mystique* plutôt que comme *antimystique* ; cela suffit pour que, d'un tel point de vue et devant une critique impartiale, s'évanouisse le soupçon de la moindre hostilité à l'égard du christianisme. Henri Delacroix écrivait excellemment dans une lettre du 3 décembre 1910 à l'abbé Pacheu : « J'ai toujours postulé que la vie mystique se développait au sein de la religion catholique, qu'elle en tirait sa substance et ses motifs ; et je n'ai rien dit qui impliquât une théorie particulière de la religion. Sans doute ma pensée est que la religion s'explique humainement, comme la science ou l'art ; mais ma pensée est aussi que les grandes œuvres humaines sont pénétrées d'un esprit et portées par un esprit qui dépasse chaque moment de l'humanité ~P013~ pris à part et qu'il y a ainsi dans l'humanité un mouvement qui la dépasse : ceci pourrait être interprété de façon religieuse, mais ne se rattache dans ma pensée à aucune religion positive »[1].

PREMIÈRE PARTIE
LES OPPOSITIONS FONDAMENTALES

Connais-tu bien l'amour, toi qui parles d'aimer ?
CORNEILLE,
L'imitation de Jésus-Christ, III, 5.

CHAPITRE PREMIER
MOI VITAL OU MOI SPIRITUEL

IV. — Il n'est guère à contester que Dieu a commencé par être imaginé à la ressemblance de l'homme ; pas davantage on ne met

---

[1] Cité *apud* PACHEU, *L'expérience mystique et l'activité subconsciente* 1911, Appendice, p, 306. Émile BOUTROUX écrit dans les dernières pages de *Science et religion* : « Un monde où règnent la personnalité, la liberté d'errer et de faillir, la variété et l'harmonie est, pour l'homme religieux, meilleur, plus beau, plus analogue à la perfection divine, qu'un monde où tout ne serait que l'application mécanique d'une formule une et immuable. La seule manière, pour le fini, d'imiter l'infini, c'est de se diversifier à l'infini. C'est pourquoi, dans ce qu'il rencontre chez les autres hommes, l'homme religieux apprécie principalement, non les points par où ceux-ci lui ressemblent, mais les points par où ils diffèrent de lui. Il ne tolère pas simplement ces différences. Elles sont, à ses yeux, des pièces de l'harmonie universelle, elles sont l'être des autres hommes ; et, par là même, elles sont la condition de développement de sa propre personnalité. » (Émile BOUTROUX, *Science et religion dans la philosophie contemporaine*, 1908, p. 392.)

en doute que l'anthropomorphisme ait subsisté dans la pensée de nos contemporains, dissimulé seulement par l'euphémisme de l'*analogie* qui se laisse « ployer à tout sens ». Nous sommes immédiatement amenés à la question d'une portée capitale : l'homme attentif à l'idée qu'il a de soi en tirera-t-il la substance de sa représentation du divin, ou au contraire aura-t-il la force de l'en retrancher pour comprendre Dieu en tant que Dieu ? Et cette question à son tour n'aura de forme précise que si nous envisageons les différentes perspectives où l'homme s'apparaît. A travers l'identité trompeuse du vocabulaire les bases de la religion se transforment suivant le niveau de conscience où nous aurons porté notre idée de nous-même.

Le premier sentiment de notre *moi* que nous acquérons, ou plutôt qui nous est inculqué, c'est celui de la personne. La date de sa naissance a été tracée sur les registres de l'état civil par un scribe indifférent, comme y figurera la date de sa mort. Les deux événements se produisent dans des conditions physiologiques qui sont semblables à celles des animaux. Toute une partie de notre existence d'ailleurs, celle que nous avons menée pendant notre première enfance, celle que nous continuons en général de mener pendant notre sommeil, semble nous être commune avec eux. Et pendant la veille, lorsque nous réfléchissons aux fins de notre action, aux mobiles de notre conduite, nous percevons le rôle prédominant que ne cessent d'y jouer les besoins organiques. Le développement des facultés cérébrales, corrélatif à la complication du comportement social, entraîne seulement cette conséquence que l'activité mise au service de ces besoins sera de plus en plus indirecte. Un système de moyens artificiels se monte, qui semble s'éloigner du but prescrit par la nature pour $_{P018}$ augmenter les chances d'y parvenir. La technique, appuyée sur l'expérience quotidienne et transmise à travers les générations, procure la maîtrise de la finalité sur le temps.

Ce progrès de la finalité, par la conscience croissante qu'il implique de l'écart entre le point d'où part l'action et le point où elle tend, ne peut pas ne pas s'accompagner d'une réflexion sur les conditions auxquelles paraîtra se rattacher soit le succès soit l'échec de l'entreprise ; et cette réflexion suscite le jeu de la causalité. Nous avons voulu atteindre un but, et cette volonté commande l'emploi des moyens appropriés. Quand il arrive que nous le manquons, nous sommes immédiatement persuadés que c'est parce qu'une volonté s'y est opposée, plus efficace que la nôtre, mais *du même type qu'elle*. Bien entendu, si nous cherchons à traduire cet état d'âme instinctif par un raisonnement, nous sommes obligés de reconnaître que ce raisonnement sera de toute évidence un sophisme. Nous croyions aller de l'effet à la cause ; nous ne nous apercevions pas que nous avons implicitement considéré que cet effet, en raison de l'intérêt que nous y prenons, devait être compris, non en lui-même, mais comme *qualifié par rapport à notre personne*, illusion de vanité anthropocentrique, mensonge vital, qui ne se laissera pas facilement éliminer. Nous connaissons tous des hommes qui se regardent comme de parfaits chrétiens, qui volontiers nous donneraient des leçons de religion, et qui cependant manifestent par leur conduite et par leur langage qu'ils ne font de place à Dieu dans leur vie, qu'ils n'acceptent même d'avouer son existence, que dans la mesure où ce Dieu lui-même est touché par les sentiments qu'ils professent, où il s'attache et s'émeut aux événements qui les concernent.

Cette façon de rabaisser et de rétrécir la divinité jusqu'à l'horizon mesquin de la personnalité humaine, tout étrange qu'elle est en soi, n'est nullement contre nature cependant. On serait plutôt tenté de dire que c'est là ce qu'il faudrait appeler dans la juste signification du terme *religion naturelle* ; et là aussi est le péril que les maîtres de la spiritualité ont eu à cœur de dénoncer, sans qu'il soit permis d'assurer que, même dans leurs propres Églises, le bienfait de leur enseignement ait été durable, encore moins définitif. Si notre meilleure chance de salut est de voir tout à fait clair en nous, il importera donc de mettre à nu cette racine d'intérêt personnel qui est toujours à la veille de disparaître de l'âme et qui sans cesse y renaît malgré des velléités de sacrifice, malgré des promesses sincères mais faibles de renoncement et de mortification.

P019 Nous comprenons dès lors dans quel sens va être dirigée notre recherche. C'est évidemment un préjugé de prétendre qu'en remontant vers l'élémentaire et le primitif nous nous rapprochons d'un fond permanent sur quoi nous devrions appuyer le redressement du sentiment religieux. Bien plutôt, un effort méthodique est requis afin d'arracher à la nuit de l'inconscience le résidu de l'élémentaire et du primitif, afin d'en faire décidément justice. Or, en travaillant pour découvrir le visage de cet ennemi invisible à travers les artifices séculaires par lesquels l'homme s'est déguisé à lui-même son égoïsme radical, on s'aperçoit que ces artifices portent en quelque sorte malgré eux témoignage d'une vocation de désintéressement. Ils préparent le mouvement de conversion par lequel, de Dieu à l'homme, la communication intime *entre esprit et esprit* prendra la place de la relation externe *entre personne et personne*. C'est le moment de rappeler la rude et salutaire parole de Hamann, que Kant aimait à citer : *la connaissance de soi, c'est la descente aux enfers, qui ouvre la voie de l'apothéose* [1] ; parole que nous prierons qu'on ne perde pas de vue au cours des réflexions qui suivent.

Sur le point de départ les tenants des cultes historiques sont d'accord avec la critique libre des philosophes et les investigations des sociologues : *La crainte du Seigneur est le commencement de la sagesse*. Le premier objet de la croyance, et qui demeure le plus commun à l'heure actuelle, c'est une puissance d'ordre supérieur au cours ordinaire des événements, à la fois matérielle dans ses effets et insaisissable dans son essence, déroutante dès lors, et suspecte de nous être ennemie. Il paraît impie de l'appeler Dieu ; et cependant c'est là-dessus que repose toute imagination du surnaturel, imagination qui n'est d'ailleurs à aucun degré une fantaisie gratuite. En effet, elle a sa racine dans le privilège singulier de la crainte par rapport à l'espérance qui n'est pas de soi un état stable, qui ne rassure qu'à demi, qui bien plutôt suscite des doutes sur son objet ; au contraire, ce que l'on fuit sous un vent de panique sera d'autant plus évidemment éprouvé comme réel, immédiatement « expérimenté », que le fuyard est davantage incapable de se retourner pour en vérifier l'existence. La question d'objectivité métaphysique, ou théologique, se trouve ainsi tranchée, avant même qu'elle ait eu à se poser, par le comportement psychologique, par l'« inclinaison de la machine », que viennent renforcer l'apport de la tradition, le consentement social.

P020 L'association à la puissance divine d'une volonté qui défie toute prévision humaine parce qu'elle se refuse à tout essai de justification qui nous permettrait de pénétrer le secret de ses intentions, est un trait constant à travers l'évolution de la croyance. Il suffira de citer Pascal (f° 103, fr. 518) : « Toute condition et même les martyrs

---

1 KANT, *Conflit des facultés*, 1789, trad. GIBELIN, 1935, p. 65.

ont à craindre, par l'Écriture. La peine du purgatoire la plus grande est l'incertitude du jugement. *Deus absconditus.* » L'événement seul, à chaque bifurcation du chemin, nous informera de la décision qui nous aura fait apparaître la divinité comme hostile à notre égard ou secourable.

On comprend alors comment la tentation devient irrésistible de conclure à la dualité du *surnaturel,* de forger un *Anti-Dieu* dont l'image accompagnera *Dieu* comme l'ombre suit la lumière, solidaire dans son antagonisme puisqu'elle concourt avec lui à rendre compte de ce qui se passe à tout instant dans le monde. Le manichéisme est un élément fondamental des représentations primitives. Il a pu être dénoncé comme une hérésie dans son expression crue. Mais, à l'abri, pourrait-on dire, de cette dénonciation officielle, on doit reconnaître qu'il demeure incorporé à l'orthodoxie ; et, d'ailleurs, dans toutes les sociétés où nous la trouvons constituée, l'orthodoxie est-elle autre chose qu'une mosaïque d'hérésies intimidées et refoulées, dont on espère que le venin se neutralisera par le jeu d'un savant dosage ? « Nous ne nous soutenons pas dans la vertu par nos propres forces (remarque Pascal), mais par le contrepoids de vices opposés, comme nous demeurons debout entre deux vents contraires » (f° 27, fr. 359). Ne croire à Dieu que parce qu'on a commencé à croire au Diable, et parce qu'on attend de ce Dieu, après des siècles d'alternatives, qu'il écrase finalement la puissance surnaturelle du mal, c'est sans doute la forme la plus nette et la plus certaine de l'athéisme, mais c'est aussi la plus répandue dans les cultes dont l'histoire nous offre le spectacle, et par suite la plus malaisée à guérir.

Toutefois nous manquerions à l'équité si nous n'allions reconnaître que la condamnation du manichéisme, en même temps que le reflet d'une mauvaise conscience religieuse, est le ferment du progrès qui conduit à effacer de la psychologie divine toute trace de passion mauvaise, tout mouvement de colère, de jalousie, de vengeance, fût-ce sous prétexte de justice. *N'est-ce pas l'exigence commune de la raison et de la religion que l'homme puisse lever son regard vers le ciel sans y lire la menace d'un enfer ?*

P021 V. — A chaque étape de ce progrès, par lequel Dieu acquerra les caractères divins d'une unité radicale et d'une universalité absolue, l'humanité semble vouloir s'arrêter comme dans l'euphorie d'une vérité définitivement aperçue. L'ironie serait assurément facile de suivre dans la diversité innombrable des mythes et des dogmes le jeu des créations théogoniques et théologiques, de relever, en dépit de leur antagonisme superficiel, le lien de continuité insensible, sinon d'identité positive, entre les héros et géants du merveilleux païen et les anges ou démons du merveilleux judéo-chrétien. La sympathie et la charité demandent, par contre, que nous cherchions, en nous retournant vers les conceptions de nos ancêtres, à découvrir par-delà les formes infiniment variées des images plastiques, des symboles littéraux, le courant de spiritualité auquel ils avaient commencé d'obéir, et qui doit nous rapprocher du centre lumineux de leur aspiration.

Au musée de Delphes, une frise célèbre retient les yeux et l'esprit : « Pendant que les héros grecs et troyens combattent, les Dieux assemblés sont censés suivre, du haut de l'Olympe, les péripéties du conflit, et leurs gestes indiquent qu'ils s'y intéressent avec véhémence. Au centre de la file, Zeus seul paraît paisible, assis sur son trône ouvragé » [1]. La paix, telle est la marque où se reconnaît le Dieu maître des Dieux. Il a dépouillé, au sens historique comme au sens moral, la vieille divinité, Cronos, qui, lui-même, avait dépouillé Ouranos. Mais Hésiode lui attribue d'avoir contracté une sorte d'union mystique avec Métis, c'est-à-dire avec la sagesse. Et l'usurpation filiale se justifie par le message d'un Nouveau Testament. L'antagonisme, qui ne pesait pas seulement sur la vie des hommes, dont le souffle empoisonné montait jusqu'au ciel pour envahir le cœur de ses habitants et troubler leur sérénité d'Immortels, est surmonté par le sentiment d'une sorte de société entre ennemis qui fait qu'ils ont des Dieux communs. Et ces Dieux eux-mêmes, partiels et partiaux, s'élèvent en quelque sorte d'un degré dans leur propre psychologie pour s'en remettre au Dieu qui, lui, ne connaîtra plus les préférences particulières ni les tendances partisanes, qui suivra par-delà même sa volonté propre l'ordre dont le destin est l'expression. La voie est ainsi ouverte à l'*Un* et à l'*Universel*, non la voie de violence, qui ne proclame son vœu d'universalité que pour exterminer les vaincus au profit de l'exclusivisme du vain-

---

[1] Charles PICARD et P. de LA COSTE-MESSELIÈRE, *La sculpture grecque de Delphes*, 1927, Introduction, p. 15.

queur, ~P022~ mais la voie de compréhension réciproque qui, par-delà les différences de traditions locales, d'idiomes et de vocabulaires, sait reconnaître l'attachement à un même idéal et dont procède la conception sublime d'un *Panthéon*.

Où en sommes-nous aujourd'hui de cette évolution ? Si nous prenions la religion par en bas, considérant le christianisme, non dans la profession théorique et purement abstraite des livres mais dans la conduite que tient réellement la masse des chrétiens, la réponse serait décourageante. Le fait qu'ils se réclament d'une même Bible et d'un même Évangile n'a pas empêché les guerres qui n'ont cessé de ravager l'Europe, quand il n'a pas directement contribué à les provoquer. Et le scandale ne nous a jamais été épargné de voir invoquer Dieu comme témoin, sinon comme complice, des plus sauvages cruautés, des félonies les plus répugnantes, célébrer dans toutes les langues liturgiques le triomphe dont elles ont été l'instrument comme s'il y avait une Providence pour en consacrer l'heureuse efficacité. Dans le *Traité des passions de l'âme,* Descartes se met en devoir de le démasquer : « ceux qui, croyant être dévots, sont seulement bigots et superstitieux, c'est-à-dire qui, sous ombre qu'ils vont souvent à l'église, qu'ils récitent force prières, qu'ils portent les cheveux courts, qu'ils jeûnent, qu'ils donnent l'aumône, pensent être entièrement parfaits et s'imaginent qu'ils sont si grands amis de Dieu qu'ils ne sauraient rien faire qui lui déplaise, et que tout ce que leur dicte leur passion est un bon zèle, bien qu'elle leur dicte quelquefois les plus grands crimes qui puissent être commis par les hommes, comme de trahir des villes, de tuer des princes, d'exterminer des peuples entiers, pour cela seul qu'ils ne suivent pas leurs opinions » (Partie III, art. 190).

Mais comment la conscience religieuse serait-elle atteinte par un spectacle dont elle a elle-même dénoncé le caractère ? Il est possible qu'une Église humaine réussisse d'autant mieux à maintenir son autorité sur le siècle qu'elle aura su faire plus de concessions aux faiblesses de l'homme, qu'elle aura copié de plus près les pratiques inévitablement opportunistes de la diplomatie profane ; mais ce n'est pas là que nous cherchons notre critère de vérité. Dieu ne se rencontre pas plus au niveau de l'histoire qu'au niveau de la matière ou de la vie. Tant que les hommes s'obstinent à couvrir d'une profession fallacieuse de *théocentrisme* la réalité profonde d'un *anthropocentrisme,* tant qu'ils s'imaginent qu'il ne leur arrive rien sinon par l'intervention d'une puissance supérieure qui prend part à leurs sentiments et à leurs intérêts, si bien qu'aucun de leurs cheveux ne tomberait $_{P023}$ sans sa permission, nous serons bien obligés de reconnaître que l'égoïsme de la créature demeure le motif dominant de la foi dans le Créateur, Il s'agira toujours d'écarter la menace de la droite terrible, de tourner une volonté hostile en faveur d'alliance et d'amitié, de faire jaillir de la nuit de la crainte une lueur d'espérance. Mais cet égoïsme même se transforme et se transfigure du fait que s'élèvent corrélativement et la qualité morale des demandes que nous adressons à Dieu et la qualité morale des moyens par lesquels nous estimons possible d'obtenir qu'il y satisfasse.

Que l'on songe aux procédés de la magie tels qu'ils se pratiquent encore dans les sociétés inférieures ou dans les bas-fonds occultes de nos sociétés soi-disant civilisées, à la naïveté des rites d'imitation, à la brutalité des formules d'incantation, qui prétendent contraindre mécaniquement le surnaturel à violer le cours de la nature ; et, par contraste, que l'on porte son attention sur les formes de plus en plus sublimées de nos prières et de nos offrandes, à mesure que le cercle de la prière s'agrandit autour de la personne fondue dans le tout d'une famille, d'une patrie, d'une Église. Tandis que le centre s'en déplace, se détache du succès immédiat et matériel pour se porter vers ce qui fait la valeur intime et durable d'une âme, la psychologie de Dieu se raffine. Déjà la Bible hébraïque nous le montre moins sensible à la vue du sang, à l'odeur de l'encens qu'à la sincérité du langage, au désintéressement de la pensée [1]. Ce qui lui plaira désormais, ce ne sera plus *le sacrifice des autres,* auquel la légende veut qu'Abraham ou Agamemnon, dans des circonstances curieusement analogues, se résigne et s'apprête sur la foi d'une parole d'en haut, c'est le sacrifice héroïque de soi, la « circoncision du cœur ».

VI. — L'effort pour spiritualiser réciproquement l'homme et Dieu s'éclaire et s'approfondit, peut-être trouve-t-il son dénoue-

---

[1] Voir les textes classiques d'Amos, V, 21-24, d'Osée, IV, 17 ; VI, 6 ; VIII, 13, *apud* Causse, *Du groupe ethnique à la communauté religieuse. Le problème sociologique de la religion d'Israël,* 1937, pp. 104-105.

ment, quand nous considérons les diverses perspectives qu'ouvre la notion de salut. Pris en son sens littéral, le salut est la santé. De tout temps les foules ont été attirées en des lieux privilégiés par l'attente d'une guérison miraculeuse. C'est d'une grâce profane, de la conclusion inespérée d'un marché ou d'un mariage, d'une réussite inattendue, sinon méritée, dans un examen, que les innombrables *ex-voto* des temples anciens ou $_{P024}$ modernes viennent témoigner. Mais la préoccupation du salut ne se limite pas à l'horizon du temps terrestre. Et là encore il convient de nous mettre en garde contre une confusion fondamentale liée à une définition arbitraire de la religion naturelle. *Il n'y a rien de surnaturel, loin de là, dans la croyance au surnaturel.* Plus nous parcourons les degrés qui nous ramènent vers les formes de la mentalité primitive, plus nous voyons s'effacer ce qui nous semble un apport immédiat du sens commun, la dualité radicale du monde des vivants et du monde des morts.

Nous risquerions donc de nous égarer si nous allions supposer que ce qui est donné d'abord, c'est simplement l'existence quotidienne et normale, définie par la subsistance du souffle vital ; à quoi un élan de pensée, ou tout au moins un sursaut d'imagination, viendrait ajouter l'espoir d'une vie posthume. Le rêve pour le primitif est plus qu'un songe ; c'est une réalité, on serait tenté de dire une réalité à la seconde puissance par l'intensité supérieure d'évidence que lui valent la soudaineté de son apparition, l'étrangeté de son contenu, le choc émotif dont il s'accompagne. Plus l'attachement pour le mort a été profond, plus la séparation a été douloureuse, plus on éprouve de pitié à son égard, et plus l'image jaillit avec force des sentiments qu'on lui prête, non pas suscitée et vérifiée, mais, matériellement intacte, objet de soins d'autant plus scrupuleux que le souvenir et l'affection n'excluent nullement la crainte et la colère, parfois même leur cèdent la place.

Pour l'analyse des représentations collectives où se rejoignent l'ethnographie et la préhistoire, c'est un fait remarquable de voir l'exploration par M. Léonard Wooley des trésors des rois d'Our fournir la preuve directe de ce que Hérodote nous avait dit (IV, 71) des mœurs des Scythes, et qu'aussi bien confirme l'observation des sociétés inférieures. « Le chef du pays emmène avec lui dans l'autre monde, non seulement son mobilier personnel, ses armes, ses parures, mais aussi ses femmes, ses serviteurs, les gens de son entourage, destinés à lui reconstituer sa cour »[1]. La vie d'outre-tombe prolonge la vie qui était celle de l'individu, en tant qu'elle se caractérise par rapport à autrui comme par rapport à lui-même. Aux aises et aux plaisirs de la personnalité centrale qui remplissait le pays de son importance sont immolées froidement et naturellement les personnalités secondaires dont il était la raison d'être. Cette manière de concevoir la société posthume comme un reflet naïf de l'organisation terrestre n'a nullement disparu avec la brutalité des coutumes primitives. Le soleil ne nous trompe pas, assure Virgile ; « il a eu pitié de Rome : lorsque Jules César meurt, sa sphère éclatante tout d'un coup se cache, et l'impiété du siècle redoute une nuit éternelle » (*Géorgiques*, I, 463). Une centaine d'années plus tard, les rédacteurs des Évangiles synoptiques décrivent avec le même frisson d'effroi les phénomènes qui se produisaient à l'heure où le Christ rend le dernier soupir. « Et voici que le voile du temple se déchire en deux depuis le haut jusqu'en bas, la terre tremble, les pierres se fendent » (*Matth.*, XXVII, 51). Aujourd'hui encore on n'oserait pas dire que dans les cultes les plus accrédités les pompes et les oraisons funèbres, même les messes et les prières, aient cessé de se régler en accord avec les mille nuances de la hiérarchie mondaine, politique, ecclésiastique. Mais, en sens inverse de cette tradition, il convient de relever l'effort sublime de libération qui s'empare de la croyance primitive à la survie de l'homme ou à l'immortalité temporelle de l'âme, qui nous conduit au seuil de l'éternité véritable.

Ce mouvement est assurément général. Dans l'état de notre information le tournant apparaît en Égypte. C'est là du moins que commencent à se dégager, de la façon la plus claire, les deux caractères essentiels, universalité d'une part, moralité d'autre part.

Si l'on suit le développement des institutions sociales, indivisiblement politiques et religieuses, on assiste à une extension progressive du droit à l'existence posthume. « Les rites funéraires, au début de la IIIe dynastie, sont cristallisés autour de la personne royale. De même qu'il n'y a plus qu'un seul chef, de même il semble qu'il n'y ait plus en Égypte qu'un seul mort qui compte : c'est le *Pharaon*.

---

[1] A. MORET, Les trésors des rois d'Our (Le Temps, 24 octobre 1928). Cf. Pierre-Maxime SCHUHL, Essai sur la formation de la pensée grecque, 1934, p. 14, n. 1.

Ce cadavre royal, il faut le défendre, le faire revivre, assurer sa durée éternelle, car avec son sort se confond la destinée de toute la race, dans la lutte contre la mort. La première étape, décrite par les textes, c'est d'assimiler le roi à Osiris, le Dieu royal assassiné et ressuscité » [1]. Et voici que le privilège, réservé jusque-là au seul monarque, s'étend, par la grâce de sa faveur, aux parents du roi, à ses amis, à ses clients, à ses grands fonctionnaires et qu'il « se poursuit dans l'autre monde » [2]. Un noble de la XIIe dynastie résume cet état de privilège en ces termes : *L'ami du roi repose* (en paix) *comme un imakhou, mais il n'y a pas de tombeau pour celui qui se rebelle contre S. M. ; son corps est jeté à l'eau.* Ce don d'un tombeau entraîne une conséquence : « le roi permet à ses *privilégiés* d'imiter les rites magiques dont il use lui-même pour survivre après la mort. Toutefois les textes des Pyramides distinguent formellement la *mort du roi* de la *mort de tout mort*, et les *imakhou* eux-mêmes n'ont d'accès, comme il sied, qu'à une vie d'outre-tombe de seconde catégorie, pour maintenir la distance entre le roi et ses sujets dans l'au-delà comme sur terre » (p. 230).

Le mouvement parvient à son terme dans la société du Moyen Empire, où apparaît « une égalité religieuse vraiment démocratique. Tout homme de toute condition prend sur son monument funéraire l'appellation de Osiris justifié (*maâ kherou*). Or, d'une part, Osiris est roi ; d'autre part, le Pharaon régnant, c'est Osiris sur terre et après la mort ; qui dit Osiris dit donc Pharaon. Tout mort osirien devient ainsi un Pharaon dans l'autre monde ; car les Égyptiens ont tiré parti de la divulgation des rites funéraires avec une logique imperturbable » (p. 297).

L'égalité devant la mort, à l'intérieur du royaume, devait être d'autant plus rigoureusement exigée par le cours de la pensée égyptienne que l'universalité religieuse, *La vocation des gentils,* avait été proclamée par un Pharaon, avec une intention impérialiste, il est vrai, autant peut-être que charitable.

Dans la première moitié du XIVe siècle avant Jésus-Christ, Aménophis IV, Ikhounaton, célèbre le culte du disque solaire. « Tes rayons enveloppent toutes les terres et tout ce que tu as créé. Puisque tu est *Râ* (créateur), tu conquiers ce qu'elles donnent, et

---

1 A. Moret, Le Nil et la civilisation égyptienne, 1926, p. 194.
2 *Ibid.*, p. 229.

tu lies des liens de ton amour... Combien nombreuses sont tes œuvres ! Tu as créé la terre avec les hommes, les bestiaux grands et petits, tout ce qui existe sur terre et marche de ses pieds, tout ce qui vit en l'air et vole de ses ailes, les pays étrangers de Syrie, de Nubie, la terre d'Égypte... Combien tes desseins sont excellents ! Il y a un Nil au ciel pour tous les peuples étrangers et tous leurs bestiaux qui vont sur leurs pieds. Le Nil vient du monde inférieur pour la terre d'Égypte. » Et le traducteur commente : « Ainsi le Dieu de Ikhounaton ne distingue pas les étrangers des Égyptiens ; tous les hommes sont au même degré ses fils et doivent se considérer comme frères. Dans l'hymne il est très remarquable que les étrangers, Nubiens et Syriens, soient nommés avant les Égyptiens. Pour la première fois au monde, un roi fait appel à des *étrangers* pour adorer, aux côtés de son propre peuple, le bienfaiteur universel. Pour la première fois la $_{P027}$ religion est conçue comme un lien qui relie des hommes de race, de langue, de couleur différentes » [1].

Si décisive qu'elle apparaisse dans l'histoire de la pensée, une telle conception n'épuise pas le service rendu par l'Égypte à la religion. Elle va s'accompagner d'une révolution non moins extraordinaire, non moins féconde pour l'avenir du monde occidental. L'accès à l'immortalité posthume cessera d'être fondé sur la croyance que le souverain est l'*incarnation* de la divinité dans le sens plein que la théologie donne à cette idée. Il sera suspendu à un jugement d'ordre moral. « L'homme subsiste après l'abordage (à l'autre rive) ; ses actions sont entassées à côté de lui. C'est l'éternité certes (qui attend) celui qui est là ; c'est un fou celui qui méprise cela. Mais celui qui arrive sans avoir commis de péché, il existera là-bas comme un Dieu, marchant librement comme les Seigneurs de l'Éternité » [2].

Il est vrai, l'idéal d'une justice supra-terrestre que prières ou offrandes, pas plus que menaces, ne sauraient fléchir, demeure trop souvent théorique. « L'Égyptien moyen, en péril devant le tribunal de Râ et d'Osiris, appelle à son secours le magicien ; le témoignage de sa conscience, s'il a péché, ne prévaudra pas contre une formule qu'il récite » (*ibid.*, p. 467).

On sent déjà poindre le débat qui mettra plus tard aux prises Rome et la Réforme sur la valeur des Sacrements, les Jésuites et

---

1 A. Moret *apud* A. Moret et G. Davy, *Des clans aux empires*, pp. 346-347.
2 *Merikara*, § 12-13, *apud* Moret, *Le Nil*, p. 297.

Port-Royal sur l'orientation de la casuistique. Mais la distance où la réalité demeure par rapport à l'idéal est précisément ce qui provoque le progrès de la conscience. « Vers la fin de la civilisation égyptienne, un noble personnage affirme : *Le cœur de l'homme est son propre Dieu. Or mon cœur est satisfait de ce que j'ai fait lorsque lui était dans mon corps. Que je sois donc comme un Dieu* » (ibid., p. 476).

Concevoir que l'homme ne débouche pas nécessairement dans le temps d'immortalité par le seul fait qu'il a occupé tel ou tel rang dans son existence sur terre, qu'il devra mériter la survie, c'est s'obliger à réfléchir sur les conditions du mérite, à scruter les cœurs et les reins pour mettre en lumière l'intention véritable et y rattacher le sens du jugement. Or, une fois entrée dans cette voie nouvelle, il était difficile que l'humanité s'arrêtât.

La survie est un bien qui n'est dû qu'au bien, c'est une récompense et qui apparaît comme une compensation. N'est-il pas d'une expérience trop évidente que les effets physiques, tels qu'ils se présentent à nous suivant le cours habituel des choses, ne répondent nullement aux causes morales ? Ceux qui ont travaillé pour combattre l'iniquité sans souci d'eux-mêmes ont bien rarement rencontré la satisfaction sociale du succès, encore moins la jouissance personnelle du bonheur. La perspective d'un monde futur n'offre-t-elle pas toute facilité à l'exigence de redressement moral et de réparation finale ? Le tableau qu'on se fait de la vie des morts est transformé : la *libido sciendi* se substitue à la *libido sentiendi*. L'objet de l'espérance est la vision béatifique de la vérité, impliquant nécessairement le règne de la justice et de l'amour [1].

Or, à ce moment de sublimation du désir humain, la question capitale va se poser, d'une rupture décisive entre la psychologie de la religion naturelle, centrée sur l'intérêt propre à la personne, et la psychologie de la religion éternelle où le moi se constitue du dedans par l'intégration des valeurs universelles, *vérité, justice, charité*. A cette question se trouve lié tout ce que nous dirons et penserons de l'homme et de Dieu, de l'amour et du salut.

---

[1] Alexandre MORET a rappelé d'une façon saisissante les étapes de cette transformation dans son étude : Immortalité de l'âme et sanction morale en Égypte et hors d'Égypte, *apud Rois et dieux d'Égypte*, 1911, pp. 119 et suiv.

PREMIÈRE PARTIE

VII. — Quand nous prions pour être préservé, non seulement de la maladie, de l'infortune, mais de la mort elle-même, quand nous nous faisons un titre de notre prière, de l'engagement que nous prenons d'une conduite vertueuse, ne nous arrive-t-il pas de considérer que, si cette vertu nous crée un droit véritable au bonheur, c'est dans la mesure où elle aura été sincèrement désintéressée, où nous aurons effectivement pratiqué cette pauvreté spirituelle qui détache notre action de tout autre but que sa perfection intrinsèque ? Du moment que nous avons, par-delà ce que nous avons fait, envisagé le profit qui nous en reviendra dans ce monde ou dans un autre, nous avons, par la contradiction, pour nous peut-être la plus inattendue, mais en soi la plus certaine, abdiqué le mérite dont nous avions imprudemment escompté le bénéfice.

Ainsi se dégage en pleine lumière l'antinomie autour de laquelle, dans le cours de la philosophie hellénique et à travers la théologie occidentale qui en dérive, tournent les problèmes fondamentaux de la morale et de la religion.

Par sa vie et par sa mort, Socrate a enseigné que la justice doit être conçue et suivie pour elle-même dans une subordination radicale, dans un oubli joyeux, de tout avantage personnel. La seule récompense qui soit digne de l'âme juste, c'est précisément d'être cette âme juste ; et, de même, celui qui aime véritablement aime pour aimer et non pour être aimé. Il est incapable de supporter que la prévenance ou la froideur des autres, leur reconnaissance ou leur ingratitude, disposent de ses propres sentiments. Spinoza, à la cinquième partie de l'*Éthique,* démontre le théorème XIX : il *est impossible que celui qui aime Dieu désire que Dieu l'aime à son tour.* La religion rationnelle aura pour caractère qu'elle nous rend capable d'aimer Dieu pour lui, non pour nous.

Mais ce n'est là qu'une solution spéculative. La victoire d'un tel idéalisme n'est-elle pas imaginaire ? Nous est-il loisible d'admettre que le *moi* se dépersonnalise et se spiritualise jusqu'à trouver son centre dans un plan de conscience que les fonctions d'origine physiologique ou sociale n'atteignent pas ?

On sait avec quelle finesse, avec quelle vigueur, La Rochefoucauld a contesté cette aptitude du *moi* à rompre son attache égoïste. Faisant justice de tous les sophismes, de toutes les équivoques, accumulés autour de la notion de *personne,* allant au-devant des investigations auxquelles la psychanalyse contemporaine doit ses succès les plus notables, il dénonce l'apparence de désintéressement que l'*amour-propre* revêt pour se dissimuler à lui-même comme aux autres : « Il vit partout et il vit de tout, il vit de rien ; il s'accommode des choses et de leur privation ; il passe même dans le parti des gens qui lui font la guerre, il entre dans leurs desseins ; et, ce qui est admirable, il se hait lui-même avec eux, il conjure sa perte, il travaille même à sa ruine » (*Maxime 1ʳᵉ de 1665*).

La thèse de La Rochefoucauld est assurément irréfutable, dès le moment où elle a pris la précaution de s'incorporer les exceptions mêmes qu'on aurait pu lui objecter. Par là cependant elle sera suspecte à bon droit d'inconsistance logique, puisqu'elle se soustrait au discernement et, par suite, au contrôle des faits. Ce serait l'occasion de rappeler ce qu'a écrit l'auteur même des *Maximes* : « Le plus grand défaut de la pénétration n'est pas de n'aller point jusqu'au but, c'est de le passer » (*Max.*, 377).

Que signifie donc, par rapport à lui-même, ce *moi* dont le réalisme fait un absolu ? Ici l'expérience répond. L'être le plus enclin au divertissement ou le plus pressé par les nécessités de la vie quotidienne éprouve, fût-ce dans une heure de solitude ou d'ennui, en repos dans sa chambre, comme dit Pascal, ou ₚ₀₃₀ devant l'approche du péril, la menace de la mort, cette impression qu'il est brusquement et uniquement en face de soi. Il s'interpelle :

Toi que voilà.

Il se demande ce qu'il a fait de la vie, et ce que la vie a fait de lui. Il se confronte à ses aspirations, à ses obligations ; il a conscience qu'il ne lui serait pas impossible de rompre avec son présent et avec son passé, de reprendre racine dans sa propre terre pour donner à sa conduite une direction qui ne soit plus la suite nécessaire de sa conduite antérieure. Réfléchir ainsi, plus exactement *se réfléchir,* n'est-ce pas, en effet, s'avérer capable de se régénérer, c'est-à-dire de briser le cadre étroit dans lequel les circonstances de toutes sortes tentent à enfermer notre personnalité, de faire appel à la puissance inépuisable de renouvellement et d'expansion qui, entre les animaux, définit notre espèce en tant que raisonnable ?

L'homme a commencé par être enfant, considéré comme un produit, jusqu'au jour où est supposé coupé le cordon ombilical qui le rattachait à l'hérédité de ses parents, aux contes de sa nourrice, à l'autorité de ses précepteurs, où il s'apparaît *maître et possesseur de sa propre nature,* comme s'il était à l'origine radicale de lui-même, comme s'il avait créé ses qualités et ses défauts, fier de ses perfections et de ses succès, honteux de ses échecs et de son impuissance. Derrière cette illusion simpliste d'un absolu il y a la réalité d'une rencontre : d'une part, les données de fait qui échappent au choix comme à l'effort de notre volonté, qui cependant déterminent notre personne dans son caractère organique, dans sa situation sociale ; d'autre part, ce pouvoir de reprise et de *recréation* qui accompagne nécessairement la réflexion sur soi sans laquelle la notion de personnalité ne pourrait pas se former, et qui nous permet d'édifier à l'intérieur même de notre conscience les personnalités d'autrui en accomplissant le même travail de coordination grâce auquel nous constituons la nôtre, grâce auquel aussi nous ébauchons les personnalités futures, destinées à remplacer notre personnalité présente et dont la conformité meilleure à notre idéal constitue notre raison d'être à nos propres yeux.

Il importe donc avant tout de nous mettre en garde contre la tendance à incarner et à matérialiser le *moi* dans le « système clos » d'une chose en soi. Si la vie spirituelle s'ouvre avec la personne, cela ne veut nullement dire qu'elle se ferme sur la personne. Dans l'ordre juridique, lorsqu'il s'agit de créer des rapports entre les hommes, la personnalité constitue une barrière infranchissable aux influences extérieures, qui commande le respect réciproque des croyances et des volontés, la liberté entière des expressions et des actes qui les traduisent. Mais si nous transportions l'ordre juridique dans le plan de la religion, alors nous serions dupes d'une sorte de projection du dehors sur le dedans, nous briserions l'élan de pensée qui ne saurait se poursuivre sans un détachement continu à l'égard du centre organique, de la conduite sociale, du passé révolu. Au *moi* strictement *personnel* s'oppose le *moi* réellement *spirituel,* source impersonnelle de toute création véritable.

Une semblable opposition est, à nos yeux du moins, irréductible et fondamentale. Ce que nous sommes devant nous-même décidera de ce que nous serons devant Dieu, ou, plutôt encore, de ce que Dieu sera devant nous et pour nous. Auquel des deux *moi* la religion devra-t-elle s'attacher, au *moi* enfermé dans la définition sociale de l'individu, limité à la périphérie de l'organisme, *moi* dont les titres s'inscrivent sur les cartes de visite et sur le tombeau ; ou bien au *moi* qui fonde le premier et qui le juge ? Sur ce point capital, la pensée moderne se partage.

Le *moi* de Pascal est le *moi* de Blaise, non d'Étienne ou de Jacqueline, de Calvin ou de Molina, de Socrate ou d'Archimède, *moi* « haïssable » sans doute dans le bas-fond de sa triple *libido*, *moi* pour lequel cependant Jésus a versé les gouttes du sang le plus précieux. *Je veux qu'on me distingue,* dit l'homme à Dieu. La méditation du petit nombre des élus rend encore plus pathétique cette espérance angoissée qui, non seulement survit à la « renonciation totale », mais qui la conditionne et la justifie, au risque de lui enlever son caractère définitif, de la transformer en perspective d'un gain à réaliser dans l'au-delà [1].

Il reste alors à savoir si cet attachement invincible à ce qui nous constitue dans la racine et l'originalité de notre individu, si cette préoccupation du salut qui rive le *moi* à son centre d'intérêt personnel, qui lui interdit de se dépasser à l'intérieur même de son être et de s'oublier absolument, est elle-même salutaire. Et là-dessus encore l'Évangile avertit d'avoir à longuement réfléchir : Quiconque *cherche à sauver son âme la perd, et quiconque l'aura perdue la vivifiera* (*Luc,* XVII, 33).

A la lumière d'une telle parole, nous comprendrons Descartes. Lorsque dans la suite des *Méditations* il demande au sujet pensant de se replier sur soi pour y retrouver le fondement inébranlable de l'existence, il ne nous propose pas une opération simplement psychologique ; ce qu'il découvre comme constitutif de son être, c'est la pensée, telle qu'elle se manifeste effectivement par la création de l'analyse mathématique et de la physique rationnelle. Or, cette connexion de l'intime et de l'universel, liée au désintéressement et à la générosité de la raison, témoigne d'une présence autre qu'individuelle, celle que le vieil Héraclite invoquait déjà, et qui va permettre à Descartes de formuler le principe du spiritualisme religieux : « J'ai en quelque façon premièrement en moi la notion

---

1 RENOUVIER dès sa première œuvre (*Manuel de philosophie moderne,* 1842, p. 364) écrit : « Nous voulons être éternellement sans nous confondre. » Soixante ans plus tard, sur son lit de mort, il dit : « Je crois en moi. Après le sommeil, qu'importe qu'il soit court ou de longue durée — il n'y a pas de durée pour le sommeil de la mort — le réveil de nouveau ouvrira les paupières » (RENOUVIER, *Les derniers entretiens,* recueillis par Louis PRAT, édition de 1930, p. 6).

de l'infini que du fini, c'est-à-dire de Dieu que de moi-même »
(*Troisième Méditation,* A.-T., IX ¹, p. 36).

CHAPITRE II
MONDE IMAGINAIRE OU MONDE VÉRITABLE

VIII. — *Le silence éternel de ces espaces infinis m'effraie.* Qu'elle soit destinée à traduire l'impression propre de Pascal, ou qu'elle soit placée dans la bouche du libertin que l'auteur des *Pensées* travaille à convertir, la phrase du manuscrit posthume dénonce avec un éclat singulier ce qu'on pourrait appeler le *mal de l'époque*. L'éternel et l'infini, qui d'eux-mêmes paraissent faits pour conduire l'homme vers un Dieu lui-même éternel et infini, semblent l'en éloigner et l'en détourner. Comment comprendre cela ? Devant les révélations prodigieuses que l'astronomie moderne avec les conceptions rationnelles de Copernic et les découvertes télescopiques de Galilée lui apportait, il est arrivé que l'homme a perdu le contact de *son* monde, d'un univers restreint à la portée de ses sens, et qui lui parlait un langage familier. Tout y était expliqué par son intérêt, et derrière la gravité trompeuse d'un réalisme finaliste et théocentrique se développait, à l'abri d'une fausse sécurité, l'imagination anthropomorphique des peuples enfants. De même que le problème religieux se met différemment en équation suivant le niveau où le *moi* se considère, de même la conception du rapport entre la nature et Dieu se transforme suivant la norme de vérité à laquelle on se réfère.

Que la physique n'ait eu que l'apparence d'un savoir positif tant qu'elle n'était pas en possession de ces instruments que sont conjointement la coordination mathématique et la technique expérimentale, nous le savons assurément ; mais *nous le savons seulement depuis trois siècles,* bien court intervalle dans l'histoire de la planète et même de ses habitants humains, depuis le moment où la raison a pris conscience d'une méthode qui lui permet de mordre sur le réel en même temps que prenaient leur $_{P034}$ forme définitive les victoires les plus mémorables de l'intelligence : *découverte du*

---
1 « La sagesse est d'écouter non moi mais le Verbe (οὐ ἐμεῦ, ἀλλὰ τοῦ λόγου ἀκούσαντας) pour reconnaître d'un commun accord que toutes choses sont Un » (fr. 1).

principe d'inertie, composition mécanique des mouvements, identité de la matière céleste et de la matière terrestre.

Comment saura-t-on se prononcer entre les faux Dieux et le vrai, si l'on ne commence par opposer la fausse image du monde et son idée véritable, si l'on ne distingue pas radicalement dans l'usage du même terme *vérité* le mirage d'une imagination puérile et la norme incorruptible de la raison ?

La physique dont le jeune Descartes avait reçu la tradition de ses maîtres les Pères jésuites de La Flèche, se présente sous un double aspect, suivant qu'elle traite des phénomènes sublunaires et des phénomènes supralunaires. Ici-bas nous sommes témoins de changements ; pour en avoir la clé il suffira de se rappeler la parole de saint Augustin aux premières lignes des *Confessions : Notre cœur demeure inquiet jusqu'à ce qu'il lui soit donné de se reposer en Dieu.* Selon Aristote, en effet, le bien de toute chose et de tout être est dans le repos. Pour les Anciens le loisir, *otium,* était une fin en soi, tandis que les Modernes ont fait de la négation du loisir, du *négoce,* une réalité positive. Si donc la pierre ou la fumée ne restent pas en place, si d'elle-même l'une descend et si l'autre monte, c'est qu'elles souffrent de cette inquiétude que saint Augustin devait attribuer à l'âme chrétienne. C'est qu'elles se trouvent, par on ne sait quel manquement à l'ordre de l'univers, dans un lieu qui n'est pas celui que la nature leur assignait (ici le centre de la terre qui est supposé le centre du monde, là l'orbite lunaire), et auquel on devra bien comprendre que l'une et l'autre ne cessent d'aspirer. Les phénomènes de la pesanteur seront donc susceptibles d'une explication qu'Aristote et le Moyen Age à sa suite considèrent comme raisonnable quand ils classent les objets en *graves* et en *légers,* et qu'ils considèrent, ainsi que font de tout petits enfants, ces qualités comme des absolus, donnés en soi et irréductibles. L'opposition du *haut* et du *bas* servira de modèle à l'opposition du *chaud* et du *froid,* du *sec* et de *l'humide,* formes élémentaires dont le conflit évoque les luttes des puissances surnaturelles selon les cosmologies primitives. Aristote n'a rien fait que les transposer dans un langage auquel l'abstraction conceptuelle confère un aspect de gravité prestigieuse.

La *physique terrestre* d'Aristote s'éclaire par la psychologie de l'âme inquiète ; sa *cosmologie céleste* fait appel à la psychologie de l'âme bienheureuse. En effet, tandis que le mouvement rectiligne semble s'échapper sans cesse à lui-même par sa double indéfinité, le mouvement circulaire, fermé sur soi, offre le spectacle ~P035~ d'une harmonie qui satisfait l'esprit comme elle séduit le regard. Dans cette sphère supérieure l'être atteint immédiatement son but ; et cette perfection de finalité a elle-même sa source dans l'*acte pur sans changement*, auquel sont suspendus la vie et le développement de tous les êtres, soulevés vers lui par l'attrait de sa beauté.

La vision du monde aristotélicien est toute transcendante, et par là même, évidemment, toute subjective. L'homme, non seulement projette au-dessous de lui et au-dessus de lui l'image qu'il s'est faite de sa propre finalité ; mais, victime de l'illusion de perspective qui est au principe du réalisme, il se situe, lui et le groupe qu'il commande, les animaux et les végétaux, entre ces deux plans de physique animiste, de telle sorte que l'ensemble général des choses présentera l'unité d'un système hiérarchique, toute *matière* étant relative à la *forme* et toute *forme* étant *matière* par rapport à une *forme* de type plus élevé. Cette hiérarchie se reflète à son tour dans le cadre du syllogisme, où le *moyen terme* exprime la capacité de la *forme,* essence spécifique, pour opérer le passage de la puissance à l'acte.

Ces allusions au vocabulaire métaphysique et logique d'Aristote suffisent peut-être à faire comprendre l'appui qu'ont cru y trouver les théologies des divers cultes constitués durant les siècles du Moyen Age. Là encore il semble qu'il faudrait remonter jusqu'à l'Égypte pour apercevoir la force de séduction que comporte toute tentative de fusion entre les représentations collectives qui sont nées de la terre et les représentations collectives qui semblaient descendre du ciel. C'est un conflit, mi-social mi-spéculatif, entre les prêtres d'Osiris, *le Dieu d'outre-tombe,* et les prêtres de Râ, *le Dieu soleil,* qui se résout par un « compromis ». Sous la VIe Dynastie « le roi mort devient *Râ* sans cesser d'être Osiris. En la personne de Râ, Osiris monte au ciel et partage l'empire avec Râ »[1]. Toute trace pourtant de ce dualisme radical ne s'est pas effacée ; les dates auxquelles ont lieu dans notre hémisphère les cérémonies de Pâques et de Noël montrent en évidence que l'Europe du XXe siècle célèbre ici une fête solaire et là une fête agraire.

Malgré donc l'effort de la doctrine pour s'arracher au langage my-

---
[1] MORET, *Le Nil*, p. 195.

thique du *Timée* et intégrer la finalité dans le système rationnel des causes, on peut dire que la théologie a simplement repris son bien lorsque les scolastiques arabe, juive ou chrétienne, ont emprunté les cadres de la métaphysique péripatéticienne pour ₚ₀₃₆ superposer au contenu d'une philosophie soi-disant naturelle les données surnaturelles de la révélation. Chez Aristote, tant du moins qu'il demeure fidèle à sa cosmologie et ne l'abandonne pas pour reprendre brusquement les thèmes de l'intellectualisme platonicien, l'activité sublunaire dont l'homme participe est séparée de l'acte pur par la hiérarchie des « moteurs mus » que constituent les astres qui occupent les différentes sphères du ciel. Dans l'aristotélisme médiéval, particulièrement dans celui de saint Thomas, la hiérarchie des intermédiaires change de nom, sans cependant changer de rôle : les âmes astrales sont remplacées par les créatures angéliques dont un écrivain néoplatonicien, Denys le *Pseudo-Aréopagite*, a dressé le protocole, en même temps que, sous l'influence combinée de la *Genèse* et du *Timée*, la finalité qui a présidé à la création et à l'organisation de l'univers renonçait à dissimuler son caractère anthropomorphique.

De quelque autorité, tout à la fois profane et sacrée, qu'il aimât à se prévaloir, l'édifice commun de la théologie naturelle et de la théologie révélée était évidemment à la merci de la plus simple chiquenaude. L'ordre déductif qu'il invoque aurait dû lui assurer l'appui de la logique ; mais cet ordre logique, outre qu'il demeure perpétuellement incertain et divisé entre le processus de l'*extension* qui seul rend le syllogisme correct, et le processus de la *compréhension* qui seul le rendrait fécond, implique, dès qu'on veut lui faire supporter le poids d'une ontologie, la pétition de ses principes ; et, logiquement parlant, *la pétition de principe est un sophisme.* A l'intérieur même de l'École, durant le XIVe siècle, la critique nominaliste des maîtres parisiens avait mis en lumière la faiblesse irrémédiable du dogmatisme thomiste. Ce sont eux (écrit M. Émile Bréhier) « qui font place nette pour le développement de la physique moderne, fondent la mécanique, remplacent la mythologie des intelligences motrices par une mécanique céleste qui a des principes identiques à ceux de la mécanique terrestre, et en même temps rompent le lien de continuité que l'ancienne dynamique établissait entre la théorie physique des choses et la structure métaphysique de l'univers »[1].

Cependant il a fallu attendre que les nuées accumulées par la curiosité rétrospective et l'imagination confuse de la Renaissance se fussent dissipées, pour que la chute du dogmatisme médiéval apparût comme le signe précurseur d'un renouvellement des valeurs spirituelles, lié à l'intelligence de la vérité indivisiblement scientifique et religieuse.

IX. — La manière même dont le rationalisme cartésien justifie le doute méthodique, atteste l'intention de son auteur. Du moment en effet qu'on insère entre l'homme et Dieu quelque chaîne de puissances surnaturelles, il est impossible de décider si elles sont bonnes ou mauvaises, ayant pour effet, dans le domaine spéculatif comme dans l'ordre moral, d'élever l'homme au divin, ou au contraire de l'en séparer. *Qui croit aux anges ne peut manquer de croire aux démons*. La tradition, qui tient lieu de preuve, apparaît pour les uns et pour les autres d'une même origine et d'une même qualité. Dès lors il suffira de prononcer le nom de *malin génie* pour que la métaphysique du réalisme sensible s'effondre comme la fantaisie d'un enchanteur qui serait peut-être un « trompeur », pour que la voie soit ouverte à l'instauration de l'univers véritable.

De cet univers il semble d'abord que Dieu soit absent. Descartes se fait scrupule de substituer notre psychologie à celle du Créateur, qui n'a pas daigné faire confidence de ses desseins à ses créatures. Pourtant Dieu nous a donné la raison pour nous guider dans la recherche des causes naturelles ; et ce serait, assure Descartes, lui faire injure d'imaginer qu'il nous ait laissés imparfaits à ce point que nous soyons sujets à nous méprendre quand nous usons correctement de la raison[2]. Or la seule chose qui puisse satisfaire la raison, c'est l'évidence. Cette pleine clarté, l'antiquité l'avait déjà conquise en élaborant méthodiquement les combinaisons des nombres et des figures ; mais elle n'avait pas aperçu la portée de sa conquête, faute d'avoir poussé assez loin l'effort, d'une part pour l'appliquer à la réalité physique, d'autre part pour en scruter les fondements intellectuels. La double lacune se comble par la double découverte de la physique mathématique et de la géométrie analytique.

---

1 *Histoire de la philosophie*, t. I (III), 1928, p. 726.
2 *Les principes de la philosophie*, III, XLIII; A.-T., t. IX (2), p. 123.

Pour Descartes, il n'y a rien à considérer dans l'univers sinon des mouvements susceptibles de se résoudre en mouvements élémentaires qui permettent d'en rendre compte selon les lois d'une composition simplement additive, pourvu qu'on pose en règle que tout mouvement se poursuit spontanément en ligne droite et avec une vitesse uniforme. Tandis que le mouvement, tel que l'envisageaient les philosophes à l'ancienne mode, s'arrêtait de lui-même, puisque l'aspiration au repos était de l'essence de sa nature, qu'il ne pouvait se prolonger que par une sorte de violence exercée d'en haut, l'univers cartésien se suffit à soi sur le plan horizontal du mécanisme, englobant les phénomènes célestes au même titre que les phénomènes terrestres, ne laissant d'ailleurs aucun privilège de référence centrale à la planète que nous habitons. « Si on s'imagine qu'au-delà des cieux il n'y a rien que des espaces imaginaires, et que tous ces cieux ne sont faits que pour le service de la terre, ni la terre que pour l'homme, cela fait qu'on est enclin à penser que cette terre est notre principale demeure, et cette vie notre meilleure ; et qu'au lieu de connaître les perfections qui sont véritablement en nous, on attribue aux autres créatures des imperfections qu'elles n'ont pas, pour s'élever au-dessus d'elles et en entrant en une présomption impertinente, on veut être du conseil de Dieu, et prendre avec lui la charge de conduire le monde, ce qui cause une infinité de vaines inquiétudes et fâcheries » [1].

De l'étendue qui est l'objet des « spéculations de la géométrie » à la matière dont le physicien détermine les lois, il n'y a aucune distance à franchir. L'intelligibilité de l'une garantit donc l'intelligibilité de l'autre. La physique mathématique s'édifiera suivant les mêmes procédés de raisonnement et avec même assurance de réussir que la géométrie euclidienne. Encore est-il vrai que la géométrie euclidienne, par son imitation maladroite de la déduction syllogistique, encourt ce reproche, grave au regard du savant comme du philosophe, qu'elle voile le dynamisme intérieur d'où naissent les rapports que les combinaisons spatiales se bornent à illustrer pour l'imagination. Chez Descartes, le parallélisme de la courbe et de l'équation, en même temps qu'il permet de faire servir les relations constitutives de l'algèbre à la solution des problèmes géométriques, donne occasion de dégager ces relations pour elles-

---

1 *Lettre à la princesse Elisabeth*, du 15 septembre 1645, A.-T., IV, p. 293.

mêmes, en tant qu'elles sont réductibles aux formes simples des opérations arithmétiques et qu'elles offrent à la réflexion qui s'y attache le type le plus pur de l'intellectualité.

Le renversement de perspective qu'entraîne avec soi l'avènement de la physique moderne s'exprime d'un mot : *la nature conduisait à la surnature ; elle conduit désormais à l'esprit.* Pour les enfants comme pour les primitifs, la vérité réside dans les choses ; l'homme la reçoit du dehors comme l'œil la reçoit du soleil, si bien qu'à mesure que les choses s'éloignent de la source de l'être la connaissance dont elles sont l'objet perd elle-même de sa plénitude et de sa pureté. C'est un lieu commun de la tradition péripatéticienne que la science des réalités célestes est une *science du nécessaire,* les âmes des astres, toutes proches de la perfection divine, participent à l'infaillibilité de l'absolu ; la science des réalités sublunaires, où la nature est sujette aux mêmes défaillances que le grammairien et le médecin, est simplement la *science du général,* qui n'exclut pas l'exception fortuite des erreurs et monstruosités. Or voici qu'à la construction verticale, dogmatique et fragile puisqu'elle suspend l'équilibre de l'architecture à la pétition de son principe suprême, succède la conscience du progrès que l'esprit accomplit effectivement. Le foyer de lumière immatérielle a passé du dehors au dedans.

Un tel effort de spiritualisation ne peut manquer de retentir sur l'idée de la religion, qu'elle va spiritualiser à son tour. La scolastique, qui demandait Dieu à la nature, l'y aurait trouvé si elle avait jamais obtenu pour son système du monde l'assentiment du contrôle expérimental. *Les principes de la philosophie,* premier manifeste et premier manuel de la science moderne, sont *principes de la connaissance,* non *principes de l'être.* Mais le sujet connaissant, dont procède l'univers de la physique véritable, ne se confond pas avec le sujet personnel, qui, lui, ne connaît de l'univers que ce qui en est apporté par la perception sensible. C'est par-delà l'horizon auquel le *moi* organique se restreint que Descartes découvre dans la profondeur de son intimité l'infini caractéristique de la raison, témoignage immédiat d'une présence divine si du moins l'on reconnaît Dieu, non à la puissance sur les choses, mais à la vérité de l'esprit.

La révolution a donc été totale dans l'ordre religieux comme dans l'ordre profane. *Ce n'est pas une solution nouvelle du problème que Descartes apporte, c'est une autre manière d'en définir les termes.* Non certes que les lecteurs de Descartes n'eussent déjà rencontré la formule chez saint Augustin : *Deus intimior intimo meo* ; mais, éclectique impénitent, saint Augustin ne la sépare pas de la formule contraire ; tout l'effet de la réflexion en profondeur se trouve immédiatement compromis, radicalement détruit par l'imagination en hauteur : *Deus superior summo meo* (*Confessions,* III, 6).

D'une semblable faute nous ne saurions soutenir que Descartes lui-même soit exempt. Pour avoir proscrit *prévention* et *précipitation*, il n'est pas sûr qu'il y ait échappé. Particulièrement, dans le domaine limitrophe de la théologie où il se sent menacé ou, si l'on préfère, surveillé quant à la libre diffusion de sa doctrine, Descartes apparaît moins préoccupé de suivre jusqu'au bout les exigences de la méthode que d'y parer par un habile détour d'exposition. Du Dieu intérieur que manifeste la fécondité infinie de l'esprit dans le développement de l'analyse mathématique, il passe brusquement au Dieu dont la volonté uniforme et constante se traduit par la détermination des lois primordiales de la mécanique. Et je ne parle pas du désaveu au moins apparent de la cosmologie copernicaine dans *Les principes de la philosophie,* ni des précautions de sa *Correspondance,* encore aggravées pour la postérité par les retouches et les additions que Clerselier y introduira de son autorité privée.

Mais, pour le profit de notre méditation actuelle, peu importent les résistances que Descartes s'oppose à lui-même, et grâce auxquelles certains commentateurs, en s'attachant à la lettre de quelques textes, ont pu tenter de le tirer en arrière de notre civilisation. L'essentiel, c'est que l'intelligence a pris son élan. A mesure que se multiplieront les ressources extraordinaires que fournissent la mathématique pour coordonner les phénomènes et la technique pour en soumettre les résultats à l'objectivité de l'expérience, à mesure aussi la vérité du monde cessera d'être centrée sur la terre et sur l'homme. Le soleil et son système apparaîtront comme des choses infimes, eu égard à l'immensité des mondes qui viennent porter témoignage de leur présence et de leurs mouvements, inscrire, après des siècles et des siècles, leur message dans le minuscule réduit où s'opère la détection extra-fine d'un décalage des raies. Et, qu'il s'agisse d'atomes physiques ou de cellules vivantes, la recherche de l'élément que l'on s'était d'abord cru capable de saisir au niveau du sensible, entraîne les savants vers des profondeurs littéralement inouïes, dont ils ne font encore que mesurer les contours, mais avec la certitude que là se trouve le facteur décisif des phénomènes qui affleurent dans notre expérience quotidienne.

Plus rien ne subsiste donc des spéculations soi-disant rationnelles qui réservaient à notre planète et à notre espèce un rôle privilégié dans un concert dont l'harmonie était escomptée à l'avance. Depuis que s'est évanouie cette hiérarchie d'intermédiaires qui allait, soit de la fumée et de la pierre à l'homme, soit, par les astres ou les Anges, de l'homme à Dieu, les cieux ont cessé de chanter la gloire d'un Créateur. *Mais n'a-t-il pas fallu que l'univers matériel devînt muet pour que l'esprit se fît entendre ?* Seule a pu le regretter et le déplorer une religion à base naturaliste dans le cadre du réalisme péripatéticien. Or déjà la physique d'Aristote représentait une déviation et une décadence par rapport à l'inspiration qui était celle du Verbe chez Héraclite et celle aussi de la dialectique platonicienne. Par toutes les vertus que les plus purs parmi les saints ont pratiquées et recommandées, par les valeurs de patience et d'humilité, de désintéressement et de scrupule, qui permettent de parler d'esprit en tant qu'esprit, $_{P041}$ de vérité en tant que vérité, l'homme est parvenu à comprendre un univers qui n'est pas à l'échelle humaine. Et, comme l'a pressenti Pascal, cet élargissement vertigineux de notre horizon, cette descente non moins vertigineuse à la poursuite des éléments, signes du triomphe sans cesse remporté par la réflexion méthodique et virile sur l'imagination immédiate et naïve, posent de la façon la plus aiguë la question devant laquelle la conscience hésite depuis les trois siècles de notre civilisation : Entre la vie scientifique et la vie religieuse doit-il y avoir séparation radicale, dualité de rythme et d'orientation ? La religion conserve-t-elle encore un sens si elle se fait à son tour *inhumaine, si* elle refuse la consolation que dès le lointain des âges le sentiment a puisée dans l'espérance et dans la promesse de l'au-delà ? Ou n'est-ce pas la tâche qui apparaît héroïque et pieuse par excellence, de *dépouiller le vieil homme,* et, quoi qu'il en coûte à notre amour-propre, de déborder les limites mesquines de la chronologie mosaïque ou de l'horizon géocentrique pour substituer au

Dieu du réalisme physique ou biologique le Dieu de l'intelligence et de la vérité ?

CHAPITRE III
DIEU HUMAIN OU DIEU DIVIN

X. — L'antithèse des manières selon lesquelles l'homme se représente l'univers ou avant ou après la science positive nous renvoie aux conclusions que laissait entrevoir l'analyse des manières selon lesquelles le moi se conçoit lui-même, ou comme *sujet personnel*, dominé et limité par les conditions de la vie organique, par les perspectives de l'ordre social, ou comme *sujet spirituel*, capable de tout le développement que comportent l'infinité et l'universalité d'une raison désintéressée. L'alternative commande à son tour la façon dont nous allons aborder pour lui-même le problème de la religion, le *plan de conscience*, comme nous avons dit, auquel se rapportera notre tentative pour conquérir Dieu.

Nous parlons de *conquête*. En effet, *rien ici ne nous est donné que les simples lettres d'un petit mot* : Dieu est grammaticalement un *substantif* ; et il est superflu de dire quel rôle capital le *substantif*, en tant qu'opposé au *verbe*, joue dans la formation et surtout dans la déformation de l'esprit, avec quelle facilité mortelle il suggère l'imagination d'une substance. A chacun de nous le même devoir incombe de secouer l'idole née du langage, de déterminer le contenu de notre idée de Dieu, de nous en prouver à nous-même la légitimité. L'institution sociale, si revêtue de pompe et de majesté qu'elle nous apparaisse dès notre premier âge, ne saurait ici nous soutenir jusqu'au bout ; car le pouvoir des Églises s'arrête aux rites et aux paroles, dont relèvent sans doute le mouvement de la « machine », l'adhésion des lèvres, l'enrôlement de l'individu dans un groupe, mais qui demeurent impuissants au seuil de ce qui seul nous importe, de la lumière de la raison sans laquelle, malgré les professions de foi les plus éloquentes ou les plus passionnées, l'âme demeure condamnée à tourner perpétuellement sur soi, incertaine et réticente vis-à-vis de ses propres démarches.

P043 L'homme religieux, au sens plein du mot, c'est celui qui accepte courageusement de se confronter à son passé, de rompre avec le préjugé du sacré comme avec le « respect humain » si tel est l'impératif de sa conscience. Son parti est pris de naviguer libre sur la mer libre, sans se préoccuper de revenir au port d'attache, sans même savoir s'il existe ailleurs des havres de grâce préparés pour accueillir et pour réconforter le voyageur fatigué. En d'autres termes, Dieu ne nous est pas donné *tout fait*. C'est un bien véritable, que nous devrons gagner à la sueur de notre front, non seulement dans la réalité de son existence, mais dans l'essence de sa divinité.

On a beaucoup exploité un mot, qui serait de Broussais : *je ne croirai à l'âme que quand je l'aurai trouvée au bout de mon scalpel.* De toute évidence, en effet, la chose qui se fût trouvée ainsi, serait tout ce qu'on voudra sauf, bien entendu, l'âme. Pour Dieu la difficulté nous semble du même ordre. Si familier que légendes et mythes nous aient rendu avec les miracles d'*apothéose et de métamorphose*, il est impossible que la question ne vienne pas à nos lèvres : les images plastiques ou sonores sur lesquelles on fait fond pour atteindre Dieu, ne sont-elles pas nécessairement relatives aux caractères de notre sensibilité ? leur crédit initial ne s'explique-t-il pas de lui-même à certain niveau de culture ? ne risque-t-il pas de s'évanouir à un stade plus réfléchi de la pensée, et de se retourner contre l'intention qui a présidé à leur naissance ? Un Dieu qui se rencontrerait en chair et en os, manquerait à son propre signalement. Déjà Platon, dont l'œuvre littéraire oscille si curieusement entre la spiritualité ascétique de la raison et la complaisance avouée pour le récit mythique, a cependant énoncé la règle d'or qui interdit comme sacrilège tout récit poétique, tout symbole allégorique. Il *faut toujours décrire Dieu tel qu'il est réellement* : οἷος τυγχάνει ὁ θεὸς ὤν ἀεὶ δήπου ἀποδοτέον. (*Rep.*, II, 379 a.)

Et lorsqu'au Ier siècle de l'ère chrétienne, à l'époque où s'élaborent les Évangiles, Ovide passe outre à l'impératif du philosophe et consacre son talent facile aux quinze livres des *Métamorphoses*, ses lecteurs n'en étaient pas plus dupes que ne l'étaient à la Renaissance les artisans qui les avaient prises pour sujets de leurs tapisseries. Dans les divers cultes qui ont résisté aux proscriptions sévères des Iconoclastes, l'humanité de Dieu demeure un thème d'ordre esthétique, tantôt gracieux et tantôt poignant, qui ne cessera de se renouveler pour nous émouvoir au plus profond de l'être intérieur, sans pourtant nous rapprocher d'un pas de la solution du problème religieux dès l'instant où il ~p044~ est posé comme nous le posons, c'est-à-dire *en termes de vérité pure.*

Pas davantage il n'est possible de concevoir qu'une parole soit parole divine du moment qu'elle est recueillie dans le vocabulaire des hommes et transmise par une langue particulière, à laquelle on conviendrait d'attribuer un privilège de consécration. Il ne s'agira donc pas de choisir, suivant les confessions, entre tel ou tel contenu d'un « dialogue avec Dieu », entre tel ou tel témoignage qui viendrait du dehors en appuyer l'autorité. C'est le problème lui-même qui ne réussit pas à s'énoncer ; conclure de la positivité du poste de réception à la transcendance du poste d'émission est une opération franchement dépourvue de toute base logique. « Admettons que Dieu parle à l'homme, cependant l'homme ne pourra jamais *savoir* si c'est réellement Dieu qui lui parle »[1].

Après avoir relégué dans le passé de notre espèce les images anthropomorphiques à travers lesquelles Dieu serait vu ou entendu, nous sommes conduits à nous demander s'il y a quelque voie légitime pour faire la preuve d'une existence non immédiatement donnée dans l'expérience sensible, et, tout d'abord, si cette expérience, considérée en son intégralité, n'implique pas la réalité de Dieu comme l'effet implique la cause. L'argument est classique. Non moins classique en est la réfutation, qui le réduit à n'être que l'apparence d'un raisonnement. Et là sans doute, pourvu qu'on se donne la peine d'y prêter quelque attention, aperçoit-on le plus clairement à quel point le réalisme s'abuse et s'aveugle lui-même en prenant les mots pour des choses. Comment en effet faire jaillir une existence d'une formule abstraite telle que l'énoncé du principe de causalité ? Cet énoncé n'a de signification effective que dans les limites d'un usage correct. *C'est une invitation à découvrir ; ce n'est pas une permission d'inventer.* Par exemple, les prédécesseurs de Torricelli et de Blaise Pascal n'avaient littéralement rien dit lorsqu'ils prétendaient expliquer par l'horreur du vide la montée de l'eau dans les corps de pompe, ou les Newtoniens lorsqu'ils invoquaient l'attraction mutuelle des astres pour fonder la loi de la gravitation universelle : la prétendue cause à laquelle ils se référaient, c'était tout simplement, tout *bêtement* pourrait-on dire,

---

1 KANT, *Le conflit des facultés*, 1798, trad. GIBELIN, p. 75.

la projection psychologique de l'effet qu'ils constataient dans l'univers physique, témoignage sans doute d'un besoin de coordination intellectuelle, mais aveu d'impuissance à lui offrir une satisfaction autre qu'imaginaire. En toute évidence, lorsqu'on s'appuie sur la causalité pour inférer du monde tel qu'il est donné dans l'expérience l'existence d'une cause transcendante à ce monde, on commet sophisme sur sophisme. On feint de ne pas s'apercevoir qu'on s'est rendu coupable d'une extrapolation arbitraire, en passant de faits *intracosmiques* entre lesquels la science établit des liens de causalité, à l'idée du tout en tant que tout, considéré lui-même comme un effet un et indivisible, qui réclamerait une cause *extracosmique,* elle-même totale, une et indivisible. Cela n'aurait de sens que si le monde, pris dans son ensemble, était assimilé à une œuvre d'art, ainsi que le suppose l'anthropomorphisme hérité de la *Genèse* et du *Timée,* qui dominera toute l'architecture des preuves traditionnelles. Voltaire n'est-il pas, sur ce point, le disciple trop fidèle de saint Thomas ? « Les athées n'ont jamais répondu à cette difficulté, qu'une horloge prouve un horloger » [1].

Et d'ailleurs, si l'on acceptait que, même déformé par son application finaliste, l'instinct de causalité correspondît à une exigence rationnelle, il ne s'ensuivrait pas qu'on fût quitte à aussi bon compte. Disons que l'horloge cosmique ne s'est pas faite toute seule, que son mécanisme interne ne suffit pas à la justifier, nous serons obligés de convenir qu'il en sera de même pour l'horloger, qui ne pourra pas, lui non plus, être ce que nous ne voulions pas que fût le monde : *une cause sans causalité.* L'existence d'un Créateur incréé sera en contradiction flagrante avec le principe au nom duquel nous nous flattions d'avoir réussi à faire surgir du néant la cause première.

Il y a plus, et il y a pis. Non seulement la dialectique s'embarrasse ici elle-même ; mais, dès que l'on cherche à en préciser le contour, que l'on envisage le contenu concret de cette causalité suprême, on s'aperçoit que la distance n'a pas été réellement franchie entre le but que l'on poursuivait et les moyens dont on dispose. C'est à l'horloge que l'on devra juger l'horloger, parfait si elle est parfaite, médiocre si elle est médiocre. En essayant d'atteindre Dieu comme cause efficiente du monde, nous nous sommes soumis à l'obliga-

---

[1] Lettre au marquis de Villevieille, du 26 août 1768. Œuvres complètes, 1784, t. LX, p. 520.

tion de proportionner sa divinité à ce que le monde en révèle, avec le risque de dégrader Dieu et de rabaisser en nous son idée. Le *Deus artifex* sera aussi loin que possible du *Deus sapiens* qu'on aurait voulu découvrir et vénérer.

Nous touchons le point où un pieux désarroi se manifeste à l'intérieur d'une même tradition ecclésiastique et parfois dans l'œuvre d'un même apologiste. L'effort pour donner un Dieu à la nature en faisant fond sur la causalité se dédouble en explications opposées, qui alternent et mutuellement se ruinent. Tantôt on appuiera sur la ressemblance de l'effet à la cause, et l'on célébrera les merveilles de la nature, signes et reflets d'une gloire divine ; tantôt on mettra en relief le contraste de la cause créatrice et de l'effet créé, on cherchera dans les insuffisances de l'effet, dans sa contingence et sa précarité, la preuve même qu'à la source il y a l'être souverain, nécessaire et absolu.

Cette impuissance dialectique traduit l'angoisse de l'humanité qui consulte l'univers sur Dieu et qui toujours demeure déconcertée et rebutée par l'écart grandissant, à mesure qu'elle observe et réfléchit davantage, entre le monde tel qu'elle l'attendrait d'un Dieu et le monde tel qu'il se manifeste à son regard. L'élan de confiance s'achève en réaction de désespoir lucide.

Nous accorderons donc à la science moderne qu'elle a pu atteindre son but dans le domaine de la nature inanimée, non certes qu'elle ait éliminé le mystère comme on l'a dit imprudemment ; mais elle a résolu, ou plus exactement elle a découvert, assez de problèmes dans des conditions admirablement délicates et imprévues, pour que nous soyons en état de nous donner l'assurance qu'en dehors de méthodes positives il n'y a pas à entrevoir de salut par la vérité. Il reste cependant certain que l'on compromettrait la portée solide des résultats obtenus par la physique depuis les trois siècles de sa constitution, si on étendait cette conclusion à la biologie. Plus nous devons reconnaître que les diverses opérations de la vie, prises chacune à part, sont régies par les lois chimico-physiques, plus nous devons admirer la coordination qui s'établit entre ces opérations. Elles apparaissent dirigées dans un sens qui, d'une façon générale, coïncide avec la préservation et le développement de l'organisme, présentant dans le choix des moyens une richesse d'invention, une subtilité d'anticipation, faites pour étonner, sinon pour convertir, le sceptique le plus endurci. La finalité rentre ici chez soi, finalité individuelle ou finalité grégaire, comportement tantôt d'apparence simple, tantôt d'une complication réellement invraisemblable, disproportionnée en tout cas aux ressources propres des êtres qui semblent suivre l'impulsion d'un instinct sans avoir la moindre conscience du but auquel tend leur activité. N'est-il donc pas raisonnable de chercher le secret de cette activité hors d'eux et plus haut qu'eux, dans une intelligence transcendante qui soit capable de lire leur avenir en leur passé, d'amener par l'efficacité de sa prévoyance la convergence des mouvements $_{P047}$ chez chaque unité d'un groupe, leur harmonie dans le sein de l'espèce, la hiérarchie enfin des espèces entre elles ?

L'inégalité de niveau entre la créature et le Créateur cesserait donc de faire obstacle à la conception de Dieu. Au contraire, elle y fournirait un appui tellement immédiat que ceux mêmes qui, comme Kant, ont le mieux aperçu et dénoncé le vice logique des prétendues preuves de l'existence de Dieu, n'en ont pas moins retenu le spectacle de la finalité universelle comme un thème d'élévation et d'édification qu'il serait déplorable de prétendre enlever aux hommes.

Là encore, toutefois, le thème ne pourra se préciser et s'approfondir sans se dépouiller de sa vertu. La finalité de la vie n'est-elle pas ce que la *Critique du jugement* appelle *finalité sans fin*, c'est-à-dire ne possédant pas de but qui lui soit extérieur en dehors de la corrélation des parties grâce à laquelle le tout présente une unité organique comme il commande la distribution des éléments ? Vue de génie, pleinement satisfaisante pour l'esprit quand elle s'applique à l'œuvre d'art dont la seule raison d'être est de remplir l'âme dans le moment présent, sans avoir à s'inquiéter d'une répercussion directe sur l'ordre de la nature ou sur le cours des événements. C'est ce privilège d'irréalité qu'invoquait Boileau dans l'expression fameuse de l'esthétique classique :

> *Il n'est point de serpent ni de monstre odieux*
> *Qui, par l'art imité, ne puisse plaire aux yeux.*

Mais les monstres continueront-ils de nous paraître aussi plaisants quand nous aurons à les considérer, non plus en peinture, mais en originaux ? En tout cas, si le Dieu auquel ils ont dû plaire, puisqu'en fait il les a introduits dans l'architecture de son univers, est un Dieu artiste, n'est-ce point au sens néronien du mot [1] ? Il n'aurait multiplié les espèces végétales ou animales, il ne les aurait, pour la guerre de tous contre tous qui naît de la concurrence vitale, dotées des armes défensives et offensives les plus pittoresques et les plus redoutables, qu'afin d'offrir à sa contemplation des scènes plus raffinées d'épouvante et de carnage.

La question paraîtra impie. Mais en ce cas l'impiété retombera sur le Créateur qui nous oblige à la poser par le caractère de l'œuvre qu'on lui attribue. A quoi bon ce luxe inouï de précautions, cette prodigalité d'imagination, pour le service d'existences, non seulement vouées à la mort, mais toujours pénibles et menacées, où l'être ne cessera d'être un meurtrier que pour devenir à son tour une victime ?

XI. — Il semble impossible de trouver à l'intérieur du monde biologique un centre d'intérêt qui justifie le monde, non tel qu'il aurait dû être, mais tel qu'il est, à moins toutefois que l'homme ne se propose lui-même à la providence de Dieu. Si sévère que Platon dans la *République* se soit montré à l'égard de l'anthropomorphisme, si enclin qu'il soit à reconnaître que nos biens sont fort peu nombreux en comparaison de nos maux (II, 379 c), il réhabilitera, vers la fin de sa carrière, l'anthropomorphisme jusqu'à requérir la rigueur des lois contre le citoyen qui s'enhardirait à mettre en doute l'intervention de la divinité dans le cours des affaires spécifiquement humaines. La philosophie stoïcienne, chez Cléanthe et chez Chrysippe en particulier, conserve et systématise la représentation séculaire d'un Dieu travaillant pour des fins, *non pas seulement à la manière dont l'homme agit, mais encore pour des fins proprement humaines.* Elle fournit ainsi une armature conceptuelle à toutes les

---

[1] « Je n'ai jamais compris, écrit le doyen Inge, pourquoi il serait regardé comme dérogation à la perfection créatrice de supposer qu'Elle a un sentiment d'humour. Le manque de ce sens est regardé comme un défaut dans la nature humaine, et plusieurs d'entre nous pensent volontiers que le ciel serait bien triste sans lui. Le monde est plein d'absurdités qui peuvent donner un amusement infini à un Etre supérieur. Plusieurs animaux sont ridicules, bien que peu soient réellement laids ; et beaucoup d'attitudes grotesques de notre espèce doivent sembler d'un ridicule choisi à qui les observe du dehors. » *Outspoken Essays*, t. 2, Londres, 1924, p. 24 cité apud Nédoncelle, *La philosophie religieuse en Grande-Bretagne de 1850 à nos jours*. (*Cahiers de la nouvelle journée*, XXVI, p. 156.)

croyances populaires sur la communauté entre les hommes et les astres ; et le mouvement s'achève dans la conception sublime de la cité de Dieu, à laquelle va l'hommage d'un Marc-Aurèle. La loi, née dans l'enceinte de la cité, avait brisé le cadre de la cité ; l'*Antigone* de Sophocle et le *Socrate* de Xénophon ont tous deux proclamé la valeur éternelle de la *loi non écrite*. Avec le stoïcisme elle prend racine dans la nature universelle, qui assure à son tour la base spéculative de l'optimisme.

Au premier abord l'optimisme paraît être à l'avantage du sentiment religieux. Il n'est cependant pas besoin d'invoquer l'expérience des siècles pour dire à quel point il est à la fois paradoxe d'observation et scandale de conscience. Caïn a tué Abel ; et, depuis, combien de fois aura-t-on vu l'assassin entonner le *Te Deum* sur l'autel même où il venait d'égorger son frère ! Qu'il suffise de nous reporter aux scrupules et aux troubles dont Cicéron dans ses *Dialogues de la nature des dieux* nous a transmis l'écho encore frémissant. « D'un seul mot, chez Ennius, Télamon [P049] dit tout ce qu'il faut pour montrer que les Dieux n'ont aucun souci des hommes. Si les Dieux avaient soin des choses humaines, elles tourneraient bien pour les bons, mal pour les méchants ; ce qui actuellement n'est pas. » Les événements parlent d'eux-mêmes. « Pourquoi Marius, le plus perfide, a-t-il pu faire périr Catulus, le meilleur ? Pourquoi, sept fois consul, cet heureux Marius est-il mort de vieillesse et dans son foyer ? Pourquoi Cinna, cruel entre tous, a-t-il régné si longtemps ? On dira sans doute qu'il a fini par être puni. Mais, au lieu de cette punition trop tardive, il eût fallu prévenir et empêcher le massacre de tant d'hommes supérieurs. » Et Cotta conclut sur cette évocation touchante. « Parlerai-je de Socrate ? je ne puis quant à moi lire sans pleurer le récit que Platon a laissé de sa fin ? » (III, 32 et 33).

En vain des avocats trop zélés imaginent-ils un transfert de punition ; l'honnête homme ne laisse pas fléchir la vigueur de sa protestation et de son ironie. « Le bel argument que de dire : *la puissance divine est si grande qu'au cas où un criminel serait mort avant d'expier ses forfaits, ses enfants, ses petits-enfants, ses descendants, seront châtiés à sa place*. L'admirable équité des Dieux ! Où supporterait-on qu'un législateur condamnât le fils et le petit-fils parce que le père ou le grand-père aurait commis un délit [1] ? »

L'argumentation n'est cependant pas irréprochable. Peut-être la cause de Dieu n'a-t-elle semblé compromise que parce qu'on est convenu entre Stoïciens et Académiciens de reconnaître encore la raison pour arbitre du débat. Mais, si l'ordre du monde est bon en tant qu'il a été établi par Dieu, et si, d'autre part, le mal n'a pu être introduit dans le monde que par la faute des hommes, le problème doit apparaître beaucoup plus profond, emportant avec lui le critère dont l'homme se prévalait et qu'il dressait contre Dieu. Déjà, dans un passage de l'*Hortensius,* qui nous a été conservé par saint Augustin, Cicéron disait : « En punition de crimes commis dans une vie antérieure, les hommes ont à subir un supplice analogue à celui qu'avaient imaginé des bandits étrusques, ils attachaient des vivants à des morts, et c'est de la même façon que nos âmes sont liées à nos corps. » Or, l'âme ainsi corrompue par le corps, ne permet plus à la raison d'exercer son office naturel. Pascal ne fera qu'aller jusqu'au bout de la doctrine en écrivant : « Le péché originel est folie devant les hommes ; mais on le donne pour tel, vous ne me devez donc pas reprocher le défaut de raison en cette doctrine puisque je la donne pour être sans raison. Mais cette folie est plus sage que toute la sagesse des hommes, *sapientius est hominibus* » [2]. A quoi, en effet, la foi pourrait-elle nous commander de croire, si ce n'est au proprement *incroyable* ?

De ce point de vue, l'impuissance de la raison à faire la preuve que Dieu existe, loin d'ébranler la valeur de la religion, nous confirme dans la nécessité de mettre notre seul appui en la parole révélée. Perspective dont il ne s'agit pas de contester l'apparence séduisante, qui cependant ne laisse pas de provoquer un embarras inextricable. On suppose, en effet, qu'entre ceux qui s'appellent *croyants* et ceux qu'on se plaît à traiter d'*incrédules* le débat n'a lieu qu'à par-

---

1 III, 38. — La même préoccupation morale se fait jour à travers l'Ancien Testament. « Si dans le Décalogue d'*Exode* XX et de Deut. V, Yahvé apparaît toujours comme le Dieu des sanctions collectives qui punit l'iniquité des pères sur les enfants jusqu'à la troisième et la quatrième génération, nous apercevons aussi par instants les indices d'une conception plus humaine et plus équitable. Dans le beau récit yahviste racontant l'intercession en faveur de Sodome, le patriarche s'adressant à Yahvé lui pose cette question : *Feras-tu périr aussi l'innocent avec le coupable ?* » (Causse, *Du groupe ethnique à la communauté religieuse. Le problème sociologique de la religion d'Israël,* p. 50).
2 *Pensées,* copie 377, fr. 445, avec référence à saint Paul, I, *Cor.*, I, 25.

tir d'une certaine position du problème, sur laquelle les deux partis seraient à l'avance d'accord, quitte pour les uns à répondre *oui* là où les autres répondent *non*. Mais il n'en peut pas être ainsi du moment qu'on s'estime tenu à ce *minimum* de cohérence logique qui est requis pour se fixer à soi-même la portée de ce qu'on affirme ou de ce que l'on nie. Il n'est pas permis de dire si Dieu existe ou non avant de savoir ce qu'il est ; et comment savoir ce qu'il est tant qu'on n'a pas démontré son existence ? *Pour un objet qui n'est pas compris dans le tissu normal de l'expérience quotidienne, nature et preuve sont inséparables.* La manière dont on arrive à l'existence de Dieu décidera des attributs qu'on lui reconnaît. Une chose est évidente : lorsque le fidéisme affecte de tourner en triomphe l'échec de la raison, il s'enlève à lui-même la base sur laquelle aurait pu s'établir le contenu de la révélation. Il ne lui restera qu'une ressource, s'abandonner à l'automatisme du comportement social, sanctifier le préjugé d'une représentation collective transmise dans les symboles d'un langage impénétrable à la conscience claire et distincte. On a le sentiment que le *problème* a disparu dès l'instant où on a imaginé de l'ériger en *mystère*, formule de complaisance qui, à défaut de nous éclairer, serait capable d'endormir notre scrupule si par malheur la sociologie, qui rend compte du conformisme confessionnel, ne mettait en relief l'origine tout humaine d'une semblable attitude.

_{P051} « Il faut que nous naissions coupables (dit Pascal), ou Dieu serait injuste » [1]. Rien n'est plus touchant que cet effort sincère de la créature pour prendre à sa charge ce qui pourrait être imputé au Créateur ; rien n'est plus vain pourtant. Sans le vouloir, sans même en avoir le sentiment, c'est l'homme qui par son zèle généreux et charitable se donne le beau rôle ; et ce qu'il a dû récuser, ce n'est pas seulement la lumière interne de la raison, c'est aussi l'impératif catégorique de la conscience, qui ne permet pas que nous détachions de nous-même nos intentions et nos actes pour les envoyer en quelque sorte se promener de personne en personne. *Nos péchés sont à nous* ; nous ne pouvons pas les recevoir d'autrui, nous ne pouvons pas non plus en faire cadeau, même au Dieu ou aux Saints qui voudraient, par le plus douloureux et le plus sublime, mais aussi le plus éclatant, des quiproquos, en porter le poids à notre place.

---

1 *Pensées*, f° 457, fr. 489.

La réversibilité des fautes est trop évidemment l'illusion d'un rêve.

Or, si nous cherchons comment sur ce point essentiel une vérité aussi simple et fondamentale a pu échapper, nous sommes amenés à considérer ce stade d'évolution qui nous apparaît comme une donnée élémentaire de l'expérience morale, où l'intégrité propre à la conscience n'est pas encore tout à fait élaborée, où une *disposition* de l'âme, pour prendre le terme le plus général, est quelque chose en soi, qui se réalise, qui se matérialise, toute relation étant coupée avec la source spirituelle dont elle émane. A cet égard l'ethnographie des sociétés inférieures, admirablement approfondie par les travaux de M. Lévy-Bruhl, permettrait de multiplier à l'infini les exemples [1]. Ceux qui sont tirés de la Bible sont ici les plus significatifs ; et nous n'avons qu'à rappeler cette remarque de M. Raoul Allier : « Dans les traditions relatives à Isaac, Ésaü et Jacob, la bénédiction et la malédiction apparaissent comme des énergies qui ont une existence séparée et agissant par leur vertu propre... La bénédiction existe indépendamment de celui qui l'a prononcée et elle déroule automatiquement ses conséquences » [2].

Concluons donc : le dogme de l'hérédité du péché n'a pu naître que dans cette atmosphère de confusion entre le *biologique* et le *spirituel*, où nous avons aperçu la tare originelle dont nous avons à nous affranchir pour préciser le sens de la présence divine, non plus dans le monde, mais en nous.

XII. — Cette présence, nous ne pouvons en demander le témoignage à un raisonnement nécessairement abstrait ; il reste qu'elle soit atteinte par intuition. *Mais ne faudra-t-il pas que l'intuition elle-même, pour se rendre digne de Dieu, se convertisse de l'extérieur à l'intérieur ?* Il y a, en effet, une manière de concevoir l'intuition sur le modèle de l'intuition sensible, qui la laisse *réaliste* et *statique,* se bornant à la représentation d'un objet intelligible et transcendant, telle la *substance* d'Aristote ou la *chose en soi* de Kant, qu'il suffirait de porter à l'infini pour qu'elle devînt Dieu. Or, ce que la dialectique platonicienne avait entrevu, ce que Descartes a nettement dégagé par ses *Méditations métaphysiques,* c'est que l'intuition véritable se caractérise comme *idéaliste* et *dynamique,*

---

1 Cf. Le surnaturel et la nature dans la mentalité primitive, 1931, pp. 41 et suiv.
2 *Magie et religion*, 1935, p. 58.

immanente au progrès d'une pensée qui, par-delà chacune de ses démarches déterminées, découvre la source d'expansion qui fait que la raison a toujours, suivant le mot de Malebranche, « du mouvement pour aller plus loin ». L'effort de réflexion sur soi implique, comme donnée irrécusable de l'expérience intime, qu'il est possible de franchir les bornes de la personnalité sans sortir de la conscience, de prendre dans le moment présent et dans l'acte particulier possession de l'éternel et de l'universel qui suscitent ce moment et fécondent cet acte, sans pourtant s'y épuiser. Et par là nous rejoignons, une fois de plus, la conclusion de notre premier chapitre. Si nous devenons une « personne » à nos propres yeux, n'est-ce pas parce que nous appliquons à ce sujet privilégié le pouvoir général de coordonner les phénomènes autour d'un certain centre, qui nous permet de poser pour elles-mêmes d'autres personnalités ? L'opposition entre *moi* et autrui, ou tout au moins l'extériorité insurmontable pour qui s'arrête à la personne comme à une catégorie ultime, s'évanouit dès qu'on scrute assez profondément ce qui nous constitue, en tant qu'être pensant, comme *créateur de personnalités*. C'est ce qu'exprime la parole de l'Écriture : « *Je serai au milieu de vous* », pourvu qu'on l'entende dans son sens spiritualiste, c'est-à-dire qu'il s'agisse, non d'un « troisième homme » qui se dresserait comme un fantôme entre deux interlocuteurs, mais du lien immatériel qui fait leur intelligence réciproque et trouve dans l'unité de leur raison la garantie de sa vérité. L'intuition de l'infini et de l'éternel, affranchie de tout préjugé ontologique, de toute imagination transcendante, il conviendra de dire qu'elle conduit, *non à Dieu par le Verbe, mais au Dieu qui est le Verbe,* et à un Verbe qui, pas plus que Dieu lui-même, n'accepte de se laisser diviser et dédoubler.

L'ascèse idéaliste permet donc de conclure à l'existence de Dieu comme thèse rigoureusement démontrée si l'on a su retrancher de la notion d'existence tout ce qui tendrait à situer Dieu dans un plan de réalité matérielle où il viendrait, soit s'ajouter, comme chose numériquement différente, à l'ensemble des choses données dans l'expérience du monde, soit se confondre avec lui. *Créationisme* et *panthéisme* sont également hors de jeu, parce qu'ils définissent Dieu par rapport à la réalité de la nature. Or il faut, de toute nécessité, que le progrès de la critique ait spiritualisé l'être pour que soit séparé de son image, atteint dans sa pureté, le Dieu qui seul pourra être avoué comme divin.

Cependant il reste un problème capital à trancher. Le Dieu des philosophes, Dieu pauvre, dépouillé, auquel sont refusés tout à la fois la floraison des symboles, l'encens des prières, la majesté des pompes liturgiques, est-il capable de satisfaire l'instinct religieux de l'humanité ? Le mouvement de conversion que nous nous sommes efforcés de suivre, requiert donc, pour s'achever, un élan de désintéressement pratique, capable de renouveler jusque dans sa racine spéculative notre idée de l'âme, d'en assurer l'entière spiritualité.

Sous l'aspect initial que nous en présentent l'ethnographie et la préhistoire, le réalisme psychique est lié à un matérialisme biologique. L'âme est le principe qui entretient la vie dans le corps, ayant lui-même un siège en un point de l'organisme qui sera, par exemple chez les Arunta, la graisse des reins [1], dans l'antiquité homérique, le sang. La mort prive les individus de ce principe ; ce qui n'implique pas qu'ils disparaissent, mais ils sont réduits à une condition misérable, dont ils ne sortiront que par intermittence lorsqu'il leur sera donné de récupérer pour un temps le principe vital. Tel est le spectacle auquel l'*Odyssée* nous fait assister dans la *Nekyia* du XIe Chant [2].

Mais ce n'est là qu'un aspect de la mentalité archaïque. Une seconde tradition va se greffer sur la première, entraînant une confusion inextricable qui va peser désormais sur les représentations et les croyances de « sens commun » concernant la nature et la destinée de l'âme. Du fait qu'au moment de la mort le corps demeure tel quel sous nos yeux, qu'il passe à l'état de cadavre simplement parce que le principe qui l'animait l'abandonne, n'est-on pas porté naturellement à supposer que ce principe continue d'exister pour soi ? La vie posthume de la personne n'est plus attachée à l'ombre de son contour visible ; elle aura pour base la subsistance de ce qui est venu, pendant la durée de son existence terrestre, vivifier le corps où elle a trouvé une hospitalité précaire. En suivant ce mouvement de pensée, on aboutit à concevoir que la mort, loin d'être une me-

---

[1] Lévy-Bruhl, *L'âme primitive*, 1927, p. 151.
[2] Cf. M. Halbwachs, La représentation de l'âme chez les Grecs. Le double corporel et le double spirituel, Revue de Métaphysique, 1930, p. 495.

nace de diminution sinon d'anéantissement, est une espérance de libération. Tel est l'enseignement des mystères répandus d'Orient dans la Grèce du VIᵉ siècle et dont Platon va recueillir l'écho par le mythe du *Phédon*, faisant pendant au mythe de la chute originelle dans *Phèdre*. « L'âme, à part du corps et séparée de lui, s'est isolée en elle-même » [1].

On assiste ainsi à un renversement curieux et paradoxal entre la vie et la mort. Héraclite ne dit-il pas que l'existence véritable est celle à laquelle la descente sur terre vient inexplicablement nous arracher et que l'expiration du dernier souffle nous restitue ? « Les mortels sont immortels et les immortels sont mortels, l'un vivant la mort de l'autre et mourant la vie de l'autre » (fr. 67). Plus curieux et plus paradoxal encore est le spectacle que donne désormais la conscience religieuse par l'enchevêtrement de ces deux traditions, toutes contradictoires qu'elles sont. De la première procède le dogme de la résurrection des corps, requis par l'imagination vulgaire pour rétablir l'intégrité de la personne humaine, tandis que l'autre s'attache à la considération toute métaphysique d'une substance qui est indépendante de la réalité corporelle et dont, par suite, il semble aisé d'affirmer l'existence au-delà comme en deçà de notre durée terrestre. Cette substance, abstraite en quelque sorte du temps où nous sommes plongés, des mille circonstances qui diversifient le cours de notre pensée et de notre conduite, sans rapport direct, par conséquent, avec notre expérience intime, est manifestement calquée dans son concept sur le réalisme statique qui inspire la représentation primitive et naïve du monde extérieur.

Entre ces deux traditions sans doute serait-on tenu de choisir si on avait le scrupule de se donner une expression lucide et cohérente de la foi à laquelle on adhère. Mais pour nous la question n'est pas là ; car l'une et l'autre se heurtent également à l'exigence de spiritualisation que nous essayons de faire valoir. Le réalisme statique qui fait de l'âme une substance s'est trahi par les termes mêmes dont Descartes s'est servi lorsqu'il a passé brusquement de l'acte de réflexion qui prend conscience du dynamisme de l'intelligence, c'est-à-dire du *Cogito*, à la position d'une chose pensante, *res*

---

[1] 64 c, trad. Robin, p. 72. — C'est à Philolaos qu'on doit l'assimilation du corps, σῶμα, à un tombeau, σῆμα, où l'âme est ensevelie. (A.-J. Festugière, *L'idéal religieux des Grecs et l'Évangile*, 2ᵉ éd., 1932, p. 182.)

cogitans, symétrique de la chose étendue, *res extensa*, « fausse fenêtre pour la symétrie ». Et sur ce point l'échec de la tentative pour faire jaillir de la méthode cartésienne l'immortalité personnelle se confirme et s'éclaire par les conclusions convergentes auxquelles, sans qu'il y ait influence directe de l'une sur l'autre, la méditation du *Cogito* a conduit les penseurs dont les doctrines diffèrent autant que celles de Malebranche et de Kant.

Ni l'un ni l'autre n'ont mis en doute l'immortalité de la personne, qui leur paraît essentielle à l'ordre moral de l'univers. Mais tous deux ont également reconnu que cela implique la persistance à travers le temps d'un *substrat* psychique, d'un *suppôt,* que les prises de la conscience sont impuissantes à saisir. Nous ne nous connaissons pas dans ce qui nous constitue réellement ; et le Jésus des *Méditations chrétiennes* explique admirablement pourquoi du point de vue de la Gloire divine. « Si tu avais une claire idée de toi-même, si tu voyais en moi cet esprit archétype sur lequel tu as été formé, tu découvrirais tant de beautés et tant de vérités en te contemplant, que tu négligerais tous tes devoirs... Mais, mon Fils, Dieu ne t'a pas fait pour ne penser qu'à toi. Il t'a fait pour lui » (IX, XXI).

Il reste que l'agnosticisme de l'âme constitue, pour une métaphysique spiritualiste, un paradoxe propre à en compromettre l'équilibre. Du moment que l'on prétend atteindre l'existence d'un être en faisant fond sur ce que l'on ignore de lui et sur ce qu'on n'en peut pas comprendre, on se condamne à retomber dans le préjugé sociologique, qu'on désavouerait si on en prenait conscience, mais dont nécessairement dérive le contenu positif sans lequel la foi perdrait jusqu'à l'ombre et l'illusion de la moindre consistance. A cet égard, rien n'est frappant comme de voir Kant intégrer à son système le « choix intemporel » du caractère soi-disant *intelligible,* qui reproduit littéralement le mythe terminal de la *République.* Le penseur qui a le plus insisté sur l'autonomie de l'agent moral relègue, en fin de compte, la liberté dans une sphère qui est entièrement soustraite à l'efficacité de l'effort : « Étrange doctrine, selon laquelle le changement de vie, l'amélioration ou la perversion, le repentir, les victoires sur soi-même, les luttes entre le bien et le mal, ne seraient que les péripéties nécessaires d'un drame où le dénouement est marqué d'avance » [1].

~P056~ En s'accrochant désespérément au fantôme de l'inconnaissable, la psychologie négative, comme la théologie négative, se ferme toute voie d'accès vers ce qui est cependant le but de son aspiration. Que nous définissions Dieu par ce qui nous manque pour l'atteindre, ou que nous isolions l'âme de sa durée et de son « milieu », nous serons également voués à nous perdre dans la contemplation muette et vide du néant.

XIII. — Pour nous la leçon est péremptoire. Nous n'attendrons notre salut que de la réflexion rationnelle, portée à ce degré d'immanence et de spiritualité où Dieu et l'âme se rencontrent. Si Dieu est vérité, c'est en nous qu'il se découvre à nous, mais à la condition que Dieu ne soit que vérité. Le péril mortel serait que la profondeur idéaliste souffrît d'être indûment transposée, que l'imagination de l'être réapparût subrepticement qui aurait pour effet inévitable d'assimiler Dieu à un objet quelconque dans le champ de la réalité vulgaire, de transformer dès lors l'intuition d'ordre spirituel en un paralogisme ontologique.

On a beau vouloir mettre la spéculation d'un côté, la pratique de l'autre, tout est compromis du moment que le progrès ne s'accomplit pas à la fois dans l'un et l'autre des deux ordres. A quoi bon répéter la parole qui a traversé les siècles : *Dieu est amour*, si on allait en altérer immédiatement le sens parce qu'on se représenterait le lien de l'homme et de Dieu sur le modèle du rapport qui s'établit dans notre monde entre *personne* et *personne*, entre *moi* et *autrui* ? Dieu n'est pas *aimant* ou *aimé* à la manière des hommes ; mais *il est ce qui aime en nous*, à la racine de cette puissance de charité qui nous unit du dedans, de même qu'il est à la racine du processus de vérité qui fonde la réalité des choses extérieures à nous comme il fonde la réalité de notre être propre.

Le service que rend la philosophie à la religion consisterait donc à mettre en évidence que c'est un même progrès de pensée dans le sens du désintéressement et de l'objectivité qui préside à la triple option dont nous nous sommes efforcés de préciser les conditions intellectuelles, qu'il s'agisse de l'homme ou du monde ou de Dieu. L'ennemi sera toujours le mirage de la *chose* ensevelie dans la ma-

---
1 Émile Boutroux, *De la contingence des lois de la nature*, 3ᵉ éd., 1898, p. 147.

térialité de son expression verbale, qui fait que le *moi* s'acharne à la vaine poursuite d'une âme dissimulée derrière sa spiritualité, comme d'un Dieu caché par-delà sa divinité. Le réalisme se fait ombre à lui-même.

Ce danger pour la suprême satisfaction de la vie religieuse, les mystiques l'ont dénoncé ; ils ont su y découvrir l'effet d'une métaphysique illusoire. Mais s'ils sont demeurés isolés et secrets, ~P057~ en dépit de l'admiration qui s'attache à l'exemple de leur sainteté, n'est-ce pas qu'ils se sont refusés à l'effort de réflexion méthodique qui est nécessaire pour rendre certain l'accès de la vie unitive ? Voulant sincèrement l'universalité, ils sont demeurés les yeux fixés sur le rêve d'une expérience privilégiée, capable d'atteindre un objet qui aurait la plénitude concrète d'un fait, et pourtant qui devrait être autre chose qu'un fait dûment établi d'après les normes légitimes et rigoureuses du contrôle expérimental. Ainsi sommes-nous tentés de nous expliquer le doute et l'angoisse qui accompagnent le récit de leurs visions, de leurs ravissements, de leurs extases. Leur conscience ne se réveille qu'en faisant appel à la mémoire ; et le risque est le même pour l'intuition, que le souvenir vienne à l'enrichir ou à la dégrader.

Telle est la tragédie du mysticisme que l'intuition mystique s'échappe à elle-même dès qu'elle s'efforce de se prolonger pour porter, non pas seulement au-dehors et à autrui, mais au sujet même qui voudrait l'avoir éprouvée, témoignage de sa réalité. Le sentiment, qui devait s'installer dans l'absolu d'une parfaite unité, apparaît impuissant à triompher de l'ambiguïté qu'il ne cesse d'éprouver comme une menace et comme un péril. De là, dans notre tradition d'Occident, le spectacle dont le *Banquet* de Platon offre l'esquisse profonde et prophétique. Ou il arrivera que le mysticisme, embarrassé par la hauteur de son ambition, compromette son inspiration idéaliste, soit qu'il se tourne vers le monde pour faire la preuve d'un pouvoir surnaturel dans le maniement des choses et dans le cours des événements, soit qu'il se réconcilie avec la « fonction fabulatrice », se mettant à l'abri d'un groupe social, professant le mystère d'une secte, l'orthodoxie d'une Église. Ou bien il se dépassera lui-même, afin de suivre jusqu'au bout l'appel de lumière que Diotime découvrait à Socrate et dont elle annonçait qu'il s'épanouit dans la transparence intellectuelle du μάθημα. Et n'est-ce pas ce dont, à défaut de Fénelon arrêté dans son exégèse de la dévotion mystique par l'autorité de Bossuet, Spinoza viendra fournir la preuve ? Autant était plausible l'éloignement d'une sainte Thérèse d'Avila ou d'un saint Jean de la Croix pour une raison qui était uniquement déductive et formelle, comme se présentait la raison scolastique, autant sera justifiée la confiance dans une raison compréhensive et constitutive du progrès telle que la raison cartésienne [1]. ~P058~ Consacrant l'indissoluble unité de l'intelligence et de l'amour, elle saura délivrer enfin le mysticisme de sa perpétuelle incomplétude.

Ce n'est donc pas un hasard, non seulement si le cartésianisme concorde, à l'intérieur même de l'Église, avec le mouvement qui marque la revanche de la théologie augustinienne du Verbe sur la théologie thomiste des intermédiaires, mais si avec le *Traité théologico-politique* et l'*Éthique* la voie royale de la spiritualité s'est trouvée définitivement ouverte. Peut-être le souvenir de certains Marranes, chez qui les frontières de culte entre juifs et catholiques tendaient à s'effacer au profit de la communauté de sentiment, avait-il contribué à détacher Spinoza de tout préjugé particulariste. En tout cas, à travers le langage substantialiste et l'appareil euclidien, qui pourraient à chaque instant donner le change sur la tendance profonde du système, s'accomplit *la désappropriation réciproque et parfaite de Dieu et de l'homme.* Le Dieu infiniment infini n'est pas seulement dégagé de toute image plastique suivant le commandement du *Décalogue,* mais, ce qui est beaucoup plus important et plus rare, affranchi de toute image psychologique. Dès lors nous ne pouvons plus accepter que nous soyons un autre pour lui, et il cesse d'être un autre pour nous. Il n'est pas la puissance supérieure vers laquelle se tourne l'être qui dure, et qui prie pour être soustrait aux lois de la durée. Il est la vérité éternelle en qui une âme pensante acquiert le sentiment et l'expérience intime de

---

1 Cette dépendance du mysticisme à l'égard d'une détermination présupposée de coordonnées intellectuelles a été nettement énoncée par Henri DELACROIX, au cours d'une intervention à la Société française de Philosophie, où il aborde le problème de la valeur du mysticisme : « En un certain sens, on peut dire que le problème n'existe pas puisque le mysticisme n'existe pas en soi et ne suffit pas à soi-même. Le mysticisme, affirmation enthousiaste et passionnée d'un au-delà ineffable et inintelligible, est toujours relatif à un système d'intelligibilité, qu'il commence par poser, qu'il nie ensuite et qu'il retrouve enfin. »(Séance du 2 mai 1925, 25e année, n°s 2 et 3, p. 38.)

l'éternité de la pensée. Ni le soleil ni la mort ne peuvent se regarder fixement, considérés avec les yeux du corps ; mais l'homme dont on peut affirmer sans mentir qu'il est *deux* fois né, l'astronome d'après Copernic, le philosophe d'après Spinoza, aura la force de les envisager avec les « yeux de l'esprit que sont les démonstrations ».

SECONDE PARTIE
LES DISGRÂCES DE L'ÉCLECTISME

> Eadem veritas utrobique.
> Cicéron,
> De la nature des dieux, II, 31.

XIV. — Les pages qui précèdent ont fait ressortir le sens *irréversible* de la *conversion* dans l'idée qu'il convient de nous faire et de notre âme et du monde et de Dieu. Or, ne fût-ce que par l'exemple de Spinoza, il apparaît qu'un spiritualisme radical, réussissant à prendre pleine conscience de soi, a cet effet inattendu qu'il sépare l'homme de l'humanité avec laquelle son désir le plus ardent était de communier, qu'il affaiblit dans la pratique et contredit cette tendance à l'universel, qui demeure un motif par excellence de la vie religieuse.

Le problème de l'universalité s'impose à nous aussi pressant que le problème de la mysticité. Ici et là c'est à la raison, et à la raison seule, que nous demandons nos solutions. Puisqu'elle s'est montrée capable de nous ouvrir la perspective de l'espace illimité en dénonçant le préjugé d'une représentation géocentrique du monde, ne lui appartiendra-t-il pas de nous rendre maître du temps, de nous orienter dans la direction d'un progrès effectif, en soumettant à une critique continue, de plus en plus exacte et pénétrante, les croyances collectives qui n'ont d'autre base que la tradition de l'histoire et qui particularisent les sociétés où elles ont le plus d'autorité ?

L'œuvre du rationalisme religieux se développera donc sur un double plan ; elle présentera deux aspects qui pourront être complémentaires ou opposés selon l'usage qu'à chaque instant de notre vie spirituelle nous ferons de notre liberté, *usage positif* tant que nous demeurons les serviteurs de l'intelligence qui se réclame de l'un et de l'universel, *usage négatif* s'il arrive, comme Malebranche l'a dit avec une incomparable profondeur, que nous arrêtions brusquement et que nous détournions vers un objet limité cet élan dont l'infinité inépuisable atteste la présence de Dieu en nous. Et il ne suffirait pas de dire que la paresse accompagne l'orgueil comme si on avait trouvé dans un cercle fermé de propositions dogmatiques la vérité définitive ; il y a aussi, *et il est essentiel que notre jugement sache en tenir compte,* le désir de ne pas rompre avec le groupe auquel on est redevable et reconnaissant de sa formation spirituelle, un mouvement de condescendance et même de charité qui fait rechercher le compromis avec les imaginations populaires dans un dessein de pédagogie politique et morale qui demeure haut et généreux. Le ₚ₀₆₂ meilleur a ses tentations, qu'il aura le courage d'avouer, qui lui commandent une sincère indulgence à l'égard de ceux qui s'y abandonnent.

Pourtant, si nous voulons que de la plus noble aspiration d'amour ne dérivent plus ces divisions, ces souffrances, ces haines, qui n'ont pas seulement paralysé la vocation des sages, mais qui font que les héros et les saints, toujours et partout, ont failli à leur Providence, il faudra bien choisir en tout lieu, et à tout moment. Qui prétend sauver sa religion, est sûr de la perdre quand il se retourne vers l'ombre de son passé pour se borner à la projeter sur l'avenir. Apprendre de l'histoire qu'il n'y a pas d'époque privilégiée dans le temps, comme nous apprenons du ciel qu'il n'y a pas de centre privilégié pour un astre, c'est aussi la plus grande chance que nous ayons de redresser dans sa perspective de vérité, d'assurer par conséquent dans son efficacité, cet effort dont les siècles nous rendent témoins, à travers tant de vicissitudes tragiques, pour donner à l'humanité tout entière le plein sentiment de son intime et radicale unité.

Il est sans doute paradoxal que nous nous proposions de considérer le flux et le reflux de ce mouvement vers l'universalité en bornant notre regard à l'horizon de notre civilisation, alors que nous trouverions dans l'Orient, avec les plus précieux points de comparaison, les sources secrètes et profondes où s'alimentent quelques-uns des courants de pensée qui ont décidé de la structure morale et religieuse de l'Europe. Mais il est à présumer que l'attention à l'Orient ne nous rapprocherait que très indirectement de notre but. L'Orient, en effet, n'a pas organisé sa mémoire, ordonné son passé ; il vit encore, pour sa plus grande part, dans l'état d'anachronisme perpétuel où était plongé notre Moyen Age, qui fait apparaître comme également actuelles et plausibles les thèses les plus hétéroclites d'origine et de tendance. « Monde immense (dit M. Masson-Oursel de l'Inde) où rien n'apparaît à quelque moment d'une façon tout à fait neuve, où rien qu'on croirait *dépassé* ne s'abolit » [1].

Or, tant que l'histoire et la préhistoire ne sont pas venues à notre secours, pour nous apprendre comment naissent les religions, pour nous révéler comment se fabriquent les systèmes de théologie ou de métaphysique, l'intelligence ne peut exercer sa fonction de discernement et de libération vis-à-vis de l'imagination « fabulatrice », mère des mythes et des dogmes.

Nous définirons donc notre problème en supposant donné l'ensemble des représentations qui constituent le fond de la mentalité archaïque, y compris en particulier tout ce que M. René Berthelot a pu rassembler sous le nom d'*astrobiologie,* amalgame de connaissances déjà positives et de croyances fantastiques, entre lesquelles le progrès de la spiritualité occidentale consistera précisément à opérer une séparation décisive.

CHAPITRE IV
PÉRIODE PLATONICIENNE

XV. — De ce point de vue, laissant de côté le progrès de réflexion qui a dû le précéder, mais qu'il serait difficile de préciser dans l'état de notre information, l'événement initial s'est produit au VIe siècle avant Jésus-Christ, dans ce monde hellénique qui étendait l'ère de sa culture des bords de l'Asie Mineure aux rivages de l'Italie méridionale, sous l'influence imprévue d'un *aède* qui refuse de se plier à la loi de la corporation, qui dénonce la bassesse morale et la malfaisance de la tradition mythologique.

Avec une étonnante vigueur Xénophane de Colophon attaque et ruine les récits les plus vénérés dans l'antiquité. « Homère et

---
1 Histoire de la philosophie, d'Émile Bréhier: La philosophie en Orient, 1938, p. 81.

Hésiode ont attribué aux Dieux toutes les choses qui chez les hommes sont opprobre et honte : vols, adultères et tromperies réciproques... [1]. Aux banquets en l'honneur des Dieux, on devra donc se tenir dans les bornes du respect. Parmi les hommes, il faut louer celui qui, ayant bu, donne la preuve qu'il a gardé la mémoire et qu'il s'exerce à la vertu. Il ne chantera pas les combats des Titans, ni des Géants, ni des Centaures, inventions des hommes de jadis, ni les orages des guerres civiles dans lesquelles il n'y a aucun bien » (*ibid.*, p. 132).

Derrière le moraliste s'entrevoit le philosophe qui remonte à la cause. Les résultats les plus significatifs qui ont été obtenus par l'ethnographie et la sociologie, par l'histoire comparée des religions, sont déjà en germe, et plus qu'en germe, dans la lumineuse critique de cette analogie anthropocentrique qui n'a guère cessé d'être invoquée, en dernier ressort, par les défenseurs de la théologie dogmatique, encore qu'elle apparaisse bien peu faite pour les rassurer. « Les mortels se figurent que les Dieux sont engendrés comme eux, et qu'ils ont des vêtements, une voix, une forme, semblables aux leurs. Les Éthiopiens font leurs Dieux noirs et avec le nez camus ; les Thraces disent que les leurs ont les yeux bleus et les cheveux rouges » [2].

Ces admirables paroles prennent toute leur portée du fait que l'exercice de la pensée libre qui scandalise la foi du vulgaire, qui provoque les réactions des Églises établies, est pour Xénophane de Colophon une introduction à la connaissance de Dieu. Le péché contre l'esprit, et qui est le plus ordinairement commis, n'est-ce pas de mettre au début de l'effort intellectuel ce qui ne pourra être entrevu qu'au terme, de croire que l'on a trouvé avant d'avoir travaillé au service pénible de la vérité ? « Les Dieux n'ont point révélé toutes choses aux hommes dès le commencement ; mais, en cherchant, ceux-ci découvrent avec le temps ce qui est le meilleur » (fr. 17, *ibid.*, p. 133). Aussi Xénophane demande-t-il à la science

---

1 Fr. 11, traduit *apud* BURNET, *L'aurore de la philosophie grecque*, édition française par Auguste REYMOND, 1919, p. 133.
2 Fr. 14 et 16. Cf. fr. 15 : « Oui, si les bœufs, les chevaux et les lions avaient des mains, et si avec leurs mains ils pouvaient peindre et produire des œuvres d'art comme les hommes, les chevaux peindraient les formes des Dieux pareilles à celles des chevaux, les bœufs pareilles à celles des bœufs, et ils en feraient les corps selon leur espèce propre. » (*Ibid.*, p. 133.)

naissante des Ioniens qu'elle guide vers la religion véritable, en écartant les fantaisies cosmogoniques qui transformaient les astres en Dieux. Il refuse de donner aux phénomènes de la nature une explication autre que naturelle. Le soleil est une collection d'étincelles produite par l'exhalation humide. « Celle qui s'appelle Iris est aussi un nuage pourpre, écarlate et vert d'aspect » (fi. *32, ibid.*, p. 134). La hiérarchie des intermédiaires célestes ou terrestres entre les hommes et les Dieux, la hiérarchie des Dieux eux-mêmes, s'effaceront au profit du Dieu unique et indivisible, « qui n'est pareil aux hommes ni par la forme ni par la pensée, qui voit tout entier, pense tout entier, et tout entier entend » (fr. *23* et *24, ibid.*, p. 133).

Les fragments de Xénophane qui nous sont parvenus sont trop brefs ou trop rares pour qu'il soit permis de préciser davantage. De l'incertitude des documents nous ne devons pas cependant conclure à l'incertitude des idées, et surtout nous nous garderons de faire rentrer les vues d'un poète d'il y a vingt-cinq siècles dans les cadres dessinés par les doctrines ultérieures. Du moins, deux choses, pour lesquelles nous possédons les témoignages d'Aristote et de Platon, peuvent être assurées dans la perspective historique qui est propre à l'hellénisme ; c'est que l'unité a été le souci de Xénophane, prédominant à ce point que dans la *Métaphysique* d'Aristote, nous rencontrons un verbe qui semble avoir été forgé tout exprès pour en exprimer toute la force et la nouveauté : πρῶτον ἑνίσας (I, 5 ; 986 *b*, 21), sans que cela nous mette en état de déterminer exactement les conséquences que Xénophane tirait de cet absolu de l'Un quant au rapport de Dieu et du monde. D'autre part dans le *Sophiste* (242 *a*) Platon donne cette indication précieuse que son enseignement n'a pas été sans lendemain. A Xénophane se rattache le mouvement de l'école éléatique qui devait, avec Parménide et Zénon, dégager dans tout son relief l'exigence rationnelle de l'Un.

Xénophane n'est assurément pas spinoziste ; peut-être même ne trahirait-on pas sa pensée en lui appliquant l'interprétation vulgaire du *panthéisme*. Il n'empêche que Spinoza aurait pu reconnaître chez lui l'inspiration de l'*Éthique* aussi nettement caractérisée que celle du *Tractatus theologico-politicus*. *Si* la religion éternelle, dans son renouvellement indéfini d'actualité, se définit par le progrès solidaire de la critique des traditions collectives et de l'ascension vers la spiritualité de l'Un, c'est de Xénophane qu'il faudrait dater le moment où la religion éternelle affleure à la conscience hellénique et, par elle, à la conscience humaine. En tout état de cause, la clarté décisive avec laquelle les thèmes fondamentaux sont formulés nous rend un service inestimable : *ils fournissent le critère qui naît de l'histoire pour donner le moyen de juger l'histoire.*

XVI. — Des siècles qui se sont écoulés entre Xénophane et Spinoza, comme depuis Spinoza, il aurait été légitime d'attendre un développement régulier qui permettrait de saisir, dans leur relation toujours plus exacte et plus profonde, l'humanité de l'homme et la divinité de Dieu. Et d'une certaine façon l'attente ne sera pas tout à fait trompée. Il y aura sans doute à relever, dans les textes que nous rencontrerons, les traces d'une collaboration constante à l'édifice d'intelligence véridique et d'intimité universelle, qu'il nous importe de dresser face aux ruines de la tour de Babel, à la confusion des langues, des rites et des dogmes. Mais pour assurer à ces textes, profanes ou sacrés, leur efficacité bienfaisante, il faudra le plus souvent qu'ils soient, non seulement détachés de leur contexte, mais opposés à ce contexte, tant il est difficile et rare que la lutte contre l'inertie de la nature humaine soit poursuivie dans toute la rigueur de ses conséquences par ceux-là mêmes qui ont tout d'abord professé avec le plus de ferveur que *la lettre tue* et que *l'esprit vivifie*. On les voit reculer au moment de prononcer la parole décisive qui interdira le retour du « dynamique » au « statique ». *L'esprit d'abord sans doute ; mais, quand même, un peu de lettre ;* et tout le système d'idées glisse à nouveau vers le chaos originel.

P067 L'histoire de la conscience religieuse sera donc loin de présenter la pureté de lignes que semblait faire prévoir la nécessité de l'alternative, posée il y a quelque vingt-cinq siècles, entre la survivance des représentations primitives et la réflexion libre du philosophe. On peut même dire que le devant de la scène, après comme avant notre ère et jusque dans les sociétés contemporaines, a été occupé par des formes *mixtes, « ambivalentes »,* où les frontières de l'imaginaire et du réel, de la foi et de la raison, demeurent flottantes et à l'intérieur desquelles l'alternative des courants inverses donne naissance à toutes les formes de synthèse et de compromis. Pour nous l'intérêt d'une telle histoire sera dans l'effort d'analyse et de critique, à quoi elle ne cesse de nous inviter, sinon de nous contraindre.

A cet égard il n'y a pas de fortune meilleure que le spectacle offert par le pythagorisme, aux deux extrémités, pourrait-on dire, de la démonstration scrupuleuse et du « délire collectif ». Et ce qu'il y a de plus remarquable, c'est que l'exigence de rigueur dans la méthode, qui porte avec elle tout le destin de la civilisation, et ce foisonnement de mystères qui évoque de tout près le comportement de la « mentalité primitive », ont en apparence, tout au moins, une base unique, la spéculation sur le nombre. Être pythagoricien, c'est comprendre clairement et distinctement que les nombres carrés, *quatre, neuf, seize, vingt-cinq,* s'engendrent par l'addition successive des nombres impairs.

$$1 + 3 = 4$$
$$1 + 3 + 5 = 9$$
$$1 + 3 + 5 + 7 = 16$$
$$1 + 3 + 5 + 7 + 9 = 25$$

Être pythagoricien, c'est professer que la justice est carrée, *quatre* ou *neuf,* comme le mariage est *cinq,* c'est-à-dire *deux* (le premier nombre pair qui est féminin) et *trois* (le premier nombre impair qui est masculin) ; c'est ajouter foi sans sourciller à toute fantaisie semblable.

Enseignement d'école et discipline d'Église vont interférer, entre lesquels c'est une question de savoir si les Pythagoriciens sont parvenus à établir une franche distinction. Du moins la réponse demeure-t-elle douteuse pour les premières générations, qui semblent avoir professé un *Credo* traduit en formules de catéchisme, comme, par exemple : *Quelle est la demeure des Bienheureux ? — Le soleil et la lune —* formules d'où dérivaient leurs pratiques morales comme leur activité politique. Par contre, vers la fin du Ve siècle, une sorte de schisme s'opère effectivement entre groupes qui s'attribuent réciproquement les dénominations expressives de *mathématiciens* et d'*acousmatiques.* Deux plans du savoir, et, suivant que l'on aura opté pour l'un ou pour l'autre, deux types *du* rapport qui lie l'homme à la vérité de sa religion ; *ou la raison, sûre de la lumière qu'elle apporte dans l'intimité de la conscience, et qui, par là même, possède une valeur universelle ; ou une tradition orale fondée sur la parole du maître* : αὐτός ἔφα, et dont les initiés se réserveront le privilège, *fides ex auditu*.

Or entre les deux systèmes de valeurs, la lutte ne pouvait plus être égale, dans cette période où, avec la ruine de la civilisation proprement hellénique, la vogue revient de plus en plus aux cultes et aux mystères importés d'Orient et qui préparent directement le Moyen Age occidental.

Il convient d'ajouter que les *Arithméticiens* ont involontairement favorisé le jeu de leurs adversaires. Il est arrivé, en effet, que leur méthode a été rendue stérile par la conclusion même qu'ils ont tirée de leurs premières conquêtes ; ils ont exalté l'harmonie entre les nombres et les figures géométriques, les constellations, les sons, jusqu'à nier la rationalité des rapports « incommensurables » que la rigueur contraignante de la méthode les obligeait cependant à reconnaître, et dans le cas le plus simple, celui du rapport entre l'hypoténuse et les côtés du triangle rectangle isocèle. Dès lors la fatalité s'accomplit. Les Néopythagoriciens des premiers siècles de l'ère chrétienne, pour satisfaire à la fois leur paresse et leur ambition, prennent le raccourci de l'imagination mystique à qui toute application des symboles numériques devient également facile et heureuse, puisqu'il est impossible, étant donné la façon même dont elle pose son problème, qu'elle rencontre jamais aucun point de résistance.

L'école pythagoricienne, par le rôle central qu'elle attribue à la culture mathématique, aurait pu fournir l'appui le plus solide à un raffinement de ce rationalisme religieux que les Éléates semblent avoir renfermé dans la rigidité hiératique du concept de l'*Un*. En fait, elle aura fait servir la constitution de la science exacte au désaveu final de la raison qui avait créé la science, exactement comme il arrivera chez Auguste Comte. Les derniers Pythagoriciens ont cru pénétrer plus loin dans le secret des choses en soi sans avoir la force de remarquer que leur prétention chimérique les ramenait *en deçà* et *en arrière* dans l'ordre de l'histoire humaine. Et ainsi que le rapprochement avec Comte le laisse pressentir, nous apparaît déjà le principal obstacle à une *religion pure* qui naîtrait de la *philosophie pure*. Il se trouve [P069] dans une certaine manière de philosopher, qui, cédant à une espérance de synthèse et de conciliation, s'aventure hors des normes et des bornes du vrai telles qu'elle avait commencé par les définir, tout en cherchant, pour dissimuler la contrariété de ses mouvements, à maintenir aussi longtemps que possible l'apparence d'un langage uniforme.

XVII. — Le problème que soulève le contraste, sur les rives de la Grande-Grèce, entre l'éléatisme et le pythagorisme, prendra toute son ampleur et toute sa gravité avec le platonisme, dont l'influence tout autant que celle du christianisme, et en partie d'ailleurs par le christianisme, domine le cours de la pensée occidentale jusqu'à nos jours. Si nous posons la question : *de quel type de philosophie convient-il de rapprocher le platonisme : type de Xénophane ou type pythagoricien ?* il semble impossible de répondre nettement. Il y a trop de passages dans les *Dialogues* où le progrès parallèle de l'ascétisme pratique et de la dialectique intellectuelle oblige de reconnaître que le royaume du philosophe n'est pas de ce monde ; il y a trop de *Dialogues,* d'autre part, qui ont pour objet de subordonner les rythmes d'opposition à des vues, en apparence supérieures, d'équilibre et d'harmonie dans la conduite de l'individu ou dans la loi des États comme dans l'ordonnance du *cosmos.* Le génie de Platon pousse à son point de perfection tantôt l'éléatisme et tantôt le pythagorisme.

Ce qui met le comble au paradoxe, c'est qu'en s'engageant tour à tour dans ces directions contraires, Platon ne cesse pas d'être fidèle au souvenir du drame qui a décidé de tout pour lui, l'issue du procès de Socrate. Le juste sans reproche a succombé sous le verdict de ceux que son action quotidienne tendait à mettre en garde contre l'entraînement de la passion et du préjugé, qu'il avait conviés aux procédés méthodiques de l'*ironie* et de la *maïeutique* pour en faire des hommes chez qui du foyer intime de la réflexion surgiraient sagesse et vertu. De cet échec le premier mouvement sera de faire appel. Platon transformera la défaite en victoire grâce au renversement de perspective qui s'achève, dans la République, par le portrait du « juste mis en croix », et que ce supplice ignominieux porte au sommet de la grandeur morale et de la félicité intime, alors qu'il est réservé au tyran de produire le chef-d'œuvre de l'injustice : *Commettre les crimes les plus grands et savoir se ménager une réputation d'honnêteté* (II, 361 *a*). Mais voici le second mouvement, Platon se demandera s'il est aussi légitime qu'il a pu sembler, d'abandonner ainsi les hommes de la caverne au cours fatal de leurs illusions, de se ~p070~ refuser à revenir vers eux pour réformer la cité suivant le modèle des *Idées* que l'on suppose avoir présidé à l'ordre de l'univers.

Aussi naturellement la mort de Socrate conseille à Platon, ou de vivre en esprit hors du monde, l'âme tournée tout entière vers l'intelligence du vrai, vers la contemplation de l'éternel, ou de travailler dans le monde avec l'espérance de le sauver. N'est-ce pas préfigurer de la façon la plus précise et la plus frappante la double image que le christianisme se donne à lui-même dès les premiers siècles de son développement, lorsqu'il poussera l'élite de ses fidèles, soit à rompre tout lien de famille et de société pour la stricte imitation de Jésus dans la solitude du renoncement et de la pauvreté, soit à instaurer la cité de Dieu sur la terre, en empruntant avec la langue de Rome les cadres hiérarchiques, les méthodes administratives, de l'impérialisme latin, comme la *République* platonicienne faisait fond sur les institutions militaires de Sparte afin d'assurer le succès de l'idéal spirituel, compromis et finalement trahi par l'anarchie croissante de la démocratie athénienne ?

Rien ne montre mieux, à travers des coupures en apparence absolues, l'identité des problèmes qui ont agité la conscience religieuse de l'Occident. Et le rapprochement s'impose encore avec plus d'acuité quand on considère la façon dont se sont exercées les influences souveraines de Socrate et de Jésus. Qu'il s'agisse du héros des *Mémorables* de Xénophon et des *Dialogues* platoniciens, ou de l'inspirateur des quatre Évangiles et des écrits apostoliques, nous ne connaissons leur pensée qu'indirectement, à travers la diversité des témoignages qui nous sont parvenus sur leur enseignement, à travers la diversité de courants de pensée qui se sont réclamés de leur nom. Tous deux ont péri victimes de la même réaction, suspects aux yeux de la foule d'avoir ébranlé l'assise religieuse de la société. Avant et après eux, en effet, la ligne de partage des valeurs morales n'apparaît plus la même dans le cours de la civilisation hellénique ou palestinienne. Socrate fait écho à la revendication de l'*Antigone* de Sophocle en faveur de la *loi non écrite,* universelle et immuable, comme Jésus oppose l'ordre nouveau d'intelligence généreuse et de charité cordiale à l'ordre ancien qui, dans l'interprétation du moins qu'il lui a plu d'en donner, ne connaîtrait de justice et de réciprocité que sous la forme du talion. Et cependant la stricte observation de la loi, telle que les autorités régulières d'Athènes la définissent et l'appliquent, « l'accomplissement » de la *Loi* dans les termes où la Bible veut qu'elle ait été prescrite aux Hébreux, ressortent expressément des textes par lesquels, ₚ₀₇₁ de part et d'autre, les disciples nous ont transmis la pensée de leur maître.

Nous n'aurons pas à tenter de ces difficultés une solution que l'état défectueux, à la fois irrécusable et irréparable, de notre information condamnerait à demeurer subjective et arbitraire. Ce qu'il convient d'en retenir et qui a fait la fécondité comme la noblesse du platonisme et du christianisme, c'est qu'ils se sont posé le problème, et que par là même ils nous invitent à sortir de la confusion originelle, à nous efforcer de mettre au clair le sens de notre propre orientation.

Pour autant donc que Jésus a fait éclater le contraste entre la dévotion officielle et la sincérité de l'âme, il faut regarder comme typiquement chrétien le dialogue, nettement « anticlérical », où Platon met en scène et aux prises Euthyphron et Socrate. Euthyphron est un « docteur en théologie traditionnelle » ; il n'ignore aucun détail de la liturgie quant aux sacrifices et quant aux prières ; il est au courant de tout ce qui s'est passé dans le ciel et de tout ce qui pourra s'y passer encore ; car, suivant, la remarque de Maurice Croiset, « la mythologie, n'étant pas fixée dans un livre canonique, se grossissait incessamment d'inventions nouvelles que les théologiens et les croyants se plaisaient à recueillir »[1]. Aussi Euthyphron a-t-il son sentiment pour lui lorsqu'il cite son père en justice pour avoir involontairement laissé mourir en cachot un esclave coupable de meurtre : n'est-il pas autorisé à invoquer comme modèle la conduite qu'ont tenue à l'égard de leur père aussi bien Zeus, fils de Cronos, que Cronos, fils d'Ouranos ? Socrate l'arrête au passage, et le soumet au supplice de la question : « les malheureux qui m'ont obligé de parler du fond de la religion » (dira plus tard Pascal aux « lâches persécuteurs » de Port-Royal, f° 449, fr. 883). D'un point de vue tout contraire, puisque la norme de la justice est dans la pureté intrinsèque, dans la simplicité universelle, de la raison, telle qu'elle se révèle à nous par la considération des nombres et des figures, c'est aussi du « fond de la religion » que Platon traite dans

---

[1] *Apud* PLATON, *Œuvres complètes*, édit. BUDÉ, t. I, 1920, p. 190, n° 1.

l'*Euthyphron,* « Socrate avait été accusé d'irréligion, et condamné de ce chef ; Platon, qui l'avait connu mieux que personne, le tenait, lui, pour le plus religieux des hommes » [1]. Par le privilège de sa profession, Euthyphron se flatte de savoir et d'accomplir ce qui plaît à Dieu. Mais Socrate fait comparaître devant la conscience le Dieu d'Euthyphron, et il le juge. Il contraint son interlocuteur à reconnaître que Dieu ne peut pas être plusieurs, divisé d'avec lui-même, déconcertant ceux qui l'aiment par le spectacle de volontés successives et contradictoires. Il n'est pas non plus le Dieu dont une âme mercenaire pénétrerait la psychologie, comme s'il attendait de nous des soins et des services en échange de ses faveurs, comme s'il était permis de lui agréer du dehors en lui manifestant crainte et respect, en lui rendant honneur et grâce, τιμή, γέρα, χάρις (*Euthyphron*, 15 *a*). Et devant cette mise en accusation d'un culte formel et dérisoire Euthyphron se dérobe.

XVIII. — L'antithèse entre le matérialisme du prêtre, qui tourne Dieu vers l'intérêt humain, et le spiritualisme du philosophe, qui élève l'homme au divin, conçu en soi et pour soi, veut que l'*Euthyphron,* dialogue de début et de circonstance, engage déjà toute la carrière de Platon. A l'ensemble des légendes que la vénération d'Hésiode et d'Homère a consacrées pour en faire la base de l'éducation hellénique, est solennellement refusé le droit de cité dans la *République* platonicienne. En termes décisifs, Platon fait justice de l'imagination qui soutenait les mythes, qui dans les traditions religieuses accréditait la fable des *Métamorphoses* : « Qu'aucun poète ne se permette de nous dire : les *Dieux vont de ville en ville déguisés sous des formes étrangères...* Essentiellement loyal et vrai dans ses paroles et dans ses actions, Dieu ne change point sa forme naturelle ; il ne peut tromper les autres par des paroles ou des discours, ni en leur envoyant des signes, soit pendant le jour, soit pendant la nuit » (II, 381 *d* - 382 *e*). Avec une verve qui rappelle Xénophane, Platon raille les scènes de la vie future, telles que se la représentaient les partisans d'un orphisme peut-être dégénéré. « Ils font accroire, non seulement à des particuliers, mais à des villes entières, qu'on peut, au moyen de victimes et de jeux, expier les péchés des vivants et des morts ; qu'il y a une perfection

---

[1] M. Croiset, *ibid.*, p. 177.

de sacrifices, expressément désignée ainsi, qui délivre des maux de l'autre vie, tandis que les plus grands tourments dans les enfers attendent ceux qui refusent de sacrifier » (364 *e*).

En contraste, le *Théétète* fait réapparaître l'homme juste et pur de Xénophane, qui sera plus tard le saint de l'*Imitation,* dédaignant ou plutôt, parce qu'il est incapable d'y porter son regard, ignorant toutes les grandeurs apparentes d'ici bas, pour « s'évader » plus vite, pour « s'assimiler à Dieu dans la mesure du possible » (176 *a).* Mais il est essentiel à l'originalité de Platon que ce portrait du philosophe fasse partie d'un *Dialogue* qui [P073] commence par célébrer la découverte des *irrationnelles* et qui est consacré à la discussion des thèses héraclitéennes sur la connaissance ; c'est-à-dire que Platon appuie l'ascétisme religieux sur un ascétisme intellectuel qui intègre tous les progrès que la raison spéculative avait accomplis depuis Pythagore et dans le pythagorisme même. Le fait que ces combinaisons idéales trouvent leur application dans le monde atteste qu'elles sont capables de se détacher du monde. C'est au-delà des objets de l'acoustique et de l'astronomie, au-delà même des figures et des nombres, que nous conduit cette dialectique qui est le ressort de la doctrine tout entière. Platon dans la *République* a pris soin d'en marquer les degrés avec une précision irréprochable. Mais, tout au moins dans son œuvre littéraire, il a voulu que le sommet s'en dérobât comme les objets échappent à la vue dans la lumière trop éblouissante du soleil, avec cette seule indication, que l'*Un* se caractérise non par l'Être qu'il dépasse, ἐπέκεινα τῆς οὐσίας, mais par le Bien — indication féconde à la condition toutefois qu'elle fût suivie.

C'est ici, nous l'avons déjà laissé pressentir, que l'Occident va jouer son destin ; il n'est pas sûr que Platon lui-même soit demeuré fidèle à l'inspiration de son spiritualisme. A mesure que sa carrière se poursuit, les écrits qui nous sont parvenus de lui font une place plus considérable au désir de synthèse cosmique et politique qui avait dicté les systèmes des Présocratiques, qui les avait opposés les uns aux autres, suscitant la critique des Sophistes et de Socrate lui-même. Il ne s'agira plus de passer par-dessus les apparences temporelles, mais, selon l'exemple du λόγος d'Héraclite, de découvrir une loi d'harmonie qui régit et qui rythme le flux des phénomènes. Le géométrisme, apparenté à l'atomisme de Démocrite, correspond seulement à une condition élémentaire d'équilibre ; Platon y oppose et y superpose la finalité dont Anaxagore avait annoncé l'avènement. Le *Timée* fait dériver de la psychologie tout anthropomorphique du *Démiurge* l'architecture et la vie de l'univers ; et de la philosophie de la nature la palinodie optimiste s'étend à la philosophie de l'histoire. Dans les dernières pages du Xe livre des *Lois*, Platon ne se contente pas de faire appel au bras séculier pour fortifier et consacrer la foi dans le gouvernement des affaires humaines par la providence de Dieu et par son inflexible justice. Si la raison ne parvient pas à faire de ce dogme capital une démonstration suffisamment lumineuse et convaincante, il admet que dans ce cas le mensonge deviendra légitime, tant il est bienfaisant. « Le gouvernant est, par définition, celui des citoyens qui a le droit et le privilège de mentir »[1]. N'est-il pas vrai que de telles paroles, scandaleuses et impies, justifient rétrospectivement la condamnation de Socrate, comme plus tard le système de l'Inquisition viendra ressusciter et réhabiliter les juges qui ont ordonné le supplice de Jésus ?

Ainsi considéré selon le double rythme de son élévation spirituelle et de sa dégénérescence politique, le platonisme aggrave l'équivoque du pythagorisme. Là au moins il semble que ce soient en général des hommes différents qui se disaient, les uns *mathématiciens*, les autres *acousmatiques*, tandis que maintenant c'est une même doctrine, publiée sous une même signature, qui à travers les générations affolera, littéralement parlant, ses propres partisans en les engageant dans des voies contradictoires.

Pour préciser les termes de ce problème, il convient de nous reporter à la distinction classique de Plutarque dans une page inspirée de la tradition platonicienne. Il y a trois sources auxquelles s'alimente la religion : la loi, νόμος, œuvre des législateurs ; *le mythe*, μῦθος, œuvre des poètes ; la *raison*, λόγος, œuvre des philosophes. Or ces trois sources sont loin de coïncider naturellement. Et de Platon lui-même nous apprenons qu'il n'y a pas de plus grande opposition que celle du *philosophe*, amant de la seule vérité, au jugement de qui *misologie* et *misanthropie* sont les péchés par excellence, et du φιλοδόξος, livré à tous les courants qui détournent l'homme du progrès de l'intelligence, qui l'entraînent à nouveau, *par une sorte*

---

[1] Elie HALÉVY, La théorie platonicienne des sciences, 1896, p. 343.

de conversion à rebours, dans cette caverne où les poussées du sentiment et les compromis de la politique apparaissent revêtus de la fausse auréole du sacré. En vain, le mythologue et le législateur prétendront s'unir au philosophe pour une synthèse qu'il a par avance déclarée impossible. *Dans l'ordre qui est spécifiquement et purement religieux l'éclectisme est la pire trahison.*

Conclusion sans doute contestable si l'on songe à l'excellence des intentions qui ont présidé à la naissance des systèmes éclectiques en théologie comme en philosophie proprement dite, à l'accueil favorable qu'ils n'ont cessé de rencontrer dans l'opinion. Et pourtant, là est à nos yeux la clé de l'histoire : *Platon pour disposer au christianisme,* le mot est de Pascal (f° 73, fr. 219) ; mais il reste à chercher et à décider de quel christianisme et de quel Platon il s'agit.

Selon Pascal, le génie le plus réfractaire à la dialectique d'une intelligence pure, le plus éloigné aussi de la quiétude mystique, il n'y a pas d'hésitation ; et son propre commentaire est explicite, il s'attache au récit mythique du *Phédon*. Le mérite de Platon est d'avoir insisté sur le risque à courir par l'enchantement d'une espérance qui passe outre à notre incapacité de nous établir dans une certitude rationnelle. « Que peut-on (demandera Fénelon) voir de plus faible et de plus insoutenable que les preuves de Socrate sur l'immortalité de l'âme ? »[1]. De même, c'est Platon mythologue qui exerce une influence souveraine durant les siècles du Moyen Age, soit directement par la cosmologie du *Timée,* soit indirectement par la physique et la métaphysique péripatéticiennes ; car Aristote se borne à transposer en termes abstraits la résistance de la matière informe à l'anthropomorphisme de la finalité divine. Dès lors, la « théologie révélée » n'aura aucune peine pour s'installer au sommet de cette « théologie rationnelle », en s'incorporant la légende, telle que le *Phèdre* l'a recueillie, de la chute des âmes. Et Joseph de Maistre, placé, autrement que Pascal mais tout autant que lui, à l'extrême droite du christianisme, se croira en droit de soutenir que l'Orient ne fait ainsi que reprendre son bien. La déclaration du livre du *Pape* est, à cet égard, d'une franchise presque déconcertante. « Lisez Platon, vous ferez à chaque pas une distinction bien frappante. Toutes les fois qu'il est Grec, il ennuie, et souvent

---

[1] Lettre sur l'existence de Dieu, le christianisme et la véritable Église, 1713, III, édit. Gaume, 1851, t. I, p. 133 B.

il impatiente. Il n'est grand, sublime, pénétrant, que lorsqu'il est théologien, c'est-à-dire lorsqu'il énonce des dogmes positifs et éternels séparés de toute chicane, et qui portent si clairement le cachet oriental, que, pour le méconnaître, il faut n'avoir jamais entrevu l'Asie. Il y avait en lui un sophiste et un théologien, ou si l'on veut, un Grec et un Chaldéen » (IV, VII).

La part d'héritage platonicien que recueilleront tour à tour un saint Augustin et un Malebranche répond à une orientation bien différente de la pensée. Le processus de la conversion est ici tout spirituel. Du plan biologique, où s'attarde le temps de l'immortalité, il nous conduit à la vérité de l'Idée dans la pureté lumineuse de son essence éternelle. Et sans doute, comme le montrent la théorie de la réminiscence dans le *Ménon* et la théorie de l'amour dans le *Banquet*, ce progrès peut se symboliser par des mythes. Mais c'est là précisément que va éclater le contraste. La doctrine de l'organisation cosmique ou de la déchéance originelle, relative à l'histoire d'un principe divin qui se dégrade dans son expression, qui s'incarne dans une matière, est inévitablement liée à son enveloppe mythologique, tandis que l'ascèse de la dialectique platonicienne ne rompt nulle part le contact avec l'analyse rationnelle, dont la constitution de la méthodologie mathématique a mis hors de conteste la certitude : le propre de l'analyse (dira excellemment Condillac) c'est qu'« elle ne découvre point de vérité qu'elle ne démontre » [1].

Si donc la littérature mystique de l'Occident dérive du mystère que dévoile à Socrate l'étrangère de Mantinée, il ne s'ensuit nullement que Diotime en soit restée au niveau où apparaîtra plus tard une Mme Guyon. Comme Fénelon et mieux que Fénelon, Platon a compris que l'amour ne remplit sa vocation que dans la mesure où il conquiert l'intelligence grâce à laquelle il se rend entièrement transparent à lui-même. *Le christianisme pour ramener à Platon*, serait alors le « véhicule » d'une religion entièrement spiritualisée, telle que l'*Éthique* de Spinoza la proposera. Mais, avant que se produise cette division des héritiers modernes de Platon entre le *supra-rationalisme de la foi* et le *supra-mysticisme de la raison*, l'ambiguïté fondamentale de l'œuvre va se traduire par deux mouvements de pensée aussi éloignés l'un de l'autre que seront la

---

1 Traité des systèmes, chap. VII.

Nouvelle Académie et l'École néo-platonicienne d'Alexandrie. Des expériences religieuses s'y rattachent, qui serviront singulièrement à préciser comment entre le monde antique et le monde chrétien la rupture apparente a pu s'accompagner d'une continuité paradoxale et profonde.

XIX. — C'est en adepte de la Nouvelle Académie que Cicéron rédige les *Dialogues de la nature des dieux,* à l'époque la plus significative de l'histoire, l'an 44 avant Jésus-Christ. L'assise morale de la grandeur romaine est ébranlée par les guerres civiles, comme au temps de Platon l'était celle de la démocratie athénienne, Seulement le problème est inverse : ici, *c'est l'âme qui manque au corps.* Grâce à la fortune des armes Rome a étendu sa domination hors des bornes de la ville et même de l'Italie ; la ferveur républicaine, affaiblie par la corruption de la richesse, par la rivalité des classes, par l'ambition des chefs, ne suffira plus à la soutenir ; et déjà se profile à l'horizon le spectre de la décadence impériale. Autour de Cicéron, conscients du danger, mettant à profit les loisirs où les contraint la dictature de César, des hommes réfléchissent. Ils demandent à cette sagesse hellénique dont ils ont reçu jadis la culture, quels moyens elle est susceptible de leur offrir pour établir l'équilibre d'un monde nouveau.

Épicuriens et Stoïciens répondent, parlant des langues différentes mais qui, d'un point de vue simplement pratique, ne semblent pas irréductibles. C'est à un même courant de pensée qu'ils se rattachent par Aristippe, venu de Cyrène à Athènes, et par Antisthène, fils d'une esclave thrace. Réciproquement hérétiques si l'on veut, mais tous deux auditeurs et admirateurs de Socrate, ils se proposent un but identique dans le détachement des biens qui ne sont que pour le dehors et pour l'apparence, dans la pratique de l'examen de conscience, hérité des Pythagoriciens, précisé dans sa méthode, appliquée à tout le système de valeurs que la tradition a légué. L'homme est à la fois juge et garant de son propre bonheur.

Ce but, Épicure l'atteint en raffinant sur les vues trop simples de l'école hédoniste. Il ne se contente pas d'isoler le moment présent, et d'y voir un absolu de jouissance ; à l'intuition immédiate il joute prévision et mémoire, qui seront capables, tantôt d'augmenter le « rendement » du plaisir, de s'opposer à la douleur, tantôt de la vaincre en l'entourant d'une sorte d'atmosphère spirituelle que le sage est maître de créer. Épicure apprend à bien mourir, témoin les lignes simples et sublimes qu'il trace pour Idoménée : « C'est une heureuse journée que je passe, et c'est la dernière de ma vie ; car à toutes mes souffrances faisait front le calme contentement de mon âme appliquée aux souvenirs des entretiens passés »[1]. Dans un même sentiment d'attention à l'expérience intérieure, Zénon de Cittium corrige les conceptions rudimentaires du cynisme primitif. Son enseignement travaille à développer toutes les puissances d'organisation rationnelle que comporte l'identification de l'effort et de la vertu, à découvrir la profondeur de joie qu'implique la perfection esthétique d'une conduite totalement harmonieuse avec soi. Les maximes du sage épicurien et du sage stoïcien se heurtent moins qu'elles ne se complètent, Sénèque n'hésite pas à pénétrer dans le camp adverse pour en rapporter les conseils destinés à orienter et à réconforter Lucilius ; *tout ce qui est vrai est mien (Lettre XII, sub fine).*

A une époque où l'État a cessé d'embrasser et de commander tous les aspects de la conduite, dans un Empire qui atteint les limites du bassin méditerranéen, l'unité morale de la société ne pourra reposer que sur des hommes qui ont, chacun pour leur compte, su conquérir leur unité morale, se rendant capables d'une humanité intégrale suivant le programme commun des philosophies rivales. Cependant l'espérance en fut déçue, et les causes de l'échec en sont assez apparentes. Tout d'abord, et dès le temps d'Aristippe et d'Antisthène, l'indépendance que le sage recouvre et revendique à l'égard des mœurs de la cité se traduit par deux attitudes opposées : tandis que l'un se dégage de toute entrave, et se dit « étranger partout »[2], l'autre ne dépasse l'horizon d'une législation particulière, qu'afin, semble-t-il, de se proclamer « citoyen du monde »[3] et d'étendre par là le champ de son effort et de ses services. Ainsi, de la même inspiration « humanitaire » dérivaient, comme on le verra plus tard pour l'œuvre unique de Jean-Jacques Rousseau, la tendance individualiste vers l'anarchie et la tendance socialiste vers le communisme. Et surtout il s'est trouvé que l'épicurisme et le stoïcisme, se constituant comme Écoles après l'*Académie* et le

---

1 *Apud* DIOGÈNE DE LAËRTE, X, p. 138.
2 XÉNOPHON, *Mémorables*, II, p. 1.
3 Diogène de Laërte, VI, p. 63.

Lycée, se sont préoccupés de donner à leur morale le fondement d'une spéculation sur l'univers et sur Dieu. Or, ce qui pouvait à la rigueur se rapprocher quand il ne s'agissait que de pratique, devient irrémédiablement inconciliable. Dans une physique qui ne connaît ni la mesure du calcul ni le contrôle de l'expérience, il apparaîtra également plausible, il demeurera également contradictoire, de prolonger Démocrite ou de rappeler Héraclite, de définir l'être par l'immutabilité de l'élément ou par la continuité du tout, de se prononcer pour l'atome éternel ou pour le feu primordial, pour la nécessité intelligible du *vide* ou la nécessité intelligible du *plein.*

Dès lors, Épicuriens et Stoïciens sont entraînés à la même aventure et victimes de la même disgrâce. Ils ont cherché Dieu dans la nature afin d'y appuyer leur idéal de sagesse et de religion ; ils ont laissé cet idéal se compromettre et se dégrader par le réalisme de leur physique. Chez les uns et chez les autres l'écart se révèle frappant entre l'aspiration initiale et l'imagination systématique qui la trahit en l'incarnant.

Épicure parle d'abord comme Xénophane, soulevé par le même élan de spiritualité : « L'impie n'est pas celui qui détruit la croyance aux Dieux de la foule ; c'est celui qui attribue aux Dieux les caractères que leur prêtent les opinions de la foule »[1]. Dieu sera le bienheureux, c'est-à-dire que rien ne peut pénétrer en lui qui soit susceptible d'altérer la perfection de son essence ; de lui rien non plus ne peut émaner qui puisse devenir, pour qui que ce soit, motif d'inquiétude ou de crainte. *Avec Épicure l'homme et Dieu se libèrent réciproquement de leur mauvaise conscience,* purifiant l'horizon des légendes et des croyances, des vains scrupules et des terreurs paniques, qui n'ont cessé d'empoisonner l'âme des générations. Seulement, puisque tout, suivant la *canonique* d'Épicure, se représente en images, puisque l'existence de Dieu elle-même n'a d'autre base que notre confiance dans la réalité des objets de l'intuition sensible, il faudra bien préciser : on dira donc que les Dieux sont plus fluides que les atomes humains ; on n'hésitera même pas à les définir par leur ressemblance avec l'homme. Les adversaires de l'École épicurienne ne laisseront pas échapper l'occasion pour poser à nouveau la question du vieux Xénophane : « Rien ne paraît à l'homme plus beau que l'homme. Or, vous figurez-vous, sur la

---

1 Lettre à Ménécée, *D.L.*, X, p. 123.

terre ou dans l'air, un animal pour qui l'animal de la même espèce ne soit pas ce qu'il y a de plus charmant ? Si les bêtes avaient la raison n'est-ce pas à leur espèce qu'elles accorderaient le premier rang ? » [1].

En apparence les Stoïciens suivent une voie opposée ; il est d'autant plus remarquable que l'évolution de la doctrine les amène à un contraste du même genre, et non moins ruineux, entre leurs prémisses philosophiques et leurs conclusions théologiques.

A l'origine du stoïcisme est la réflexion du cynisme à laquelle l'Épicurien Velléius, dans le *de Natura Deorum*, rend involontairement un éclatant hommage. « Antisthène, opposant aux Dieux nombreux que reconnaissent les nations, un Dieu unique existant réellement *(populares deos multos, naturalem unum esse dicens)*, enlève à la notion de la divinité sa force et son contenu » (*N.D.*, I, XIII). Et il convient de noter que Lactance, en reproduisant ce texte, ajoute que Zénon, avec ses Stoïciens, fit à peu près la même chose [2]. Durant les siècles qui s'écoulent de Zénon à Marc-Aurèle, c'est sur l'unité de la raison que le stoïcisme fonde la communauté de Dieu et de l'homme, l'espérance en l'avènement de cette « chère cité de Zeus » que le pieux Empereur salue chaque matin à l'éveil de sa conscience, comme l'Athénien jadis saluait « la chère cité de Cécrops » [3].

Mais, ici encore, l'imagination matérialiste intervient, qui finira par ruiner le principe. Dieu est dans le monde ce que l'âme est dans le corps ; du monde à Dieu il n'y a de différence que dans les degrés, degrés de tension rationnelle sans doute, mais que la logique du stoïcisme oblige à représenter littéralement en degrés de chaleur. Les Épicuriens reprennent alors l'avantage : « Si le monde est Dieu, nous devrons dire que les membres de Dieu sont partiellement brûlants et partiellement en train de se refroidir » (*N.D.*, I, X).

Ainsi la doctrine qui tenait de ses origines cyniques ses titres de noblesse, qui prescrivait à ses adhérents le dédain viril des préjugés vulgaires, rejoint, à travers le dynamisme biologique d'Aristote,

---

[1] De Natura Deorum (N.D.), I, XXVII.
[2] *De Ira Dei*, cap. 11, *apud* von ARNIM, *Stoïcorum veterum fragmenta*, t. I, 1905, p. 43.
[3] MARC-AURÈLE, *Pensées*, IV, XXIII.

les conceptions rudimentaires des physiologues, qui elles-mêmes reflètent les récits fabuleux des poètes. Une fois sur la pente, le stoïcisme se laisse intrépidement rouler jusqu'au bout. Il va couvrir de son crédit les systèmes, raffinés et puérils à la fois, de correspondance symbolique, d'exégèse allégorique, par lesquels se réhabilite et se justifie n'importe quelle pratique de la magie, n'importe quelle formule du culte. Comment s'arrêter à mi-chemin ? On a commencé par diviniser les astres, les forces naturelles ; et voici qu'à leur tour les puissances malfaisantes réclament honneur et culte : « la fièvre a son temple sur le mont Palatin » (*N.D.*, III, xxv).

Et non seulement cela. En passant de l'ordre de la nature à l'ordre de l'humanité, l'École va nous offrir un spectacle plus paradoxal que tous ses paradoxes avoués, et qui conduit ses adversaires à faire valoir contre elle l'intégrité de la personne morale. Il est bien vrai que de pieuses calomnies ont fait du prétendu orgueil stoïcien, comme d'ailleurs de la prétendue luxure épicurienne, un prétexte à reproches perpétuels. Pourtant c'est sur l'origine des vertus que la doctrine du *Portique* prête le flanc à la critique acérée de la Nouvelle Académie. Et, en effet, la logique du réalisme veut que les vertus soient des corps, susceptibles de pénétrer du dehors dans les êtres. Littéralement elles nous tombent du ciel. « S'il y a dans l'espèce humaine intelligence, bonne foi, vertu, concorde, d'où ont-elles pu descendre sur la terre, sinon d'en haut ? demande Balbus (*N.D.*, II, xxxi). Mais, réplique Cotta, les vertus cesseraient d'être vertus si, au lieu de naître en nous et par nous, elles étaient reçues du dehors, comme la fortune et la santé. Qui s'est jamais avisé de rendre grâces aux Dieux du fait qu'il est un honnête homme ? » (*N.D.*, III, xxxvi).

XX. — Ce coup d'œil sur les *Dialogues* cicéroniens suffit pour expliquer que la Nouvelle Académie ait eu beau jeu à prendre sous ses feux croisés des doctrines qui se paralysent par leurs contradictions mutuelles, à découvrir la fragilité de leurs bases spéculatives. La rencontre d'Épicure et de Zénon aboutit, avec l'enseignement de Carnéade, au triomphe d'une raison droite et d'une conscience exacte, *mais sous les couleurs du scepticisme*. C'est ce qui se produira pour le conflit de la scolastique et de la Réforme avec les *Essais* de Montaigne, ou encore pour les systèmes rivaux des grands penseurs du XVIIe siècle, Pascal, Malebranche, Leibniz, avec le *Dictionnaire* de Bayle.

Un trait achève le tableau : *le scepticisme n'exclut pas le conformisme.* Ce n'est pas seulement sur le passé de Rome, c'est sur son avenir, qu'une lumière étonnante est projetée par la façon dont Cotta décrit sa double attitude, comme pontife chargé d'un rôle officiel, comme homme qui pense librement : « L'opinion que j'ai reçue des ancêtres concernant le culte des Dieux immortels, jamais personne, savant ou ignorant, ne me persuadera de l'abandonner. Mes guides, ce sont les grands prêtres, Ti, Coruncanius, Publius Scipion, Publius Scévola, non Zénon, Cléanthe ou Chrysippe » (*N.D.*, III, 11). Et la séparation des deux ordres, *tradition et vérité, orthodoxie et spiritualité,* s'exprime en termes décisifs : « Si c'est d'un philosophe que je dois recevoir la raison de la religion, par contre je dois avoir foi dans les ancêtres, même si cette foi n'a aucune raison. » Aussi bien la ferveur de son patriotisme lui interdit de douter que le peuple auquel il appartient soit le peuple élu : « Je me suis persuadé que Romulus en instituant les auspices, et Numa les sacrifices, ont établi les assises de notre cité ; jamais assurément elle ne serait parvenue où elle en est, si elle n'avait su parfaitement apaiser les Dieux immortels » (*ibid.*).

Ainsi, tandis que la loi demeure réfractaire à la raison, la raison est incapable de fonder la loi sans implorer le secours du mythe, que cependant elle condamne. Il a manqué à l'intelligence antique d'avoir conquis la pleine conscience de sa propre méthode, la nécessité de combiner le calcul et l'expérience pour atteindre la loi de l'univers, pour se rendre ainsi capable d'opposer un frein à la facilité de l'imagination. Et c'est pourquoi, entre le mythe et la loi, la civilisation qui du foyer hellénique a rayonné sur le bassin méditerranéen, en prenant Alexandrie et Rome tour à tour pour centres, s'est montrée impuissante à faire un choix comme à établir l'équilibre d'une coordination ou d'une hiérarchie. Leur divergence insurmontable laisse un vide qui, du point de vue sociologique au moins, ne sera rempli que le jour où la foi chrétienne sera proclamée *loi d'empire*. Dans la période intermédiaire, la confusion des esprits apparaît à son comble. Le culte officiel ne se manifeste guère que par son hostilité à l'égard des groupes qui se forment autour d'une doctrine philosophique, ou qui prétendent au privilège d'une initiation mystérieuse. Le stoïcisme aura ses héros, ses martyrs et ses saints, montrant par le double exemple d'un Épictète et d'un Marc-Aurèle comme il savait s'adapter à toutes les conditions, exalter la fierté de l'affranchi en exil, inspirer l'humilité au maître du monde. Mais il ne touche qu'une élite, ou plus exactement il constitue cette élite, tandis que sous l'uniformité apparente de l'administration romaine le mélange des peuples, des races et des classes donne lieu au plus extraordinaire mouvement de retour vers la mentalité primitive. « C'est, semble-t-il, à partir du Ier siècle, en Égypte, au confluent des courants hellénique, hébraïque, babylonien, iranien, égyptien, qu'a pris naissance une vaste littérature magique, dont de nombreux papyrus nous ont conservé des spécimens, et qui procèdent du plus étrange et du plus confus des syncrétismes. Ces formulaires sont un chaos d'invocations, de prières, de litanies, d'hymnes, de cosmogonies, de rituels de sacrifices, de recettes de toutes sortes, empruntés comme au hasard à la plupart des religions de l'Orient. Les incantations d'Orphée y voisinent avec celles de Moïse » [1].

Les formules spéculatives interfèrent avec les pratiques, et comme les pratiques elles-mêmes. Il faudrait, pour peindre au vrai cette sorte d'*hyperéclectisme*, parler toutes les langues à la fois, en laissant de côté toute espérance d'une quelconque discipline intellectuelle qui tracerait autour des mots une sphère tant soit peu définie de compréhension ou d'extension. Tout le monde emprunte à tout le monde. Et ce n'est rien encore : Écoles et Églises se montrent également jalouses de défendre leurs frontières. Elles revendiquent leur originalité dans une attitude d'autant plus âpre et hostile que *mystères* et *gnoses* mettent en œuvre un fond commun de représentations archaïques. La concurrence des espèces voisines, loi fatale de la nature, conduit le débiteur à déprécier systématiquement ses créanciers. De part et d'autre on s'appuiera sur l'histoire, mais sans aucun scrupule de véracité, sans le moindre respect, sans le moindre soupçon, d'une « conscience historique ».

Cependant, comme les langues que devaient parler dans une pureté classique Dante, Cervantès ou Racine, doivent leur naissance à la décomposition du latin de Cicéron, au long processus de fermentation qui s'en est suivi, de même les arêtes vives des

---

1 BOULANGER *apud* GERNET et BOULANGER, *Le génie grec dans la religion*, p. 422.

systèmes d'orthodoxie dans les différentes confessions du christianisme ne se sont dégagées qu'au terme d'un mouvement qui passe par-dessus les séparations artificielles des groupes sociaux. « C'est une seule et même évolution qui, dans les cinq premiers siècles, emporte la pensée païenne du problème pratique de la conversion intérieure chez un Sénèque ou un Épictète à la théologie raffinée de Plotin et de Proclus, et la pensée chrétienne du christianisme spirituel et intérieur de saint Paul à la théologie dogmatique d'Origène et des Cappadociens » [1]. Et par là va se définir le problème des temps nouveaux.

XXI. — Notre objet n'est pas de décrire pour lui-même un mouvement dont la richesse et la complexité vont à l'infini. Pour la suite de notre exposé, il suffira que nous évoquions en quelques mots les deux aspects de la pensée alexandrine qui, avec Philon d'une part, avec Plotin, de l'autre, correspondent à deux formes d'éclectisme sans lesquelles ne s'expliquerait pas une synthèse de théologie chrétienne comme celle que saint Augustin a entreprise et qui devait faire fortune dans l'Occident.

Philon est contemporain de Jésus, et, comme lui, fervent de la loi hébraïque. Mais « l'idée chrétienne est née dans un milieu exclusivement juif, Jésus n'a reçu aucune espèce d'éducation hellénique » [2], tandis que Philon appartient à une communauté où « la culture grecque est depuis longtemps chez elle », où « on explique la Bible comme les Grecs expliquaient depuis longtemps Homère, par la méthode allégorique... [3]. A la faveur de cette méthode Philon fait entrer dans son commentaire tous les thèmes philosophiques de son temps ; et son œuvre, considérable, est un véritable musée, où l'on trouve pêle-mêle, discours de consolation, diatribes, questions à la stoïcienne *(si le sage peut s'enivrer)*, fragments de leçons dialectiques ou physiques. De cet amalgame (poursuit M. Bréhier) il se dégage pourtant quelques idées ; l'essentielle est celle d'un Dieu transcendant qui ne touche le monde que par des intermédiaires, et que l'âme n'atteint aussi que par des intermédiaires » *(ibid.,* pp. 438-439). Or l'intermédiaire par excellence sera le Verbe

---

1 Émile Bréhier, *Histoire générale de la philosophie*, t. I, 1927, p. 491.
2 Émile Boutroux, Questions de morale et d'éducation, p. 18.
3 Émile Bréhier, *ibid., p. 438.*

qui, en vertu de la double forme qu'il revêt dans la théologie stoïcienne de *Verbe intérieur*, λόγος ἐνδιάθετος ₚ₀₈₄ et de *Verbe proféré* λόγος προφορικός, se prête merveilleusement au jeu de va-et-vient, à l'interversion de valeurs, entre la pensée et la parole, entre l'esprit et la lettre. Et la considération du philonisme est d'autant plus nécessaire à retenir qu'à cette époque (pour reproduire encore une remarque du résumé consacré à Philon par son grand historien), « la théorie stoïcienne du Logos ou Verbe, du Dieu assistant l'homme, qui se retrouvera chez les chrétiens, est presque absente chez les païens » (*ibid.*, p. 440).

L'éclectisme de type plotinien n'est pas moins gros d'avenir que l'éclectisme de type philonien. A vrai dire les spéculations auxquelles se sont adonnés les derniers représentants de la pensée hellénistique, qui ne connaît plus ni limite ni réserve, se ressentent profondément du mysticisme asiatique et particulièrement du mysticisme bouddhique, mais ce sera en s'efforçant toujours de conserver, dans l'apparence du vocabulaire, les formes que fournissaient les systèmes de caractère proprement philosophique.

Au premier abord, en effet, il ne s'agira pour Plotin que de proclamer la revanche de Platon. La dialectique de l'*Un*, en tant que dans le *Parménide* il s'oppose à l'*Être*, encore épurée par la critique de la Nouvelle Académie, apporte, en pleine lumière, satisfaction à l'ascèse *tout intellectualiste* du *Banquet*, qui, par-delà le stade où s'arrête l'ambiguïté fallacieuse, l'aspiration sentimentale de l'amour, nous assure la possession de la vie unitive. C'est un grand moment de l'histoire, celui où la mythologie des intermédiaires, qui est prédominante encore chez Philon, cesse de faire obstacle : « Plus rien entre elle et lui *(l'âme et Dieu)* ; ils ne sont plus deux, mais les deux ne font qu'un ; plus de distinction tant qu'il est là » [1]. Et ç'aurait pu être un moment décisif si la volonté délibérée d'éclectisme n'avait tenu en échec l'élan de spiritualité. Ni Plotin ni ses successeurs n'ont désavoué l'héritage du *Timée* auquel le réalisme d'Aristote et les Stoïciens confèrent la dignité de la science. Les degrés de la dialectique seront donc *solidifiés*, consacrés à titre d'*hypostases*, par rapport auxquelles il ne suffira plus d'affirmer l'immanence de l'*Un*. Le problème de la transcendance de l'Être, que la fidélité à la dialectique de l'*Un* avait pour but d'éliminer, apparaît de nouveau

---

[1] *Ennéades*, VI, VII, 34.

avec ses conséquences mortelles pour l'équilibre de la doctrine, et qui vont se manifester chez Plotin, s'accentuer encore après lui.

Sans doute il est aisé d'opérer, en parole du moins, le passage d'un plan à un autre. Les Néoplatoniciens useront et abuseront de la métaphore *hyperbolique*, à laquelle Platon avait eu recours dans le passage de la *République*, destiné à mettre en relief l'antithèse de la dialectique idéaliste et du réalisme ontologique. « Puisqu'il est nécessaire, d'après Plotin, qu'il y ait un principe supérieur au νοῦς, ὑπὲρ νοῦς, ἐπέκεινα νοῦ καὶ ἐπέκεινα γνώσεως, et puisqu'on parle à son sujet de *supra-intellection*, ὑπερνόησις, logiquement on devrait, tirant la conséquence, conclure qu'il est aussi un *sur-dieu* ὑπέρθεος. L'expression ne se trouvera que dans le pseudo-Denys ὑπέρθεος πνεῦμα. Mais, si le mot manque, l'idée se trouve déjà dans les *Ennéades* : « Ne vous représentez pas l'un comme νοῦς ou comme θεός (nous dit-on), il est plus que cela : ὅτε γὰρ αὐτὸν νοήσῃς οἷον νοῦν ἢ θεὸς, πλέον ἐστι.. πλέον ἐστὶν ἢ θεός » [1].

Mais à ce point la question sera de savoir si, faute d'avoir explicitement appuyé l'intuition sur la réflexion de conscience, comme Descartes devait le faire et nous apprendre à le faire, Plotin n'a pas voué ses disciples à un inextricable embarras. Dès lors que l'*Un* est l'*au-delà de l'au-delà*, que le *même* est l'*autre que l'autre*, *science* et *présence* cessent de coïncider. Et la parole va être prononcée qui avoue l'échec d'une spiritualité toute pure et toute lumineuse : *la présence vaut mieux que la science* [2], transposition trop évidente de l'amour profane sur le plan qui était destiné à exclure la profanité.

Un tel renversement de valeurs aura des conséquences inévitables. Du moment que le sentiment de présence échappe à la conscience, l'intériorité se tournera en extériorité, en *extase*, rappelant les crises d'enthousiasme dionysiaque, d'« ivresse sacrée » selon les termes mêmes que l'on retrouve chez Philon. La porte est désormais rouverte à toutes les pratiques suspectes, à tous les charmes occultes, que traîne avec soi la tradition du mysticisme sensualiste. Les Néoplatoniciens ne le céderont en rien aux Néopythagoriciens, on ne s'en apercevra que trop avec Porphyre et Jamblique. Et du point de vue théorique, la confusion systématiquement entretenue

---

1 René Arnou, Le désir de Dieu dans la philosophie de Plotin. Contribution à l'histoire des idées religieuses aux premiers siècles de l'ère chrétienne, 1921, p. 124.
2 Κατὰ παρουσίαν ἐπιστήμης κρείττονα, *Ennéades*, VI, ix, 4.

de l'immanence de l'*Un* et de la transcendance de l'*Être* sera également fatale. Appliquer à l'Un la loi de causalité qui ne convient qu'à l'Être, prétendre découvrir l'origine du principe premier, c'est se condamner à se trouver en face du *néant de l'Un* qui, chez Proclus et chez Damascius, apparaîtra tout à la fois « comme la source de toutes choses, et comme le point d'aboutissement de la vie intérieure... La vision du non-être de l'Un est accompagnée du repos, d'une satisfaction ₚ₀₈₆ intérieure complète, d'un état d'ivresse, qui n'a plus rien de l'intelligence, l'ivresse d'avoir trouvé le principe définitif et radical » [1].

Déjà Plotin portait la responsabilité d'avoir déclaré au sujet de son principe suprême : « Nous disons ce qu'il n'est pas, et ce qu'il est, nous ne le disons pas » (V, III, 14), formule trop habile, sous son apparence de fausse humilité, pour ne pas être suspecte de complaisance excessive envers soi. La théologie négative, si elle a un sens, ne peut signifier que la négation de la théologie. Le recours à l'ineffable est encore une façon de parler, un artifice de style qui dissimule assez mal l'échappatoire d'un dialecticien aux abois, l'impuissance du mystique à réaliser entièrement sa propre expérience. On pourrait donc considérer qu'en droit comme en fait les spéculations des derniers Néoplatoniciens marquent le terme d'une métaphysique vouée, par la manière fantastique dont elle posait son problème, à se perdre dans l'abîme qu'elle avait elle-même creusé. Or, justement à cette époque un revirement se produit, dont la répercussion sera décisive pour l'histoire de l'éclectisme occidental. Grâce au stratagème favorable d'un pieux anachronisme, un écrivain du Ve siècle, en prenant le nom de l'*Aréopagite* Denys, s'est attribué l'autorité d'un compagnon de saint Paul. Sous ce masque il annexera la théologie négative de l'école néoplatonicienne à l'orthodoxie du christianisme, si bien qu'aujourd'hui encore un historien comme M. Gilson n'aura aucune difficulté à invoquer, comme « formule classique du thomisme », cette proposition que Dieu est mieux connu en restant inconnu : *Deus qui melius scitur nesciendo* [2]. Et cependant à combien de malentendus et de difficultés s'est-on exposé, pour s'être laissé assourdir par le cliquetis des

---

1 Émile Bréhier, L'idée du néant et le problème de l'origine radicale dans le néoplatonisme grec, *Revue de Métaphysique,* 1919, p. 453.
2 *Bulletin de la Société française de philosophie,* séance du 24 mars 1928, 28e année, n° 3, p. 59.

antithèses au mépris de toute clarté intellectuelle, en négligeant l'avertissement rude et salutaire qui aurait dû prévenir l'aventure du *Pseudo-Aréopagite* et que la *Théodicée* de Leibniz rappelait opportunément : « Saint Athanase s'est moqué avec raison du galimatias de quelques auteurs de son temps qui soutenaient que Dieu avait pâti sans passion : *passus est impassibiliter. O ludicram doctrinam, œdificantem simul et demolientem* [1] ! O la plaisante doctrine, qui édifie et qui démolit en même temps ! »

CHAPITRE V
PÉRIODE AUGUSTINIENNE

XXII. — Les différentes perspectives qui se succèdent à travers les livres du Nouveau Testament permettent de préciser la diversité des éléments idéologiques, et géographiques, qui ont été recueillis par la conscience chrétienne et qu'elle devait prendre à tâche de combiner.

Déjà, en intégrant à son enseignement l'héritage du prophétisme juif, Jésus pose un problème dont le seul énoncé apparaît essentiellement ambigu ; car, suivant l'idée qu'on aura supposée de la Loi mosaïque, soit *extérieure* et *politique,* soit *intérieure* et *morale,* les Prophètes apparaîtront à volonté comme ses plus farouches ennemis ou comme ses plus zélés serviteurs. Dans le cercle qui a pu entendre Jésus, l'incertitude disparaît par l'excès de tension où devait le porter l'imminence du grand événement qui marquera la ligne de séparation. Les Évangiles rapportent la déclaration solennelle : « Je vous le dis en vérité, cette génération ne passera pas que tout cela ne soit arrivé » (*Math.,* XXIV, 34). Dès lors, rien ne compte plus de ce qui nous attachait à la vie et à la société. Il importe seulement d'aller au-devant de la catastrophe dans un esprit de pénitence totale, de « crainte » et de « tremblement », qui s'accompagne d'un renouvellement de l'âme. Il faut oublier *aujourd'hui* pour survivre *demain* ; il faut, pour assurer son salut, pardonner à l'ennemi d'hier dans une ouverture sincère du cœur. Le thème de l'homme régénéré par la ferveur qui déborde les formules et les règles demeurera le thème caractéristique du christianisme, qui par là s'apparente étroitement à la réforme bouddhique du brahmanisme.

---
1 Discours de la conformité de la foi avec la raison, § 22.

Cependant le siècle dure, et dément la prédiction qui avait suscité la vocation des premiers disciples. En dehors de la Palestine le christianisme reprend corps par les visions et par l'apostolat de saint Paul. Sans doute, il ne s'agit pas d'une œuvre tout à fait originale : *la Christologie n'est pas d'invention chrétienne*. Saint Paul s'est servi du nom du prophète juif, qu'il avait d'abord voué à l'exécration, pour fonder un culte de mystère, dessiné naturellement sur le modèle des mystères d'initiation qui étaient en pleine vogue autour de lui. « Le porteur de dogmes est devenu dogme » [1] conformément au *schéma* traditionnel qui veut que le sacrifice de la victime expiatoire libère et purifie [2]. Mais, si ces cadres sont donnés à l'avance, ils seront rajeunis et ravivés par la tragédie toute proche du calvaire, moment unique dont ne se détacheront plus le regard, la pitié, l'espérance des générations.

Ici, sans doute, le philosophe voudrait arrêter le cours des siècles. Ne suffirait-il pas, pour être chrétien, pour avoir le droit de se dire tel, qu'un homme pleure au pied de la croix comme il pleure dans la prison où Socrate est mort, sans avoir à risquer de se perdre dans les labyrinthes redoutables de la Christologie ? Mais l'histoire nous entraîne avec une force en apparence irrésistible. Un thème essentiel de la prédication apostolique est que les Juifs, en mettant Jésus à mort, ont prouvé ce que justement ils refusaient d'admettre, qu'il était le *Messie* promis par Dieu au peuple de son alliance. Et à la lumière de cette transfiguration tout s'interprétera dans la nature et dans l'humanité ; *car les choses visibles sont les symboles des choses invisibles* [3]. Et de même, on sait avec quel soin les Évangiles, sous l'inspiration paulinienne, ont « stylisé » les épisodes divers de la Passion de Jésus-Christ afin d'assurer leur correspondance aux textes de la Bible qui pourraient alors passer pour des prédictions.

Ainsi se fixent les rapports, si complexes et si curieux, tout à la

---

1 Henri Delacroix, *La religion et la foi*, p. 137.
2 « Ces religions païennes de salut, saint Paul avait pu les connaître dès sa jeunesse, dans sa ville natale où on honorait particulièrement Sandan, vieille divinité agraire, assimilée par les Grecs à Hercule et à Dionysos, et qui, comme cette dernière divinité, comme Thamuz, Attis, Osiris, meurt et ressuscite chaque année. Plus tard, à Antioche et sur toute cette côte d'Asie qui a toujours subi profondément les influences religieuses de la Phénicie et de l'Égypte, il a pu se familiariser avec l'idée si courante alors de la rédemption obtenue par la participation au culte d'un Dieu souffrant. » Boulanger, *Orphée*, 1925, p. 114.
3 *Rom.*, I, 20.

fois d'antagonisme et de solidarité, entre les deux Testaments, en même temps que surgissent les problèmes qui ne cesseront plus de partager la conscience chrétienne. Sous réserve d'une psychologie tout anthropomorphique de Dieu, sous réserve aussi de l'attribution d'une origine surnaturelle à des puissances malfaisantes dont Satan est le prince et qui d'ailleurs n'avaient rien perdu de leur réalité aux yeux de Jésus, Israël professait le monothéisme. Et voici que le Fils est venu prendre place à côté $_{P089}$ du Père, porteur, comme dans les vieux cultes asiatiques ou helléniques, d'un message de douceur et de tendresse en contradiction directe avec l'esprit de justice jalouse et de vengeance héréditaire qui aurait, soi-disant, inspiré la Loi ancienne. Au jardin du Mont des Olives, Pascal a vu le Christ, dans la nuit d'agonie, délaissé seul à la colère du Père.

La tragédie de la passion n'est plus seulement la contemplation douloureuse d'un être mortel à qui la cruauté de ses semblables fait expier la sainteté de sa vie et qui pousse la plainte désespérée : Mon Dieu, pourquoi m'avez-vous abandonné ? Il pourra paraître naturel que les juges se moquent de leur victime, que la foule demeure indifférente devant les larmes de la Mère et des disciples ; mais, Dieu, lui, Dieu a dû entendre. Alors que le ciel s'obscurcit, alors que le voile du temps se déchire, il est difficile que le chrétien prenne son parti du silence et de l'inertie de son Dieu. Bien plus, quand la doctrine sera tout entière constituée, il lui deviendra impossible de comprendre la rupture irréparable de cette Trinité qui se définit en effet comme radicalement une, essentiellement indivisible. Le Père, par l'Incarnation, s'était séparé du Fils, et le Fils à son tour se sépare de soi : « Une essence éternelle ne peut que faire semblant de mourir sur la croix. »

Mystères sur mystères, dont l'expression même devient inconcevable. Mais, à défaut de la parole, intervient le génie d'un peintre, pour imaginer, comme dit M. Émile Mâle, « une sorte de *Passion du Père* ». La plus surprenante des pages enluminées du surprenant chef-d'œuvre que sont les *Grandes Heures de Rohan*, figure une *Pieta* [1]. « Le cadavre de Jésus sanglant et livide est étendu sur la terre. La Vierge veut se jeter sur lui, mais saint Jean l'en empêche, et, pendant que de toutes ses forces il la retient, il tourne la tête vers le ciel, comme pour accuser Dieu. Et alors la face du Père apparaît.

---

1 Bibliothèque Nationale, manuscrit latin 9471, f° 135.

Son regard est triste, et il semble dire : *Ne me fais pas de reproches, car, moi aussi, je souffre* » [1].

A ces mystères s'ajoute le mystère de la distribution de la grâce : l'immolation du Dieu qui est descendu sur terre, prenant figure humaine pour libérer les hommes de la faute commise par l'ancêtre, a-t-elle été entièrement efficace ? Le christianisme apporte-t-il au chrétien la certitude bienheureuse du salut ? Sur ce point capital, saint Paul se réserve : Dieu n'a pas désarmé sa justice devant sa miséricorde. La grâce a gardé son secret. Nul fidèle ne sait quel sera, d'aujourd'hui à demain, de la terre au ciel, le succès de l'œuvre de médiation pour laquelle le Christ a donné son corps et son sang et qu'il renouvelle dans le sacrement eucharistique. « Les élus ignoreront leurs vertus, et les réprouvés la grandeur de leurs crimes » [2]. Il faudra donc dire qu'Adam, l'homme du péché, subsiste éternel aussi bien que Jésus et en face de lui, de sorte qu'après comme avant la rédemption il nous est interdit de faire fond sur notre propre effort et sur notre propre mérite pour échapper au châtiment que nous encourons du seul fait que la vie nous a été transmise.

A mesure que les colonies judéo-chrétiennes se multiplient dans l'Empire, elles prennent contact avec des sphères plus élevées dans l'ordre spirituel. Saint Paul se déclare l'apôtre de la charité ; il ne fait allusion à la « sagesse du monde » que pour l'humilier, avec un zèle farouche et superbe, devant la « folie de la croix ». Au contraire, un germe est déposé dans le *Prologue* de l'Évangile johannique, qui rattache le mystère de l'Incarnation à la vérité lumineuse du Verbe ; le plan de la foi et de l'histoire est subordonné au plan de la raison et de l'éternité. Entre Philon et Plotin, d'après Philon et d'après Plotin, un néo-platonisme va se greffer sur le *néo-judaïsme* de Jésus qui avec saint Paul était devenu un *anti-judaïsme*.

Tels seront les constituants principaux de la religion, successivement élaborée en Palestine, en Asie Mineure et en Égypte. On est chrétien, selon les Synoptiques, parce que l'on a senti le Maître vivre tout près de soi, et que l'on cède à l'irrésistible contagion de douceur recueillie et de tendresse sincère pour ne plus vivre que de

---

[1] Émile MALE, L'art religieux de la fin du Moyen Age en France, 2ᵉ éd., 1922, pp. 140-143.
[2] PASCAL, *Pensées*, f° 115, fr. 515.

sa parole. D'un tel christianisme les *Fioretti* et l'*Imitation* seront les témoignages mémorables. Le chrétien selon saint Paul est moins attentif à ce qu'il éprouve qu'à ce qu'il sera, et qui ne dépend pas de lui. Dès avant notre naissance, et sans que notre volonté consciente ait eu à se manifester, un drame s'est joué, d'essence mystérieuse et surnaturelle, qui nous vouerait pour jamais à la perdition si un secours d'en haut ne venait gracieusement nous y arracher. Le renouvellement intérieur est le signe et l'effet d'une prédestination à la béatitude qui nous attend dans l'au-delà. Pour le chrétien, selon saint Jean, la source du salut se transporte du dehors au dedans. Ce n'est plus une rencontre humaine entre un maître et un disciple, un privilège d'élection lié au pouvoir que possède un fils authentique de Dieu ; c'est une communication d'esprit à esprit, la lumière qui éclaire, comme dit la *Vulgate*, tout homme venant en ce monde, qui atteste cette connexion de l'*intime* et de l'*universel* où nous avons reconnu le caractère de la raison.

XXIII. — Entre ces éléments si divers d'origine et d'orientation, est-il possible de concevoir une synthèse qui soit, non pas seulement de nom, mais de pensée, qui recouvre une opération effective de l'esprit ? A cette question d'un intérêt capital pour le cours ultérieur de la vie religieuse, la réponse nous sera fournie par le témoignage de saint Augustin, plus exactement par des témoignages sur saint Augustin. Il nous plaît, pour notre part, d'entendre l'avertissement qui nous vient de Bossuet dans sa querelle avec Richard Simon : « Tout ce que je sais certainement, c'est que quiconque saura pénétrer sa théologie aussi solide que sublime, gagné par le fond des choses et par l'impression de la vérité, n'aura que du mépris ou de la pitié pour les critiques de nos jours qui, sans goût et sans sentiment pour les grandes choses, ou prévenus par de mauvais principes, semblent vouloir se faire honneur de mépriser saint Augustin, qu'ils n'entendent pas »[1].

Pour assurer l'objectivité d'une enquête sur une matière aussi complexe et délicate qu'est l'éclectisme de saint Augustin, nous devons donc nous adresser aux historiens qui ont approfondi la littérature augustinienne dans le sens le plus favorable, dont les partis pris, s'ils en ont, seraient, en tout cas, ceux-là mêmes de saint Augustin

---

1 *Défense de la tradition et des saints Pères*, IV, XVIII.

ou de Bossuet.

Il n'y a aucune ironie, estimons-nous, dans ce que M. Gilson écrit à cet égard dans son *Introduction à l'étude de saint Augustin* : « Pas une idée qui s'y définisse avec une rigueur métaphysique achevée, pas un terme technique, qui garde d'un bout à l'autre une signification constante, partout des suggestions, des ébauches, des tentatives sans cesse reprises et bientôt abandonnées pour reprendre au moment où on croyait que leur auteur lui-même n'y pensait plus » (1929, p. 306). Au moins est-il inévitable de se demander si de tout cela se dégage une direction de pensée qui soit susceptible de servir à *orienter* l'augustinisme. Or, « Augustin avait à réconcilier deux perspectives distinctes sur l'univers : la cosmologie platonicienne, avec le monde immobile des essences qui la domine, et la cosmologie judéo-chrétienne, avec l'histoire $_{P092}$ du monde et de l'homme qu'elle contient. Augustin passe constamment d'une perspective à l'autre, avec le sentiment de leur unité profonde, plutôt qu'en vertu d'une doctrine explicitement élaborée pour les unifier » (p. 298).

La question est admirablement définie. La réponse demeure hésitante. Et si on insiste, comme il le faut bien pour ne pas s'aveugler soi-même, on verra ce « sentiment d'unité profonde » se dissiper comme un voile illusoire, comme un brouillard charitable, dès la première précision de l'analyse. M. l'abbé Baudin le remarque avec profondeur dans une page qui aussi bien est citée par M. Gilson : « On peut discerner, tout le long de la spéculation augustinienne, la présence constante et le développement parallèle de deux augustinismes philosophiques, celui de l'ontologisme des vérités rationnelles, qui vient précisément s'épanouir chez Descartes, et celui de l'expérimentation des vérités religieuses qui a son apogée chez Pascal. Augustinismes différents qui engendrent deux intuitionismes différents, celui de la raison pure et celui du cœur » [1].

Il y a plus, et plus grave encore. L'intuition est simple ou elle n'est pas. Or, suivons tour à tour chacun de ces courants contraires qui aboutissent à l'intuition d'intelligence chez Descartes, à l'intuition de sentiment chez Pascal, en prenant pour guide le travail excellent que M. Jean Guitton a consacré à la comparaison de Plotin et de saint Augustin [2] (2), et dont la tendance est explicitement

---
1 Recherches de sciences religieuses, 1924, p. 132, apud GILSON, op. cit., p. 303.
2 Le temps et l'éternité chez Plotin et saint Augustin, 1933.

de mettre en relief la supériorité du disciple sur le maître. Ici et là, qu'il s'agisse de recueillir le bienfait de la lumière intérieure ou de méditer le mystère de la grâce, la voie, qui devrait être unique pour être la voie de la vérité, se dérobe ; la promesse d'une netteté décisive et pacifiante s'évanouit. Saint Augustin nous met en face d'une égale difficulté, que s'efforcera d'atténuer la plus fine et la plus séduisante des plaidoiries ; mais la nécessité de plaider pour éluder la nécessité de choisir est à elle seule un aveu dont l'attention ne peut plus se détourner.

Ainsi, sur le premier point fondamental, sur le rapport du temps et de l'éternité, nous relevons une remarque d'une singulière profondeur. « Dans le présent psychologique lui-même, il est aisé de discerner deux mouvements intérieurs, séparables pour la conscience bien qu'ils interfèrent l'un avec l'autre, l'*expectatio futurorum* qui nous porte vers l'avenir et l'*extensio ad superiora* qui, en définitive, nous oriente vers l'éternel. Au cours de la vie présente (ajoute M. Jean Guitton) l'âme ne peut pas dissocier ces courants, au moins d'une manière continue, d'où ses souffrances et ses gênes » (*op. cit.*, p. 193). Peut-être pourtant reste-t-il permis de nous demander s'il est bien équitable de détourner la faute sur la misère de la condition humaine, alors qu'il n'y a sans doute à incriminer que l'ambiguïté inextricable d'une pensée qui rêve en vain de pratiquer deux méthodes incompatibles. « Il faut garder sous un même regard la course du temps vers l'éternel (c'est l'ordre moral) et le passage de l'éternel dans le temps, qui répare les chutes (c'est l'incarnation). Mais pour cela, on doit être également assoupli à la logique et à l'histoire, et cette double aptitude est rare » (p. 291). Il nous semble que cette observation finale nous introduit au cœur de l'éclectisme augustinien pour en faire ressortir la tactique, subtile et naïve à la fois. On invoquera la logique « païenne » pour spiritualiser, ou tout au moins pour « sublimer », le Messie juif, promu à la dignité de Verbe. Et M. Guitton écrit : « C'est un fait que le plus fameux des Pères chassa l'obsession du panthéisme et du dualisme par la lecture de Plotin, et que ce fils de l'Évangile s'est découvert en déroulant les *Ennéades* » (p. 353). D'autre part, on se servira de l'histoire juive, de la révélation transcendante, pour prétendre qu'on a dépassé les spéculations d'origine hellénique. « La tradition hébraïque dans laquelle saint Augustin est nourri par son christianisme suffirait à expliquer ce qui le sépare de Plotin » (p. 92). Et certes, dans de telles conditions, on aura l'assurance de paraître toujours avoir raison, quelle que soit la controverse où l'on s'engage, puisqu'on est également paré à droite et à gauche. Mais la religion regarde la conscience ; la grande affaire est de s'y donner raison à soi-même. Or, à cet égard jouer sur les deux tableaux sera le moyen le plus certain de perdre à tout coup, dès lors que nous devenons impuissants à déterminer le sens et l'objet de notre croyance, à nous déclarer entre les deux conceptions inverses de la vie religieuse, l'une suivant laquelle nous serions en droit d'attendre ici-bas l'avènement de la Cité de Dieu qui remplira la promesse de paix déclarée aux « hommes de bonne volonté », l'autre qui nous prescrit « d'abandonner ce monde aux disputes des hommes » pour nous réfugier dans l'anticipation des visions et des joies réservées au séjour céleste.

De la perspective métaphysique qui, procédant de Platon, conduit à l'intuition cartésienne, nous nous transportons à l'autre extrémité de la pensée de saint Augustin, à la doctrine paulinienne de la grâce qu'il a développée dans sa polémique acharnée contre Pélage. « On trouve (pour citer encore M. Guitton) dans les écrits d'un âge avancé quelques traces du pessimisme de sa jeunesse et de ce dualisme, où il avait habité si longtemps. En fondant l'anthropologie chrétienne, saint Augustin lui donnait ces sombres couleurs qu'elle aura bien de la peine à dépouiller. On devait le voir au XVIe siècle » (p. 325). Peut-on dire du moins que l'exaspération presque fanatique du ton recouvre un arrière-fond de doctrine franchement dessinée ? Là encore, touchant le point critique où il paraît élémentaire de nous dire *oui* si c'est *oui*, et *non* si c'est *non*, notre besoin ardent de vérité ne rencontre d'autre satisfaction et d'autre récompense que l'énoncé, en termes délibérément contradictoires, de la difficulté qui était à l'origine de notre angoisse et de notre désespoir. « Ici, comme ailleurs, la conscience vient expirer au point précis où Dieu agit. C'est en allant au fond de l'immanence que l'on atteint la transcendance vraie. C'est en épuisant l'analyse de l'acte de la liberté qu'on en arrive au point où la liberté est soutenue et vivifiée. C'est en pénétrant dans les profondeurs du temps qu'on goûte déjà la saveur de l'éternité. Et c'est pourquoi saint Augustin peut sans aucune gêne parler tout à la fois et en même temps un double langage, celui de la liberté humaine et celui de la prédestination, c'est-à-dire de la liberté divine » (p. 281).

XXIV. — Le 4 juillet 1928, quelques jours avant de prendre possession de son poste, l'ambassadeur d'Angleterre à Paris qui porte un nom respecté entre tous dans la chrétienté, lord Tyrrell, disait au cours d'une allocution : « L'expérience que j'ai acquise de la vie m'a enseigné que, trop fréquemment, nous ne voyons des hommes que leur caricature. C'est le rôle du diplomate et de la presse de détruire la caricature, et de présenter l'original. La caricature est presque toujours décevante, l'original l'est rarement. »

Ce qui est vrai des hommes est aussi vrai des idées. En mettant à profit les ouvrages de M. Gilson et de M. Guitton, nous avons pu obtenir de l'éclectisme théologique, infiniment complexe et divergent, qui trouve dans l'entreprise augustinienne son expression la plus autorisée, une représentation diplomatique au meilleur sens du mot. Son objectivité laisse pressentir les causes de grandeur et les germes de décadence que l'œuvre portait avec elle.

Le tempérament de saint Augustin explique la violence qu'il exerce sur les pensées qui répugnent le plus entre elles pour les faire entrer à tout prix dans les cadres d'un même enseignement. « La première règle de notre Logique (écrivait Bossuet dans un passage demeuré classique du *Traité du libre arbitre*), c'est qu'il ne faut jamais abandonner les vérités une fois connues, quelque difficulté qu'il survienne, quand on veut les concilier ; mais qu'il faut au contraire, pour ainsi parler, tenir toujours fortement comme les deux bouts de la chaîne, quoiqu'on ne voie pas toujours le milieu par où l'enchaînement se continue. » Comme le démontre l'exemple même du problème qu'il considère après saint Augustin, Bossuet ne recourt à l'expédient de la métaphore que parce qu'il n'aperçoit pas le moyen de lier effectivement les deux thèses de la liberté humaine et de la prédestination divine. Sans doute parle-t-il de l'une et de l'autre comme d'une *vérité* ; mais c'est là précisément que gît la difficulté, qu'on suppose résolue par le simple jeu de la prétérition et de l'inattention. N'est-il pas de toute évidence, en effet, que, si la thèse de la liberté morale est vraie, c'est d'une vérité d'expérience qui porte avec elle la preuve de sa réalité, tandis que, dans le cas de la prédestination, le terme de vérité aura un tout autre sens, hétérogène et incomparable ? La foi dans la révélation divine est transcendante à toute exigence de contrôle, par suite à toute certitude intrinsèque. Les deux notions relèvent chacune d'un ordre spécifiquement différent ; elles se situent sur des plans destinés à ne jamais se rencontrer, elles ne formeront jamais chaîne. Seulement, pour que l'esprit humain réussisse à percer le mystère des mots, à dissiper l'épouvantail qu'il s'est forgé lui-même, *il faut qu'il dispose d'une méthode qui le rende maître de son propre jugement.*

Cette méthode, le Moyen Age ne l'a pas connue ; et c'est là ce qui rend compte à la fois du crédit qui a fait la fortune de l'augustinisme et de la crise suscitée par l'avènement de la civilisation moderne.

Tout d'abord, en effet, les contrariétés mêmes de l'œuvre augustinienne semblent de nature à justifier, par cela même qu'elles la reflètent, l'inévitable diversité des tendances et des caractères, pessimistes ou optimistes, raisonneurs ou sentimentaux, timorés ou hardis, conservateurs ou versatiles. La religion sera loin d'en souffrir pourvu qu'elle sache garder l'unité garantie par le symbole de son *Credo*, par l'ordonnance de ses cérémonies, par les cadres de sa hiérarchie, et que ne cesse de sanctifier la confiance dans la vertu surnaturelle des Sacrements. Durant le cours du Moyen Age, les frontières de l'Église occidentale ont été délimitées avec un dessin assez ferme et, d'une façon générale, assez large cependant, pour que, en dépit de la fermentation intense qui accompagne la ferveur de la charité, elle présente une image anticipée de ce que devrait être la cité de Dieu, pour que l'espoir s'y entretienne de collaborer avec la Providence en vue de son avènement.

A la Réforme le charme est rompu. Les prières et les souffrances accumulées pendant des siècles, les sacrifices joyeusement acceptés, n'ont pu fléchir la volonté d'en haut. Désormais, il y aura encore des chrétiens en Occident, mais non plus de chrétienté. Peut-être le spectacle des guerres de religion révolte-t-il moins les fidèles de l'un ou de l'autre camp, à cause de la conviction où ils sont d'avoir été vis-à-vis de leurs adversaires en état de légitime défense. Mais, encore aujourd'hui, ceux-là refusent d'en prendre leur parti qui, n'étant ni catholiques ni protestants, cherchent le christianisme au-delà des orthodoxies concurrentes. Pourquoi les chrétiens laisseraient-ils à ceux qui sont en dehors de leurs Églises l'honneur d'appliquer la parole dont ils devraient être les premiers à entendre l'enseignement : *Il y a plusieurs demeures dans la maison de mon Père ?*

L'idée d'un « pouvoir spirituel » qui remplirait le rôle jadis joué par l'impérialisme romain s'est révélée contradictoire en fait comme en droit. La ruine de l'armature extérieure qui en soutenait l'institution a naturellement entraîné un surcroît d'attention aux bases spéculatives de l'édifice.

Luther, en un sens, continue l'œuvre de la scolastique. Il se rattache nettement au mouvement de critique nominaliste et d'élan mystique qui avait, dans les Universités du XIVe siècle, triomphé des illusions dogmatiques de l'époque précédente. Luther est un augustinien, augustinien d'habit avant de se faire augustinien de cœur, bouillant d'un orgueilleux mépris pour l'orgueil dont il lui plaît, on ne saura jamais pourquoi, d'accuser la raison humaine. « Il n'est pas de tempérament philosophe, il se rit du Dieu d'Aristote, même il s'indigne contre lui ; il lui faut le Dieu vivant, imprévu, terrible et fou, auquel il adhère dans l'épouvante et le combat pour le subir plus tard dans un abandon enthousiaste » [1].

Et, puisque c'est être augustinien que de braver la contradiction, Calvin ne le cédera pas à Luther. Dans les premiers temps de la Réforme tout au moins, le *Pecca fortiter* vaudra aussi pour la logique, garde-fou qui empêche le chrétien d'accéder à la « folie de la croix ». N'est-ce pas son plus grand historien qui nous avertit que plus on approfondit Calvin, plus on se heurte à une contradiction universelle et totale ? « Personne n'a plus affirmé l'autorité de Dieu et la responsabilité de l'homme, la perversion de la nature et la force normative de la nature, la divinité du Christ et son humanité, l'intellectualisme et le mysticisme, l'ascétisme et la jouissance des biens de ce monde, dons de Dieu. » Ce qui conduit Émile Doumergue à cette remarque étonnante : « Pascal, infidèle à son principe, ne se contredit pas ; de là son hérésie. Calvin se contredit ; de là son orthodoxie » [2]. L'absolu de l'éclectisme touche ainsi à *l'ambivalence* dans le sens pathologique qui a été donné au

---

1 Pierre Maury, Trois histoires spirituelles, p. 79.
2 Émile Doumergue, *Foi et vie*, Ier et 16 août 1923, p. 819.

mot par les psychiatres contemporains [1] et qui, du point de vue sociologique, en explique l'efficacité.

Une sorte de réflexe conduit la Contre-Réformation à se replier sur l'adversaire visé par la Réforme. Avec le concile de Trente, le crédit de la métaphysique péripatéticienne est restauré dans les Écoles catholiques. Mais, à mesure qu'elle est étudiée directement, sans l'intermédiaire des commentateurs, elle apparaît plus loin de l'inspiration proprement chrétienne, destinée à ne toucher que la superficie des âmes. La foi et la charité semblent alors avoir perdu l'espérance. Le 31 août 1646, saint Vincent de Paul écrit à M. d'Horgny : « Je vous avoue que j'ai beaucoup d'affection et de dévotion, ce me semble, à la propagande de l'Église aux pays infidèles, par l'appréhension que j'ai que Dieu l'anéantisse peu à peu de deçà, et qu'il n'y en reste point ou peu d'ici à cent ans, à cause de nos mœurs dépravées, de ces nouvelles opinions qui croissent de plus en plus et à cause de l'état des choses. Elle a perdu depuis cent ans, par deux nouvelles hérésies, la plupart de l'Empire et les royaumes de Suède, de Danemark et Norvège, d'Écosse, d'Angleterre, d'Irlande, de Bohême et de Hongrie, de sorte qu'il reste l'Italie, la France, l'Espagne et la Pologne, dont la France et la Pologne sont beaucoup mêlées des hérésies des autres pays. Or, ces pertes d'Églises depuis cent ans nous donnent sujet de craindre, dans les misères présentes, que dans cent autres ans nous ne perdions tout à fait l'Église en Europe ; et en ce sujet de crainte, bienheureux sont ceux qui pourront coopérer à étendre l'Église ailleurs » [2].

XXV. — Contemporain de saint Vincent de Paul, Descartes réintroduit avec éclat la norme d'intelligence et de vérité que le pythagorisme et le platonisme avaient entrevue, et par là il renouvelle la perspective du rapport entre la révélation chrétienne et la spiritualité religieuse. La tradition de l'École distinguait sans doute une discipline profane qu'elle appelait philosophie, une discipline sacrée qu'elle appelait théologie. Mais la méthode d'enseignement, destinée à entraîner la conviction, était la même dans les deux domaines. Malebranche, qui avait reçu comme Descartes l'éduca-

---

1 Cf. Juliette BOUTONIER, *La notion d'ambivalence*, 1938.
2 Cité apud DELPLANQUE, Saint Vincent de Paul sous l'emprise chrétienne, 1936, p. 127.

tion médiévale, revenue en faveur aux collèges de la chrétienté, se considérait en droit d'écrire dans la Recherche de la vérité : « Pour être philosophe péripatéticien, il est seulement nécessaire de croire et de retenir, et il faut apporter la même disposition d'esprit à la lecture de cette philosophie qu'à la lecture de quelque histoire. Car si l'on prend la liberté de faire usage de son esprit et de sa raison, il ne faut pas espérer de devenir grand philosophe ; δεῖ γὰρ πιστεύειν τὸν μανθάνοντα » (III, III).

De cet acte de foi le doute méthodique fait justice en dénonçant la perpétuelle pétition de principe sur laquelle reposaient le réalisme logique des universaux et l'analogie anthropomorphique de la finalité. Nous avons rappelé comment à l'imagination d'une lumière qui serait reçue du dehors se substitue définitivement l'intuition d'une vérité qui se constitue du dedans et dont l'avènement d'une science d'analyse pure comme l'algèbre cartésienne met hors de conteste le caractère tout intellectuel. Avec la théorie des équations, l'idéalisme d'essence rationaliste, suspendu chez Platon à l'ombre incertaine de la dialectique, se détache en pleine évidence. Et, d'autre part, grâce au principe d'inertie qui permet de faire du mécanisme universel un système qui se suffise à soi-même et, par là, de rendre l'âme à sa fonction de pensée, la connaissance de la matière et la connaissance de l'esprit apparaissent dans leur indépendance réciproque, susceptibles d'une même et entière clarté, sans qu'il y ait désormais à laisser mythes ou symboles interférer d'un ordre à l'autre pour parer au désarroi de la raison.

Une telle révolution ne pouvait manquer d'être décisive pour le développement du problème religieux. Le Dieu de Descartes est intérieurement présent à l'esprit. Source de cette infinité d'expansion qu'attestent les « longues chaînes de raisons » du mathématicien, il garantit au physicien qu'en coordonnant les phénomènes suivant les lois simples que fournit à l'intelligence la considération de l'étendue et du mouvement, il se maintiendra d'accord avec le cours effectif du monde. C'est le Dieu d'une vérité qui, trouvant en soi son propre système de référence, se manifeste aux hommes sans acception de personne, de peuple ou de confession : « J'ai (disait Descartes à Burman) écrit ma philosophie de telle manière qu'elle puisse être reçue même chez les Turcs »[1].

---

1 Édition Adam-Tannery, t. V, p. 159.

Ce n'est pas qu'au nom de cette spiritualité toute rationnelle et philosophique Descartes ait jamais songé à contester le Dieu du sens commun ou de la révélation. C'est bien à une conception anthropocentrique et transcendante de la finalité qu'il a recours, dans la *Sixième* de ses *Méditations*, pour dénouer les difficultés que soulève l'hétérogénéité radicale du corps et de l'âme, pourtant unis dans la personne humaine. Et quand il s'agit de passer à la pratique, il se déclarera, pour son propre compte, aussi conservateur de l'ordre établi que l'était Montaigne, que le sera Voltaire. Seulement, s'il s'abstient de pénétrer dans les mystères de la foi, s'il ne touche à des sujets comme l'explication de l'Eucharistie que pour désarmer d'absurdes préjugés, il n'en reste pas moins à remarquer que ses doctrines, de métaphysique ou de physique tout autant que de médecine ou de morale, se constituent sans la moindre trace d'une influence spécifiquement chrétienne. De même que la substance de l'âme et la substance du corps se définissent par des attributs exclusifs l'un de l'autre, de même *raison* et *foi* demeurent séparées l'une de l'autre, correspondant à deux démarches inverses de la pensée. Tandis que dans la science et dans la philosophie se manifeste le progrès d'une intelligence dynamique et conquérante, « la révélation ne nous conduit pas par degrés, mais nous élève tout d'un coup à une croyance infaillible »[1].

Il reste qu'il y a des terrains communs où les deux puissances sont destinées à se rencontrer. Et là, quoique son optimisme naturel lui interdise l'inquiétude d'une contradiction, Descartes n'hésite pas à proclamer la priorité de l'ordre rationnel. « Comme nous avons été premièrement hommes, avant d'être faits chrétiens, il n'est pas croyable que quelqu'un embrasse sérieusement, et tout de bon, les opinions qu'il juge contraires à la raison qui le fait homme pour s'attacher à la foi qui le fait chrétien » (A.-T., VIII, 353).

Ce n'est pas tout : une confidence à la princesse Élisabeth

---

1 Lettre à l'abbé Picot, pour la traduction des *Principes de la Philosophie* (1647) — « Il y a grande différence entre les vérités acquises et les vérités révélées en ce que, la connaissance de celles-ci ne dépendant que de la grâce, laquelle Dieu ne dénie à personne, encore qu'elle ne soit pas efficace en tous. Les plus idiots et les plus simples y peuvent aussi bien réussir que les plus subtils. » Lettre (vraisemblablement d'août 1638) A.-T., II. p. 347. On trouve dans les *Méditations chrétiennes* de Malebranche une association de termes analogue : « J'ai appris d'une manière sensible, et qui est à la portée des plus simples et des plus stupides, comment les hommes doivent établir entre eux et avec Dieu une société éternelle » (II, xiv).

montre assez nettement que Descartes ne s'attribue pas une certitude rationnelle de l'immortalité : la perspective de survivre demeure pour lui, comme pour le Socrate de *Phédon*, une « belle espérance » [1], et elle ne doit en tout cas jeter aucune ombre sur l'existence présente par l'alternative des deux éternités, l'une d'élection, l'autre de damnation. « Je ne puis concevoir autre chose de ceux qui meurent sinon qu'ils naissent à une vie plus douce et plus tranquille que la nôtre, et que nous les irons trouver quelque jour, même avec souvenance du passé ; car je reconnais en nous une mémoire intellectuelle qui est assurément indépendante du corps. Et, quoique la religion nous enseigne beaucoup de choses sur ce sujet, j'avoue néanmoins en moi une infirmité qui est, ce me semble, commune à la plupart des hommes, à savoir que, quoique nous veuillions croire et même que nous pensions croire fermement tout ce que la religion nous apprend, nous n'avons pas toutefois coutume d'en être si touchés que de ce qui nous est persuadé par des raisons naturelles fort évidentes » [2].

XXVI. — L'édition, donnée par Port-Royal en 1670, des *Pensées* de Blaise Pascal venait justifier, avec une netteté, une profondeur, qui ne se laissent plus oublier, la défiance que devait nécessairement inspirer à l'orthodoxie catholique une philosophie purement spiritualiste où sont mises « à part », pour mieux en respecter le mystère, toutes les propositions dogmatiques d'ordre transhistorique et surnaturel. « On ne connaît Dieu utilement que par Jésus-Christ... La divinité des chrétiens ne consiste pas en un Dieu simplement

---

1 Lettre du 3 novembre 1645 : « Pour ce qui regarde l'état de l'âme après cette vie, j'en ai bien moins de connaissance que M. d'Igby ; car, laissant à part ce que la foi nous en enseigne, je confesse que, par la seule raison naturelle, nous pouvons bien faire beaucoup de conjectures à notre avantage, et avoir de belles espérances, mais non point aucune assurance. Et pour ce que la même raison naturelle nous apprend aussi que nous avons toujours plus de biens que de maux en cette vie, et que nous ne devons point laisser le certain pour l'incertain, elle me semble nous enseigner que nous ne devons pas véritablement craindre la mort, mais que nous ne devons aussi jamais la rechercher » (A.-T., IV, p. 333).

2 *Correspondance de Descartes et de Constantin Huygens*, édit. Léon ROTH, 1926, p. 182. Il est tout à fait significatif que, lorsque Clerselier, en 1667, a publié la lettre, dont l'original est connu seulement depuis 1926, il se crut obligé d'y insérer cette restriction à l'universalité du salut : « Pourvu que par nos dérèglements nous ne nous en rendions point indignes, et que nous ne nous exposions point aux châtiments qui sont préparés aux méchants » (*Lettres de M. Descartes*, t. III, p. 526).

auteur des vérités géométriques et de l'ordre des éléments : c'est la part des païens... Ainsi ceux qui cherchent $_{P101}$ Dieu sans Jésus-Christ tombent, ou dans l'Athéisme ou dans le Déisme, qui sont deux choses que la religion chrétienne abhorre presque également » [1].

La raison ne nous mènera sur le chemin de la foi qu'à la condition d'être assez raisonnable pour reconnaître son impuissance, assez sage pour désavouer une sagesse qu'elle ne tiendrait que de soi. Déjà, par la manière dont il aborde et résout les problèmes les plus difficiles de la géométrie infinitésimale, Pascal fera, contre Descartes, la preuve que la science déborde le domaine des seules idées claires et distinctes. Il y a un *scepticisme positif*, dont on peut dire qu'il est fait pour écarter les scrupules étroits et factices de la logique ordinaire, qu'il donne le moyen de fonder en toute assurance de finesse et de vérité la mathématique de l'infini, comme de soumettre au calcul les événements du hasard qui, par définition, y paraissent réfractaires. Cette victoire du sentiment, ainsi manifestée dans l'ordre profane, la foi chrétienne la consacre par la déclaration d'un ordre de charité qui apparaît à la fois *symétrique* et *contraire* par rapport à l'ordre de la chair. Au progrès méthodique, dont Descartes est le héros, s'oppose dans l'*Apologie* pascalienne l'autorité de la révélation, qu'elle appuie sur les prophéties qui renversent la marche de l'histoire, sur les miracles qui démentent les lois de la nature, et dont, pour achever la démonstration, elle souligne le caractère ambigu, inséparable du secret absolu où se cachait le Dieu d'Isaïe et qui, suivant la Loi nouvelle, préside encore à l'influx mystérieux de la grâce rédemptrice.

L'ascendant que le génie de Pascal devait valoir à l'interprétation dite « janséniste » du christianisme semblait devoir entraîner le triomphe d'un augustinisme de stricte observance paulinienne sur l'augustinisme d'inspiration platonicienne et johannique, lorsque, peu d'années après la publication posthume des *Pensées*, parut la *Recherche de la vérité*.

C'est en augustinien que Malebranche s'engage dans les problèmes de la métaphysique et de la théologie, mais en augustinien

---

[1] Chap. XX, de l'édition *princeps*, d'après la première copie, f° 228 (éd. Hachette, fr. 556).

de l'Oratoire et non de Port-Royal ¹. A l'origine de la ₚ₁₀₂ réflexion chez Malebranche, comme chez Leibniz, se trouve la déclaration par laquelle Descartes, dès le début de sa carrière, mettait en relief l'inachèvement de sa doctrine, conçue pourtant suivant la méthode des idées claires et distinctes : « Les vérités mathématiques, lesquelles vous nommez éternelles, ont été établies de Dieu et en dépendent entièrement, aussi bien que tout le reste des créatures. C'est en effet parler de Dieu comme d'un Jupiter ou Saturne, et l'assujettir au Styx et aux destinées, que de dire que ces vérités sont indépendantes de lui. Ne craignez point, je vous prie (écrit-il au P. Mersenne), d'assurer et de publier partout que c'est Dieu qui a établi ces lois en la nature, ainsi qu'un Roi établit des lois en son royaume » ². Par là, Descartes semble aller au-devant de l'agnosticisme radical que Pascal professera ; mais, du même coup, il s'expose à ruiner ce sur quoi reposait tout l'édifice de sa philosophie, la communication interne entre l'esprit de l'homme et la vérité de Dieu.

Le principe fondamental de la religion, où s'accordent philosophes et théologiens, est que *Dieu est amour* ; comment ce principe subsistera-t-il si l'amour est séparé de l'intelligence ? « Assurément, Théotime, c'est tout renverser, que de prétendre que Dieu soit au-dessus de la raison et qu'il n'ait point d'autre règle dans ses desseins que sa pure volonté. Ce faux principe répand des ténèbres si épaisses qu'il confond le bien avec le mal, le vrai avec le faux, et fait de toutes choses un chaos où l'esprit ne connaît plus rien » ³. Et on lit en effet dans une lettre préliminaire, accompagnant l'envoi du *Traité de la nature et de la grâce* : « L'auteur avertit que son principal dessein est de rendre Dieu aimable aux hommes et de justifier la sagesse de sa conduite dans l'esprit de certains philosophes qui outrent la métaphysique, et qui, pour faire un Dieu puissant et

---

1 Pour Arnauld, comme pour Pascal, le véritable Augustin est celui dont Jansénius a mis en forme de système les textes essentiels. Il ne se reconnaît plus dans le recueil que le P. Martin, de l'Oratoire, publie sous le nom d'*Ambrosius Victor*, témoin cette note d'un manuscrit de la Bibliothèque Nationale (nouv. acquisitions franç., 4333) : « M. Arnauld n'estime pas les recueils du P. Martin, il ne ramasse que le fatras de saint Augustin et laisse les plus beaux endroits » (F° 200, *apud* GRISELLE, *Pascal et les Pascaliens*, extrait de la *Revue de Fribourg*, 1908, p. 42).
2 Lettre du 15 avril 1630 ; A-T., I, p. 145.
3 Entretiens sur la métaphysique et la religion, IX, xIII.

souverain, le rendent injuste, cruel et bizarre » [1].

Il est donc impossible que la foi transcende l'ordre de la raison où se reflète l'éternité de la lumière intérieure ; et il est étrange qu'un mathématicien et un physicien de génie, tel que Pascal, ait méconnu les ressources que la science cartésienne offrait au progrès de la vie religieuse. Puisque l'algèbre et la géométrie se développent à l'infini sur la base de l'évidence pure, $_{P103}$ on ne peut méconnaître dans l'âme humaine l'intuition d'un objet immédiat qui déborde sa capacité propre : *De cela seul que nous apercevons l'infini, il faut qu'il soit* [2].

La distance de l'idée et de la réalité, du savoir et de la présence, est donc abolie. L'étendue, dont la discipline exacte et positive par excellence atteste l'intelligibilité, ne se voit qu'en Dieu, de telle sorte que de l'application aux sciences universelles comme la mathématique pure et la métaphysique, « j'oserai presque dire (écrit Malebranche) qu'elle est l'application de l'esprit à Dieu, la plus pure et la plus parfaite dont on soit naturellement capable » (*Recherche de la vérité*, V, v).

Cette pureté même et cette perfection soulèvent des problèmes dont la méditation conduit à découvrir le lien étroit, la solidarité nécessaire, de la philosophie rationnelle et du dogme chrétien. Il est clair, tout d'abord, que l'âme ne peut pas sortir d'elle-même pour aller se promener au contact des objets. Quand nous croyons voir les choses, nous n'apercevons que leurs idées ; et la difficulté spéculative se double d'une difficulté pratique. A considérer ce qui ne peut pas manquer de nous choquer dans le spectacle de ce monde, depuis la répartition des pluies, délaissant les terres fertiles pour tomber dans les sables du désert, jusqu'à l'existence des monstres, l'abîme se creuse entre les idées contemplées dans leur source et l'apparence sensible de la création.

Pour répondre à une telle question, dont nul n'a plus profondément senti l'angoisse, Malebranche demande qu'on s'élève au-dessus des banales analogies anthropomorphiques, qu'on approfon-

---

1 Cf. LEIBNIZ : « Notre but est d'éloigner les hommes des fausses idées qui leur représentent Dieu comme un prince absolu, usant d'un pouvoir despotique, peu propre à être aimé, et peu digne d'être aimé » (*Théodicée*, I, 6).
2 Entretien d'un philosophe chrétien avec un philosophe chinois sur l'existence et la nature de Dieu, éd. de GENOUDE et de LOURDOUEIX, t. II, 1837, p. 366 B.

disse la psychologie d'un Dieu qui, suivant la parole de l'Écriture, déjà relevée et commentée par Descartes, n'a rien pu faire que pour lui, c'est-à-dire pour son honneur et pour sa gloire. Or, comme il est dit dans le *Traité de la nature et de la grâce* (*Éclairc.*, III, XVI) : « Une personne ne s'honore pas elle-même, ne se satisfait pas elle-même. Donc, il y a en Dieu pluralité de personnes. C'est aussi ce que la foi nous apprend. »

Dès lors, et s'agît-il seulement de saisir les rapports de l'étendue qui s'aperçoit en Dieu et du monde dans la matérialité de son existence, la philosophie ne pourra faire autre chose que de poser un problème qui ne comporte aucune solution rationnelle à moins qu'on n'ait appris du christianisme à distinguer en Dieu même les deux premières personnes de la Trinité : *le Père qui est puissance, et le Fils qui est sagesse*. Si Dieu avait envisagé uniquement et directement l'intérêt humain, il aurait procédé par volontés particulières, ainsi que font les hommes eux-mêmes ; et, par là, il aurait mis son ouvrage à l'abri de reproches comme ceux que les peuples sont en droit d'adresser à leur monarque quand il ne réussit pas à leur procurer justice et prospérité. Mais Dieu ne pouvait accepter de sacrifier la bonté de la fin aux désordres des moyens. « Dieu ne veut pas que ses voies le déshonorent (*Entretiens*, IX, x). Il n'est point au pouvoir de Dieu de se démentir soi-même ou de mépriser les lois que sa sagesse lui prescrit » (*Traité de la nature et de la grâce*, I, IV, *add.*). Seule satisfera donc à l'exigence de l'ordre une combinaison dans laquelle la simplicité et la généralité des lois qui régissent la communication des substances, *corps et corps, corps et âme, âme et âme*, limitent l'absolu de la puissance créatrice, semblent mettre en échec l'intention de Dieu.

XXVII. — Ainsi nous est livré ce secret d'un ordre cosmique qui échappait au savoir profane « Que les philosophes, mon cher Ariste, sont obligés à la religion ; car il n'y a qu'elle qui les puisse tirer de l'embarras où ils se trouvent ! » (*Entretiens*, IV, XVII). Avec Malebranche se reforme dans le plan de la science nouvelle l'alliance du platonisme initial et du christianisme final ; elle va nous guider pour passer du règne de la nature au règne de la grâce, selon la parole des *Entretiens* : « Je suis persuadé qu'il faut être bon philosophe pour entrer dans l'intelligence des vérités de la foi » (VI,

II). De même que dans le domaine des rapports de grandeur la philosophie de la nature nous élève immédiatement à la région des pures idées, de même, dans le domaine des rapports de perfection, ce que nous saisissons de notre vie intérieure nous porte comme d'un bond au-delà de l'expérience psychique jusqu'à cette volonté du bien universel qui est le fond même de notre être, que le pêcheur lui-même ne peut pas dépouiller, alors même qu'il la contredit en s'arrêtant sur un bien particulier dont il fera sa fin véritable. Que cette contradiction soit due à une rupture qui s'est accomplie dans l'histoire, l'effet d'une faute qui, suivant Malebranche comme suivant saint Augustin, se transmet par l'hérédité organique, c'est un fait qui se relie immédiatement à l'irrécusable expérience que chacun fait en soi de sa méchanceté congénitale. Or, la restauration de l'ordre qui a été détruit par un événement de l'histoire ne pourra s'opérer que dans le temps. Et ainsi devra intervenir ce qui est le propre de la révélation proprement chrétienne ; le dédoublement de la divinité en *Toute-Puissance du Père*, $_{P105}$ qui est Dieu au sens absolu du mot, et *Sagesse du Fils*, seconde personne de la Trinité, s'accompagne d'un dédoublement du Verbe lui-même, *Verbe incréé* d'une part, *Verbe incarné* de l'autre. Par le mystère de l'incarnation, et par lui seulement, nous comprendrons comment a été surmontée la « secrète opposition qu'il y a depuis le péché entre l'homme et Dieu » [1]. Et Malebranche peut conclure : « Une personne divine, unie à une nature criminelle, peut la justifier et satisfaire pour elle. Voilà le dénouement que la foi fournit à la raison embarrassée » [2].

L'unité du système est frappante. Pourtant il ne s'agit plus de ce qui étonne l'intelligence dans le désordre de l'univers, mais de ce qui ne cesse de scandaliser la conscience. *Soif de justice, béatitude huitième*, disait Pascal. Une fois parvenu au règne de la charité, le fidèle admettra-t-il que l'efficacité en soit restreinte au point de laisser en dehors d'une religion qui se proclame unique et univer-

---

[1] *Recherche de la vérité*, VI (2), III (*sub fine*). Cf. *Conversations chrétiennes*, IV : « Dieu aime tous ses ouvrages et il les aime parfaitement. Mais, quoique Dieu nous aime puisque c'est son amour qui nous conserve, il ne nous aime pas parfaitement, il y a quelque inimitié entre lui et nous. Il y a donc quelque chose que Dieu n'y a pas mis. »
[2] Traité de la nature et de la grâce. (N. G.) (Éclaircissement, III, XVII).

selle la plus grande partie du genre humain [1] ? A l'intérieur même de la chrétienté, la répartition de la grâce n'apparaît-elle pas aussi manifestement inégale et arbitraire que l'est à la surface de la terre le régime de distribution des pluies ? Or, de la manière même dont la question est posée, la réponse devient évidente : « Si donc la grâce tombe inutilement, ce n'est point que Dieu agisse sans dessein. C'est encore moins que Dieu agisse dans le dessein de rendre les hommes plus coupables par l'abus de ses faveurs. C'est que la simplicité des lois générales ne permet pas que cette grâce, inefficace à l'égard du cœur corrompu, tombe dans un autre cœur où elle serait efficace » [2].

Et, quand on en vient à se demander de quelle façon précise la grâce du Rédempteur peut satisfaire aux conditions de l'ordre, on est amené à tenir compte d'une limitation temporelle, qui est inévitablement liée à l'humanité du Verbe incarné. « L'âme de Jésus n'a point une capacité infinie... Comme l'âme de Jésus-Christ ne pense point en un même temps à sanctifier tous les hommes, elle n'a point en même temps tous les désirs dont elle est capable. Ainsi, Jésus-Christ n'agit sur ses membres d'une manière particulière que par des influences successives » (N. G., II, x et xviii).

Mais l'incarnation ne saurait impliquer le triomphe définitif du temps sur l'éternité. Si la foi se justifie, c'est en vue du retour à la raison. « Mais qui nous conduira à la raison, qui nous soumettra sous ses lois, qui nous rendra ses vrais disciples ? Ce sera la raison elle-même, mais incarnée, humiliée, rendue visible et sensible, proportionnée à notre faiblesse. Ce sera Jésus-Christ, la sagesse du Père, la lumière naturelle et universelle des intelligences, et qui, ne pouvant plus être celle de nos esprits plongés par le péché dans

---

1 Auguste COMTE écrira, au cinquième volume du *Cours de philosophie positive*, 1841, p. 449 : « L'obligation de damner Homère, Aristote, Archimède, etc., devait être certes bien douloureuse à tout philosophe catholique. »

2 N. G., I, XLIV. Cf. *Réflexions sur la prémotion physique*, éd. de GENOUDE, II, 383 A : « Je n'ai composé le *Traité de la nature et de la grâce*, et toutes ses suites, que pour justifier la sagesse et la bonté de Dieu. Je n'ai tâché de rendre raison de la permission du péché, et je n'ai parlé de la Providence et de la prédestination que pour appuyer ces dogmes que Dieu est infiniment sage et infiniment bon, tellement bon qu'il fait aux hommes tout le bien qu'il leur peut faire, non absolument, prenez-y garde, mais tout le bien qu'il leur peut faire, agissant selon ce qu'il est, selon l'ordre ou le rapport de ses divines perfections, ordre immuable qui est sa loi inviolable, et dans laquelle il trouve tous les motifs ou toutes les raisons de sa conduite envers nous. »

la chair et le sang, s'est fait péché elle-même ; et, par la folie de la croix, frappe vivement nos sens et attire sur elle nos regards et nos réflexions » ³.

A travers l'enseignement de Jésus-Christ, les desseins de Dieu cesseront d'être entièrement impénétrables. Deux pages, parmi les plus hautes de la littérature française, encadrent le double mystère de la naissance et de la mort du Verbe incarné : « Dieu nous regarde en Jésus-Christ comme des dieux, comme ses enfants, comme ses héritiers et comme les cohéritiers de son Fils bien-aimé. Il nous a adoptés en ce cher Fils ; c'est par lui qu'il nous donne accès auprès de sa majesté suprême ; c'est par lui qu'il se complaît dans son ouvrage ; c'est par ce secret, qu'il a trouvé dans sa sagesse, qu'il sort hors de lui-même, s'il est permis de parler ainsi, hors de sa sainteté qui le sépare infiniment de toutes les créatures ; qu'il sort, dis-je, avec une magnificence dont il tire une gloire capable de le contenter. L'homme-Dieu le précède partout dans ses voies ; il justifie tous ses desseins, il lui fait rendre par ses créatures des honneurs dont il doit être content. Jésus-Christ n'apparaît que dans la plénitude des temps ; mais il est avant tous les siècles dans les desseins du Créateur, et lorsqu'il naît en Bethléem, c'est alors que voilà Dieu glorifié ; c'est alors que le voilà satisfait de son ouvrage » (*Entretiens*, IX, IV). « Le père aime son fils, mais il aimerait mieux le voir contrefait que de le voir déréglé. Il aimerait mieux le voir malade, le voir mort, le voir attaché au gibet, que de le voir mort aux yeux de Celui qui n'a jamais eu de spectacle plus agréable que celui de son Fils unique, attaché en croix pour rétablir l'ordre dans l'univers » (*Morale*, I, III, v).

XXVIII. — En évoquant dans les grandes lignes de son architecture le système de Malebranche, nous sommes au centre des vicissitudes par lesquelles passe la pensée moderne. Le problème de Malebranche, c'est celui de l'existence d'une *philosophie chrétienne* qui donnerait satisfaction à la raison, devenue enfin consciente de ses exigences et de ses scrupules dans la recherche de la vérité, en même temps qu'elle recueille intégralement l'héritage de foi transmis par la Bible et par l'Évangile. Bien plus, c'est la foi qui sauverait la raison, qui viendrait lui restituer une autorité compromise de-

---

3 *Traité de morale*, II, XIII, 10.

puis le péché d'Adam, réconciliant l'homme avec soi et rouvrant la perspective de l'immortalité bienheureuse.

Singulièrement symptomatique sera le lamentable accueil que Malebranche devait rencontrer auprès des représentants les plus autorisés de son Église. Presque au lendemain du *Traité de la nature et de la grâce*, il pouvait se rappeler à lui-même l'ancien proverbe, *veritas odium parit* : « La vérité enfante la haine » [1]. Découvrir la vérité, la dire, c'est créer autour de soi un champ de forces qui apparaîtront forces de haine inexpiable. Bossuet met à profit l'occasion solennelle que lui offrait l'éloge funèbre de la Reine de France pour laisser tomber du haut de la chaire des paroles proprement inouïes : « Que je méprise ces philosophes qui, mesurant les conseils de Dieu à leurs pensées, ne le font auteur que d'un certain ordre général, d'où tout le reste se développe comme il peut ! Comme s'il avait, à notre manière, des vues générales et confuses, et comme si la souveraine intelligence pouvait ne pas comprendre dans ses desseins les choses particulières qui seules subsistent véritablement ! » Et il n'est pas besoin de rappeler avec quel acharnement Antoine Arnauld, le grand Arnauld, a travaillé pour ruiner le crédit qu'avait valu à Malebranche son génie métaphysique comme la sainteté de sa vie.

Voici enfin ce qui devait encore ajouter au trouble de la conscience chrétienne : en 1677, c'est-à-dire entre la *Recherche de la vérité* et le *Traité de la nature et de la grâce*, avait paru, à titre posthume, précédée d'une préface édifiante, l'*Éthique* de Spinoza, $_{P108}$ qui opposait résolument un « christianisme de philosophe » à une « philosophie de chrétien », qui achevait par là l'entreprise du *Tractatus theologico-politicus*.

Autant Pascal soulignait la solidarité de la Bible et de l'Évangile, autant, au contraire, Spinoza insiste sur le renversement de valeurs qui s'est accompli par le passage de Moïse à Jésus, et dont il précise le caractère en créant l'exégèse positive. Entourée ou non de l'auréole du sacré, l'histoire n'est jamais que l'histoire. Dans les textes qui nous sont parvenus au nom de Moïse et des Prophètes, Spinoza se refuse à voir autre chose que des documents philologiques, qui doivent être traités suivant les méthodes exactes de la

---

[1] Lettre du 10 février 1683 ou 1684, citée *apud* GOUHIER, *Malebranche* « Les moralistes chrétiens », 1929, p. 294.

philologie, c'est-à-dire en toute liberté comme en toute intégrité de conscience : *integro et libero animo* [1].

Ainsi, fondée sur le jeu spontané de l'imagination prophétique et sur le bienfait politique du conformisme social, la *Loi* mosaïque se justifierait de la façon dont la représentation sensible du soleil, « globe situé à deux cents pieds de distance » [2], se justifie en tant que phénomène optique lié aux conditions organiques de la vision. Spéculativement il faut être parvenu à un plan supérieur pour comprendre comment la constitution d'une science objective découvre, et comment elle explique, la subjectivité de la perception sensible. Le réalisme du vulgaire prend comme donnée immédiate et absolue l'image que ses yeux lui apportent ; Galilée a souffert pour avoir contredit le préjugé naïf et dogmatique dont la Bible semblait avoir consacré l'autorité ; la raison dénonce et dissipe l'erreur par l'interversion des perspectives naturelles. De la physiologie, vérité du corps de l'individu, à l'astronomie, vérité du tout de l'univers, le passage apparaît alors continu, nécessaire, irréversible.

Tels sont aussi les caractères du progrès qui se remarque de la loi de l'Ancien Testament, *impératif pratique*, à la loi du Nouveau Testament, *indicatif rationnel* dont la forme toute véritable et désintéressée, loin d'être modelée sur les circonstances d'une société déterminée, porte en elle une valeur d'éternité. La rupture totale avec la tradition du passé, Jésus l'a proclamée dans la parole : *Vous laisserez les morts ensevelir les morts*. Tous l'ont entendue ; mais ils l'ont répétée du bout des lèvres. Spinoza seul a su l'accueillir dans son entière sonorité, en accepter comme conséquence une profession religieuse qui soit uniquement en esprit et uniquement en vérité.

P109 Le Dieu de Spinoza, le Dieu absolument Dieu, le Dieu infiniment infini, est certes le Dieu de Malebranche et de Fénelon. « Avez-vous bien contemplé (demande Théodore) la notion de l'infini, de l'Être sans restriction, de l'Être infiniment parfait ; et pouvez-vous maintenant l'envisager toute pure, sans la revêtir des idées des créatures, sans l'incarner, pour ainsi dire, sans la limiter, sans la corrompre, pour l'accommoder à la faiblesse de l'esprit

---

1 Tractatus theologico-politicus, Préface.
2 *Éthique*, II, xxxv.

humain ? » ¹. Et Fénelon imaginera qu'il réfute Spinoza en lui opposant des formules qui apparaissent comme des traductions littérales de l'*Éthique* : « Tout infini qui ne serait infini qu'en un genre ne serait point un infini véritable. Quiconque dit un genre ou une espèce dit manifestement une borne, et l'exclusion de toute réalité ultérieure, ce qui établit un être fini ou borné. C'est ne point avoir assez simplement consulté l'idée de l'infini que de l'avoir enfermé dans les bornes d'un genre. Il est visible qu'il ne peut se trouver que dans l'universalité de l'être qui est l'être infiniment parfait en tout genre et infiniment simple » ².

Mais, si on a eu le courage de s'élever jusqu'à l'idée purement divine de Dieu, une chose est nécessaire, c'est de ne pas en redescendre, d'oser demeurer son propre contemporain. Le christianisme idéal que les thèses exégétiques du *Tractatus theologico-politicus* permettent de dégager, est affranchi de toute contingence historique, de toute restriction locale. C'est la religion « unitaire » et universelle, que déjà les Sociniens, en un sens, avaient travaillé à répandre, mais qui, avec Spinoza seul, s'intériorise en profondeur grâce à la réflexion sur la science cartésienne.

Par la géométrie analytique on assiste à la naissance d'un monde d'équations qui manifeste la puissance créatrice de l'*automate spirituel*. Or, parallèlement à l'univers algébrique, l'univers des courbes se constitue, qui a son secret dans les propriétés des équations. La correspondance merveilleuse, et pourtant nécessaire, des équations et des courbes, va servir de modèle à la connaissance de la réalité concrète sous la double forme d'une physique analytique et d'une psychologie analytique. Le réalisme des facultés, auquel se rattachent et les pieuses tentations et les perpétuels égarements de l'éclectisme, semble définitivement éliminé.

Au point de départ, Spinoza semblait ne rien demander de plus que ce qu'un Hobbes lui aurait accordé, mécanisme des mouvements physiques, des passions organiques. Or, de là, en excluant toute finalité anthropomorphique pour suivre une voie d'approfondissement continu, de totalisation progressive, sans jamais rien relâcher du scrupule et de la rigueur de la méthode, Spinoza surmonte l'imagination toute spatiale, sinon toute matérialiste, de la

---
1 MALEBRANCHE, Entretiens sur la métaphysique, IX, 1.
2 Lettres sur la religion, IV, Sur l'idée de l'infini, édit. GAUME, t. I, p. 140 B.

pluralité des substances, et renverse l'obstacle qu'une métaphysique illusoire dressait devant l'union intime à la simple et pure unité. Dès lors que nous connaissons Dieu, il nous est devenu impossible de nous considérer comme un autre pour lui, pas plus qu'il n'est un autre pour nous. A la conclusion de l'*Éthique* les valeurs de raison et d'amour, de vertu et de béatitude, n'ont plus de contraire.

Parce qu'elle ne ruse ni avec les textes de l'Écriture ni avec l'intériorité de l'esprit, la philosophie de Spinoza, toute géométrique en apparence, surmonte cette inadéquation de la foi à la raison, de l'immortalité temporelle à l'éternité véritable, qui faisait la perplexité du chrétien, l'angoisse du mystique. Traduit dans le langage métaphysique qui leur était le plus familier, appuyé au prestige d'une déduction intégrale, un tel système devait offrir aux contemporains de Spinoza un spectacle qu'ils n'ont pu contempler sans admiration, ni non plus sans effroi. Et le paradoxe de l'attitude spinoziste était encore accru par la revendication énergique des droits de la conscience, par la récusation inflexible du symbole et de la lettre. Si la parfaite indifférence aux cérémonies extérieures du culte ne permet plus d'opposer le christianisme au judaïsme comme une Église à une Église, elle s'accompagne cependant d'une sympathie naturelle qui ne gêne en rien la liberté de la pensée. De même que l'astronome n'a pas à s'offusquer des erreurs de l'ignorant, qui dérivent nécessairement des conditions organiques de la vision, pas davantage le philosophe ne conteste au vulgaire son image subjective et illusoire du salut, récompense ultra-terrestre de sa conduite ici-bas.

Les théologiens se sont attachés à distinguer entre la voie étroite : *Qui n'est pas avec moi est contre moi*, et la voie large : *Qui n'est pas contre moi est avec moi*. Mais pour accomplir l'Évangile, il faut aller jusqu'à la parole de charité, non plus qui pardonne, mais qui n'a rien à pardonner, rien même à oublier : *Qui est contre moi est encore avec moi*. Et celui-là seul est digne de la prononcer, qui aura su apercevoir, dans l'expansion infinie de l'intelligence et l'absolu désintéressement de l'amour, l'unique vérité dont Dieu ait à nous instruire.

SECONDE PARTIE

CHAPITRE VI
PÉRIODE LEIBNIZIENNE

A) L'idéalisme germanique

XXIX. — Le spinozisme, centre d'attraction secrète et de répulsion avouée, a eu un rôle décisif dans la « crise de la conscience européenne », telle que les études magistrales de M. Paul Hazard l'ont définie au tournant des deux siècles, XVIIe et XVIIIe. Bossuet projette l'ombre abhorrée de l'*Éthique* sur l'intellectualisme de Malebranche, sur le spiritualisme de Fénelon, pour réprouver au nom de l'orthodoxie la justification rationnelle de la conduite divine et la pureté de l'amour chrétien, pour faire remonter jusqu'à Descartes la responsabilité de ces doctrines qui lui semblent ébranler l'édifice, équilibré à grand-peine, du dogme catholique. De Versailles il voit « un grand combat se préparer contre l'Église, sous le nom de philosophie cartésienne » [1]. Et Bossuet aura plus raison qu'il ne l'aurait désiré. Lorsqu'il refuse, non seulement d'entendre, mais de laisser écouter le génie d'un Malebranche et le génie d'un Fénelon, il laisse la voie libre aux doctrines dont il voulait prévenir le crédit. Les maîtres de Descartes au Collège de La Flèche s'appelaient « les philosophes » ; et philosophie voulait dire *scolastique*. Le XVIIIe siècle français s'appellera le siècle « des philosophes », mais *philosophe* signifiera *encyclopédiste*.

Si sévère que soit le jugement porté récemment par M. Loisy sur Bossuet, il est irrécusable ; et Bossuet lui-même, s'il est informé des conséquences de son attitude, devra en reconnaître humblement la certitude désolante. « En écrasant Richard Simon, Bossuet a retardé de presque deux siècles le mouvement de la critique biblique dans notre pays et contribué à rendre un tel mouvement à peu près impossible dans l'Église catholique ; en se mêlant de la réunion des communautés protestantes à l'Église romaine, il n'a réussi qu'à rendre impossible cette réunion ; en diffamant solennellement Fénelon et Mme Guyon, il a, autant dire, tué en France le haut mysticisme, et donc contribué grandement à l'affaiblissement de la

---

[1] Lettre à un disciple du P. Malebranche (21 mai 1687). Correspondance de Bossuet, édit. Urbain et Lévesque, t. III, p. 372.

religion dans notre pays » [1].

Encore une fois cette timidité d'âme qui couvre d'une apparence de sagesse conservatrice une défiance incurable à l'égard du progrès de la raison et de l'élan du cœur, a produit sa conséquence naturelle. Comme le dit M. Paul Hazard, « la majorité des Français pensait comme Bossuet. Tout d'un coup les Français pensent comme Voltaire : c'est une révolution » (t. I., 1935, p. 1).

Le courant religieux, qui se détourne de la France de Bossuet, passera en Allemagne où la transition du XVIIe au XVIIIe siècle s'opère par Leibniz et conduit à Kant. Or, chose curieuse, Leibniz, autrement réfléchi et profond que Bossuet, se montre également disposé à traiter Descartes en suspect : « Quoique je veuille bien croire que M. Descartes ait été sincère dans la profession de sa religion, néanmoins, les principes qu'il a posés renferment des conséquences étranges auxquelles on ne prend pas assez garde... Spinoza n'a fait que cultiver certaines semences de la philosophie de M. Descartes, de sorte que je crois qu'il importe effectivement pour la religion et pour la piété que cette philosophie soit châtiée par le retranchement des erreurs qui sont mêlées avec la vérité » [2].

Leibniz se donnera donc pour raison d'être de développer « le projet d'une nouvelle philosophie qui aurait effacé absolument celle de Descartes, qui fait si grand tort aux écoles » [3] et qui « mène droit aux sentiments de Spinoza, qui a osé dire ce que Descartes a évité avec soin » [4].

Pourtant cela ne signifiera nullement la reprise pure et simple de la tradition scolastique. Démontrant l'indépendance de l'algèbre par rapport à la géométrie, fondant le mécanisme grâce à la découverte du principe d'inertie, liant enfin la spiritualité de l'âme à l'autonomie du *Cogito*, le cartésianisme semblait avoir fait table

1 *Georges Tyrrell et Henri Brémond*, par Alfred Loisy, 1936, p. 88.
2 *Lettre à l'abbé Nicaise*, du 15 février 1697, édit. Gerhardt des *Œuvres philosophiques*, (G.), IV, pp. 333-334. Il convient de rappeler que Silvain Régis avait cité ce passage dans un article du *Journal des Savants* dès juin 1697, auquel Leibniz répondit au mois d'août : « Je n'aurais point parlé de Spinoza si j'avais pensé qu'on publierait ce que j'écrivais, de peur qu'on ne crût que je voulais rendre les Cartésiens odieux, sachant assez qu'on leur a fait du tort quelquefois par un zèle mal entendu » (G., IV, p. 341).
3 Lettre au Landgrave de Hessen-Rheinfels *apud* Jean Baruzi, Leibniz, 1909, p. 219.
4 Ed. citée de Gerhardt, IV, p. 346.

rase de la logique d'Aristote, de sa physique, de sa psychologie. *Or, si Leibniz préconise le retour à la métaphysique de l'École, c'est sans avoir jamais à revenir sur les conquêtes dont la pensée humaine est redevable à la révolution cartésienne.* Tout au contraire, il prétendra ne battre Descartes qu'avec les mêmes armes dont Descartes a révélé la puissance, mais dont il n'a pas su lui-même pousser jusqu'au bout l'exercice.

La connexion intime des prédicats au sujet reprend sa valeur apodictique par la promotion de l'analyse algébrique en analyse infinitésimale ; l'*intégration* est devenue la fonction normale de l'intelligence, et permet de réinstaller la finalité au cœur de la physique par le passage de la conservation de la quantité de mouvement à la conservation de la quantité de force vive ; et de même, la considération des perceptions insensibles restitue à la vie psychique toute l'infrastructure mentale que Descartes semblait avoir abandonnée.

Le dualisme de la matière et de l'esprit sera donc à nouveau surmonté : « Je tiens avec les Anciens et avec la raison que les Anges ou les Intelligences, et les Ames séparées du corps grossier, ont toujours des corps subtils, quoiqu'elles-mêmes soient incorruptibles. La philosophie vulgaire admet aisément toutes sortes de fictions, la mienne est plus sévère »[5]. La hiérarchie des substances prend place dans l'unité d'un système ; elle correspond à divers degrés de concentration. « Comme une même ville, regardée de différents côtés, paraît tout autre et est comme multipliée perspectivement »[6], suscitant des images qui contribuent sans se contredire ni se confondre à en enrichir le spectacle.

L'univers leibnizien se résout dans un jeu de miroirs destinés à se renvoyer mutuellement la lumière, les uns passifs, qui ne voient pas, les autres actifs, capables de voir. Mais d'aucun d'eux il ne dépendra d'assurer cette merveilleuse harmonie ; la source est en Dieu seul. « Car Dieu tournant pour ainsi dire de tous côtés et de toutes les façons le système général des phénomènes qu'il trouve bon de produire pour manifester sa gloire, et regardant toutes les faces du monde de toutes les manières possibles, puisqu'il n'y a point de rapport qui échappe à son omniscience ; le résultat de chaque vue de l'univers, comme regardé d'un certain endroit, est

---

5 Ve *Ecrit à Clarke*, § 61, G., VII, p. 406.
6 Monadologie, § 57.

une substance qui exprime l'univers conformément à cette vue, si Dieu trouve bon de rendre sa pensée effective, et de produire cette substance »[1].

_{P114} Le secret de l'action divine, Malebranche l'avait discerné : « Les voies de Dieu sont les plus simples et les plus uniformes ; c'est qu'il choisit des règles, qui se limitent le moins les unes les autres. Elles sont aussi les plus fécondes par rapport à la simplicité des voies. C'est comme si l'on disait qu'une maison a été la meilleure qu'on ait pu faire avec la même dépense. On peut même réduire ces deux conditions, la simplicité et la fécondité, à un seul avantage, qui est de produire le plus de perfection qu'il est possible ; et par ce moyen, le système du R. P. Malebranche en cela se réduit au mien » (*Théodicée*, II, 208).

Si cependant le système de Malebranche a paru arbitraire, c'est qu'il s'était arrêté trop tôt dans l'usage de cette raison à laquelle il demandait de soutenir l'ordonnance de la vérité chrétienne, s'en tenant, d'une part, à la considération des conséquences mathématiques, négligeant, d'autre part, la recherche des principes logiques. De là l'importance que Leibniz accordera au perfectionnement de la preuve *a priori* de l'existence de Dieu, appelée plus tard argument ontologique.

Chez Malebranche, comme chez Descartes et Spinoza, la preuve *a priori* de l'existence de Dieu n'est rien d'autre que l'intuition, devenue consciente et pleine, de l'infinité inhérente à la pensée en tant que telle. Leibniz, au contraire, comme saint Anselme, mais sous une forme plus élaborée, s'efforce de déduire l'être d'un principe qui serait antérieur à l'être, installé en quelque sorte dans l'absolu (*absolu vide*, serions-nous tenté d'écrire) de la pure logique.

Le *de Rerum Originatione radicali*, du 23 novembre 1697, le plus leibnizien des écrits de Leibniz, nous fait assister au combat des possibles entre eux, essences simples qui toutes prétendent à l'existence. De cette compétition il est clair que le possible infini, Dieu, sortira vainqueur. « Comme rien ne peut empêcher la possibilité de ce qui n'enferme aucunes bornes, aucune négation, et, par conséquent, aucune contradiction, cela seul suffit pour connaître l'existence de Dieu *a priori* » (*Monadologie*, 45). Chez lui, et chez lui seul, le passage de l'essence à l'existence s'opère selon la néces-

---

1 *Discours de métaphysique*, XIV, G., IV, p. 439.

sité logique dont le spinozisme se prévalait. Toute autre existence demeure suspendue à la libre décision que Dieu va prendre à son égard, et suppose une option de qualité qui ne peut pas, de par la nature même de Dieu, ne pas satisfaire au *principe de raison suffisante*, traduire la « volonté du meilleur ».

Que de cette volonté ne résulte pas un univers absolument bon, que l'*optimisme* soit, comme l'indique la forme même du mot, condamné à rester relatif, l'homme s'en étonne ; mais le [P115] paradoxe est à l'avance résolu par le processus métaphysique qui préside à l'existence des choses. Le Dieu de Leibniz *n'est point auteur de son propre entendement* (*Théodicée*, III, 380). Il reçoit en lui cette infinité d'essences simples qui, devant varier leurs degrés afin de satisfaire le principe de raison et du moment qu'il ne saurait y avoir d'*indiscernables*, se dégrade d'elle-même à l'infini. Rien ne pourra donc effacer l'« imperfection originale » qui est inhérente à la notion d'un être particulier, qui lui appartient dès avant sa naissance, et dont, par conséquent, nul n'est moins responsable que Dieu.

Ce que Leibniz affirme *a priori* et dans l'abstrait, c'est seulement ceci, que le mal dérivé de cette imperfection n'a pu être introduit dans le monde réel qu'à la condition d'être compensé, ailleurs ou plus tard, par un bien qui soit effectivement et définitivement supérieur. Mais, en attendant, et du point de vue de la terre, on sera en droit d'écrire avec M. Baruzi que l'optimisme leibnizien recouvre « un des pessimismes humains les plus accentués que jamais philosophe ait conçus » (*Leibniz*, p. 96). Comme le remarque Foucher de Careil dans un *Mémoire* posthume *Sur la philosophie de Leibniz*, Leibniz n'est pas resté sourd au cri de désespoir et de révolte que provoque la dureté de la théologie calviniste. Il a entendu monter la plainte éternelle des damnés, « prédestinés à la damnation, à la misère et à la mort. Ils ont eu les stimulants du vice sans les adoucissements de la vertu ; tout a conspiré à les perdre. Alors, ils maudiront la nature des choses, féconde pour leur perte, et ce Dieu, heureux de la misère commune qui est la cause de leur inextinguible existence, et la série de l'univers où ils sont fatalement enveloppés, et cette possibilité éternelle et immuable des Idées, première source de tous leurs maux. Ils maudiront jusqu'à cette harmonie universelle qui en est sortie » (1905, t. I, pp. 35-36).

A quel prix ou, si l'on préfère, à quelle condition, est-il possible cependant de surmonter la crise ? L'effort héroïque, presque désespéré, de Leibniz consiste, d'abord, à s'interdire de transporter en Dieu des critères qui n'ont de valeur que par rapport à l'homme. Le moralisme que Bayle lui oppose, il le taxe de « pur anthropomorphisme » ; il n'hésite pas à écrire : « La vertu est la plus noble qualité des choses créées ; mais ce n'est pas la seule bonne qualité des créatures ; il y en a une infinité d'autres qui attirent l'inclination de Dieu. De toutes ces inclinations résulte le plus de bien qu'il se peut ; et il se trouve que, s'il n'y avait que vertu, s'il n'y avait que créatures raisonnables, il y aurait moins de bien. Midas se trouva moins riche quand il n'eut que de l'or. Outre que la sagesse doit varier... Puisqu'il fallait choisir, de toutes les choses, ce qui faisait le meilleur effet ensemble, et que le vice y est entré par cette porte, Dieu n'aurait pas été parfaitement bon, parfaitement sage, s'il l'avait exclu » [1].

Ainsi ce système, qui semble faire appel à la raison pour fournir une justification lumineuse de l'ordre de l'univers, qui a pu être interprété par quelques-uns de ses plus profonds commentateurs dans le sens d'un panlogisme intégral tel que Wolff l'a professé, ne se réalise pas en fait. Entre le plan d'univers que Dieu a effectivement suivi et ce que l'homme est capable d'en saisir par ses propres forces, il subsiste un écart, qui laisse la porte ouverte à l'agnosticisme de la foi.

Du moins appartiendra-t-il à la créature de diminuer cet écart en allant au-devant du Créateur. Il nous est loisible de conjecturer qu'il est des terres moins imparfaites que cette « planète réfractaire », pour reprendre l'expression de M. Bergson, où nous nous trouvons relégués par les exigences de l'esthétique divine, et qui est peut-être un des endroits sacrifiés du monde. « Rien n'empêche

---

1 *Théodicée*, II, 124. Cf. KANT: « Le mal n'est-il le mal que de notre observatoire inférieur parce que nous considérons comme loi absolue ce qui n'est loi que pour les hommes d'ici-bas, non pour le spectateur suprême ? — Dans une telle Apologie la défense est pire que l'attaque. Point n'est besoin d'y répliquer ; il suffit de la livrer à la réprobation de tout homme pourvu de la moindre dose de sens moral... Décharger le créateur en disant que le mal est inévitable, tenant en dernière analyse aux limites de la nature humaine est une attitude moins scandaleuse sans être davantage satisfaisante. Cela revient encore à légitimer le mal qui cesse d'être le mal moral si les hommes ne peuvent pas en être incriminés » (*Sur l'échec de toutes les tentatives philosophiques de Théodicée*, 1791. Trad. Paul FESTUGIÈRE, *Pensées successives de Kant sur la Théodicée et la Religion*, 1931, p. 143).

même qu'il n'y ait des terres plus heureuses que la nôtre », écrit Leibniz dans la *Théodicée* (III, 353) ; et ailleurs sous une forme plus pittoresque : « Je ne m'opposerais pas même à celui qui soutiendrait qu'il y a des globes dans l'Univers, où les prophéties sont plus ordinaires que dans le nôtre » [1]. Et Leibniz appelle la science au secours de l'imagination métaphysique. « A mon avis, la Cour du monarque suprême est plus grande qu'on ne pense. Comme il n'y a point lieu de douter de l'hypothèse de Copernic, et qu'ainsi notre globe de la terre n'est qu'un satellite de cette fixe que nous appelons le soleil, il est aisé de juger que c'est une très petite portion de l'univers et qu'ainsi nous ne devons pas juger par elle les desseins de la création en général, ni de tous les ordres des anges » (*ibid.*, p. 346). Dans la génération même de Leibniz, grâce à « l'excellent M. Newton », le parti pris des sectateurs de Hobbes et de Spinoza qui voudraient ramener l'œuvre de Dieu à un mécanisme aveugle se trouve démenti.

L'élan est donné qui conduit à transformer notre centre de perspective, à le placer, non plus dans notre point de vue de monade particulière, mais dans *le point de vue des points de vue, dans la monade centrale* dont procèdent, comme autant de *fulgurations*, l'infinité des substances qui multiplient et diversifient l'image du monde. Cet échange de perspectives sera ce qui définit l'amour. Au plus fort de la querelle soulevée par le quiétisme, Leibniz rappellera, comme propre à régler la controverse, la formule de ses premiers écrits : *Amor est voluptas ex felicitate aliena*. « L'amour est le plaisir qu'on tire du bonheur d'autrui » [2].

Le progrès de la réflexion aboutit donc à reconnaître qu'en Dieu nous atteignons la source de notre être qui est l'être universel. « L'âme doit souvent penser comme s'il n'y avait que Dieu et elle au monde » [3]. L'inspiration de sainte Thérèse et l'inspiration de Descartes se rejoignent dans l'aphorisme qui veut que Dieu, « unique objet immédiat interne, soit plus proche de nous que notre corps » [4]. Et ainsi se justifie la conclusion de la *Monadologie*. « Si nous pouvions entendre assez l'ordre de l'univers, nous trouverions qu'il surpasse tous les souhaits des plus sages, et qu'il est im-

---

1 Jean Baruzi, introduction au *Leibniz* déjà cité, p. 104.
2 Cf. Couturat, *La logique de Leibniz*, n. 10, pp. 567-568.
3 *Discours de métaphysique*, XXXII, G., IV, p. 458.
4 Jean Baruzi, *op. cit.*, p. 375.

possible de le rendre meilleur qu'il est, non seulement pour le tout en général, mais encore pour nous-mêmes en particulier, si nous sommes attachés, comme il faut à l'Auteur du tout, non seulement comme à l'Architecte, et à la cause efficiente de notre être, mais encore comme à notre Maître, et à la cause finale qui doit faire tout le but de notre volonté et peut seul faire notre bonheur » (§ 90).

XXX. — La doctrine de Leibniz explique de quelle hauteur de pensée, de quelle générosité d'âme, procèdent les tentatives qu'il multiplie en vue de parvenir enfin à réconcilier la chrétienté avec elle-même. Un instant l'union des sectes protestantes a pu lui paraître autre chose qu'un rêve pieux : le 10 juillet 1707, au temple de Kœnigsberg, le ministre évangélique et le ministre réformé ont officié en commun [1]. Du côté romain, Leibniz entre en relation avec Bossuet, chez lequel il pressentait le fort de la résistance à la paix de Jésus. En effet, il se heurte à l'absolu d'un *non possumus*. Bossuet avoue curieusement à Pellisson qu'il se fait violence pour refuser toute concession, fût-ce de langage : « Je vois bien ces expressions qui lui ont paru si rudes ; ce sont ces termes d'*hérétique* et d'*opiniâtre* ; et, en vérité, en les écrivant, je me corrigeais cent fois et je fus prêt à les supprimer tout à fait. Mais enfin, il n'y avait pas moyen » [2].

Les deux interlocuteurs devaient finir par se rendre compte que, tous deux éclectiques, leurs synthèses étaient cependant orientées l'une et l'autre en sens inverse de l'histoire, face aux termes opposés de l'inéludable alternative : *Platon pour disposer au christianisme*, le *démiurge* précurseur du *Messie* ; ou le christianisme pour revenir à Platon, le Verbe incarné, simplement *symbole* et *figure* de la raison éternelle.

Dès lors, les destins sont réglés. Bossuet, qui prétendait dominer les divers courants de la pensée catholique sans se laisser compromettre dans aucun, n'est parvenu qu'à les neutraliser. Et Leibniz n'a guère eu meilleur succès. Son ascendant personnel s'éteint avec les années. Lui qui s'était flatté d'apporter un système compréhensif de tous les systèmes laisse une œuvre dont la cohérence pose à la postérité des problèmes inextricables, œuvre tout en ébauches et

---

1 Jean BARUZI, Leibniz et l'organisation religieuse de la terre, 1907, p. 419.
2 Lettre du 27 décembre 1962, *Correspondance*, t. V, p. 283,

en esquisses pour le fond comme pour la forme.

En apparence Leibniz procède comme le Dieu de sa *Monadologie*, par « fulgurations », qui devraient sans doute, si on les prolongeait méthodiquement, finir par se rencontrer ; mais, en réalité, leur convergence et leur coordination dépassent les ressources dont même un génie comme le sien dispose effectivement.

Dès que nous quittons le domaine des abstractions pour essayer de mordre sur le concret, Leibniz nous met en présence d'un infini actuel, inhérent à la moindre vérité de fait, c'est-à-dire d'une série que Leibniz suppose achevée, *mais seulement en Dieu*, et précisément parce que Dieu a été introduit pour suppléer à la déficience de la raison humaine.

Le paradoxe est criant ; Leibniz s'en est rendu compte, mieux assurément que la plupart de ses commentateurs. « Je commence en philosophe, mais je finis en théologien » [1], mot profond sur lequel il importe d'insister pour la lumière dont il éclaire tout le courant de pensée destiné à se développer pendant les deux siècles qui vont suivre, et qui constituent dans l'histoire de l'éclectisme religieux ce que nous appellerons la *période leibnizienne*. Ne s'applique-t-il pas, avec une égale exactitude, $_{P119}$ quoique pour des motifs bien différents, à des œuvres et à des carrières comme celles de Kant et de Hegel, de Biran et de Comte, de Spencer et de James ? Encore n'exprime-t-il, dans sa teneur littérale, que la moitié de la vérité. Si, les uns et les autres, ils finissent en théologiens, c'est parce qu'ils ont eu l'air, mais l'air seulement, de commencer en philosophes, parce que l'effort de rationalité ou de positivité, aussi sincèrement qu'il a été poursuivi, laisse intact un sentiment qui est à l'origine de leur pensée et qui surgit de sa profondeur pour témoigner de sa force irréductible. « Pendant longtemps (écrit M. Roger Martin du Gard dans *Jean Barois*, p. 367) on croit que la vie est une ligne droite, dont les deux bouts s'enfoncent à perte de vue aux deux extrémités de l'horizon ; et puis, peu à peu, on découvre que la ligne est coupée et qu'elle se courbe, et que les bouts se rapprochent, se rejoignent. » De quoi Leibniz d'ailleurs prend et nous donne conscience lorsqu'il ajoute : « Un de mes grands principes est que rien ne se fait sans raison. C'est un principe de philosophie. Cependant dans le fond ce n'est autre chose que l'aveu de la sagesse

---

[1] BODEMAN, Catalogue des manuscrits (*Philosophie*, I, 39, p. 58).

divine, quoique je n'en parle pas d'abord. »

On dirait volontiers qu'au ciel il est loisible de faire un pont avec des hiatus ; mais viendra toujours le moment où nous devrons revenir sur terre en toute modestie et en toute humilité ; et alors, nous reconnaîtrons que l'homme le mieux préparé à recevoir et à interpréter les confidences d'en haut n'est parvenu qu'à une illusion de synthèse, produite par l'équivoque des termes et le décousu des idées. « La transition nous manque de la force scientifique à la force métaphysique. La métaphysique de Leibniz est superposée du dehors à la science proprement dite » [1].

Les bases, soit logiques, soit mécaniques, sur lesquelles Leibniz a prétendu rétablir le dogmatisme de la théologie, se dérobent et s'évanouissent dès que nous voulons en serrer de près l'examen. Kant a dit pourquoi, dans une page qui pousse aussi loin qu'il est possible la pénétration aiguë de la critique : « Le principe de raison suffisante, auquel Leibniz ne crut pas pouvoir subordonner une intuition *a priori*, mais dont, au contraire, il ramena la représentation à de pures notions *a priori*, eut pour conséquences de faire considérer toutes les choses, métaphysiquement conçues, comme composées de réalité et de négation, d'existence et de non-existence, de même que tout, suivant Démocrite, se composait dans l'espace cosmique d'atomes et de vide, et de donner pour raison d'une négation qu'il n'y a pas de raison de poser cette chose, qu'il n'y a pas là de réalité. De cette manière, il tira de tout le mal appelé métaphysique, réuni au bien de cette espèce, un monde de lumière et d'ombres, sans songer que pour placer un espace dans les ténèbres, il faut qu'il y ait un corps, par conséquent quelque chose de réel qui empêche la lumière de pénétrer dans l'espace » [2].

Aussi bien est-il arrivé à Leibniz, méditant Pascal, de nous livrer lui-même le secret de son échec. Lorsqu'il publie la *Théodicée*, il invoque l'autorité des Stoïciens qui « ont aussi connu combien l'entité du mal est mince » (III, 378) ; il va même jusqu'à écrire à Jean

---

1 Émile BOUTROUX, *De l'idée de loi naturelle dans la science et la philosophie contemporaines*, éd. de 1925, p. 42. Sur ce point, les pénétrantes études de M. GUEROULT nous semblent renforcer cette appréciation. « Les mêmes concepts physiques apparaissent tour à tour abstraits et concrets, fondés sur la métaphysique et opposés à elle. » *Dynamique et métaphysique leibniziennes*, 1934, p. 205.
2 Progrès de la métaphysique depuis Leibniz et Wolff, trad. TISSOT, apud Prolégomènes à toute métaphysique future, etc., 1865, p. 354.

Bernoulli que « le mal est moins que rien » [1]. Et tout à coup cette cloison toute mince s'est révélée imperméable. L'entité se redresse ; et le génie du manichéisme reparaît dans sa majesté redoutable chez celui-là même qui avait le plus travaillé pour l'exorciser. « Le premier presque néant, en montant du rien aux choses puisqu'il en est le plus simple, comme il est aussi le dernier presque tout en descendant de la multitude des choses vers le rien, et le seul pourtant qui mérite d'être appelé substance après Dieu » [2].

XXXI. — Dans son voyage d'initiation en Europe occidentale, Leibniz avait pris contact avec les grands Cartésiens, Arnauld, Malebranche, Spinoza ; et il s'était cru appelé à terminer les controverses qu'avait fait naître l'opposition en apparence irréductible de leurs doctrines. Mais voici une nouvelle génération qui se refuse au postulat de l'intelligibilité universelle et de l'harmonie préétablie, s'appuyant en cela sur la *positivité* de la physique mathématique avec Newton, de la réflexion psychologique avec Locke, de la conscience morale avec Bayle.

[P121] Que Leibniz ait eu la claire vision de cette triple menace, planant sur la fortune de son éclectisme, nous en avons pour témoins les développements qu'il consacre à l'examen de Locke dans les *Nouveaux essais sur l'entendement humain*, à la réfutation de Bayle dans la *Théodicée*, à la discussion de Newton dans l'échange de lettres avec Clarke, qui occupa les derniers mois de son existence.

Or ces trois courants, de caractère négatif si l'on s'en rapportait au préjugé dogmatique de la raison suffisante, vont converger dans la pensée de Kant, à laquelle ils fourniront des éléments essentiels, fortifiés d'ailleurs par les influences successives de Voltaire et de Rousseau, de Shaftesbury et de Hume, sans parler de Lessing et de l'*Aufklärung* en général ; ce qui n'empêchera pas Kant de se dé-

---

1 Lettre du 21 février 1699, édit. Gerhardt des *Œuvres mathématiques*, t. III, p. 574.
2 Jean Baruzi, *Leibniz et l'organisation religieuse de la terre*, p. 228. Le contraste avec la *Théodicée* est encore souligné par la reprise de l'expression au § 19 de la première partie : « La proportion de la partie de l'univers que nous connaissons, se perdant presque dans le néant au prix de ce qui nous est inconnu, et que nous avons pourtant sujet d'admettre ; et tous les maux qu'on nous peut objecter n'étant que dans ce *presque néant*, il se peut que tous les maux ne soient aussi qu'un *presque néant* en comparaison des biens qui sont dans l'univers. »

clarer fidèle à l'inspiration profonde et demeurée vivante du leibnizianisme : « *La Critique de la raison pure* pourrait bien être la véritable apologie de Leibniz même contre ses partisans qui le glorifient avec des éloges assez peu de nature à lui faire honneur »[1] ; et cela en 1790, l'année qui précède immédiatement la publication d'une étude au titre significatif : *Échec de toutes les tentatives philosophiques en matière de Théodicée*.

Dès lors, on pressent la complexité des plans à travers lesquels nous devrons suivre l'œuvre kantienne pour ne laisser échapper aucun des courants divers qui, directement ou indirectement, dériveront de la révolution critique. Kant a souligné la portée de cette révolution dès la Préface à la première édition de son ouvrage fondamental (1781). « Notre siècle est le vrai siècle de la critique ; rien ne doit y échapper. En vain la religion avec sa sainteté, et la législation avec sa majesté, prétendent-elles s'y soustraire ; elle ne font par là qu'exciter contre elles-mêmes de justes soupçons, et elles perdent tout droit à cette sincère estime que la raison n'accorde qu'à ce qui a pu soutenir son libre et public examen »[2]. Or, la condition première d'un tel examen, pratiqué en toute indépendance de jugement, en toute intégrité de conscience, c'est que l'esprit ne se sent aucunement engagé vis-à-vis de la solidité des principes par la considération des conséquences. « C'est une chose tout à fait absurde d'attendre de la raison des lumières, et, cependant, de lui prescrire nécessairement de quel côté il faudra qu'elle penche » (*ibid.*, II, 317).

Ainsi, rendue à elle-même, la raison ne pourra manquer de se retourner contre les rêveries que les métaphysiciens s'étaient crus autorisés à qualifier de rationnelles : *théologie rationnelle* aussi bien que *psychologie* ou *cosmologie rationnelles*. La même absence de précautions, la même légèreté d'intelligence, que Descartes et Pascal relevèrent chez les « docteurs graves », partisans aveugles d'Aristote et persécuteurs farouches de Galilée, Kant les retrouve chez ses maîtres. Ils avaient suspendu toute chose à Dieu, dont la réalité seule devait rendre possible la nature ; mais la réalité de Dieu à son tour n'avait d'autre fondement que le possible, et la tentative pour déduire le réel du possible, si peu qu'on y réfléchisse, se

---

1 *Réponse à Eberhard*, apud *Prolégomènes*, etc., trad. Tissot, p. 310.
2 *Critique de la raison pure*, trad. Barni, (B) 1869, t. I, p. 8.

révèle comme évidemment imaginaire. « Il est aisé de voir (écrivait Kant dès 1755) que ce n'est là qu'une opération tout idéale, qu'il n'y a rien d'effectué réellement » [1].

Une *critique pure de la raison pure* fera donc justice de ce que Kant appelle l'argument ontologique, preuve *a priori* de l'existence de Dieu, mais telle qu'elle était présentée par Leibniz et par les Wolffiens, c'est-à-dire détachée de l'intuition à laquelle se réfère Descartes, ramenée à la forme médiévale que lui avait donnée saint Anselme et dont saint Thomas avait reconnu après Gaunilo le caractère tout nominal. « C'est une chose tout à fait contre nature et une pure innovation de l'esprit scolastique que de vouloir extraire d'une idée arbitrairement jetée l'existence même de l'objet correspondant » [2].

Seulement, il a manqué à saint Thomas de comprendre que la dénonciation du sophisme ontologique n'a pas simplement pour effet de diminuer d'une unité le nombre des preuves légitimes de l'existence de Dieu. Elle atteint dans leur racine, elle condamne à la même évidence d'illusion, les raisonnements traditionnels qui prennent pour point de départ la contingence du monde ou le spectacle de sa finalité. Il est trop clair que le passage à l'être nécessaire et à l'absolu ne se concevrait pas, fût-ce comme possible, si préalablement cette idée du nécessaire et de l'absolu n'était en mesure d'apporter le témoignage de sa réalité. Or, précisément pour cela il aurait bien fallu que l'argument ontologique parût susceptible d'être pris au sérieux.

Et, quoique Kant se soit gardé d'y faire allusion, l'on ne saurait s'empêcher ici d'ajouter une remarque : cette considération s'applique avec la même force contraignante à la preuve morale que la doctrine des postulats dans la *Dialectique de la raison pratique* tentera de remettre en crédit. Que les attributs $_{P123}$ moraux de la divinité puissent s'appliquer à l'être de la divinité, cela se comprend ; mais que les prédicats puissent suppléer au néant d'existence dans le sujet lui-même, cela semble plus malaisé. En tout cas, nous ne trouvons aucun texte de Kant où affleure le sentiment, ou même le soupçon, de l'effort nécessaire pour réadapter l'idée de Dieu à

---

[1] *Nouvelle explication*, prop. VI, *Sch.*, trad., *apud* Tissot, *Mélanges de logique*, 1862, p. 22.
[2] *Critique de la raison pure*, trad. cit. (B), II, p. 194.

la capacité de preuve qui pourrait demeurer à la disposition de l'homme. La foi en Dieu sera retrouvée, et à titre de foi spécifiquement rationnelle, mais foi en un Dieu *restauré* dans le sens où l'on restaure les monuments ruinés, un Dieu qui brusquement renaîtra pour ainsi dire du vide ontologique.

Même indifférence, et encore plus paradoxale sans doute, en ce qui concerne la psychologie rationnelle. Après avoir approfondi dans l'*Analytique transcendantale* le dynamisme inhérent au *Cogito*, après avoir démontré qu'il était impossible de revenir au fantôme « dialectique » d'une *res cogitans*, Kant n'en tire aucune conséquence pour une refonte de la psychologie, qui s'opposerait à la psychologie pseudo-rationnelle de Wolff comme la physique rationnelle de Newton, dans le cadre de l'*Analytique*, s'oppose à la *cosmologie rationnelle* des antinomies dialectiques. L'âme ne sera jamais pour Kant le νοῦς dont la réflexion critique découvre l'activité constitutive ; elle reste le νοούμενον de l'imagination dogmatique, qui fait que la substance du *moi* est inaccessible et transcendante au *moi* lui-même. L'homme se refuse à lui-même l'accès de son intimité, le secret de sa causalité.

Ainsi, suivant l'aveu caractéristique de la *Grundlegung*, le ciel et la terre se dérobent également aux prises de la philosophie qui cherche un point d'appui solide [1]. Mais Kant n'en sera pas troublé pour son compte personnel. « La foi en Dieu et en un autre monde est tellement unie à ma disposition morale que je ne cours pas plus le risque de perdre cette foi que je ne crains de pouvoir jamais être dépouillé de cette disposition » [2]. Et dès lors qu'il n'en est pas ému comme homme, il ne veut pas s'en émouvoir comme penseur. Sensible et docile à l'enseignement de Rousseau, Kant écrira dans cette même *Critique de la raison pure* : « Soyez sans inquiétude pour la bonne cause (l'intérêt pratique) ; elle n'est jamais en jeu dans un combat purement spéculatif » (*ibid*., II, 314).

Demander à la connaissance d'atteindre ce qui ne saurait être obtenu que de l'action, c'est proprement folie. « Et en effet, _{P124} la folie n'est pas autre chose (dira la *Religion dans les limites de la simple raison*) que l'illusion qui consiste à regarder comme équivalente à

---

1 Fondements de la métaphysique des mœurs, trad. DELBOS, p. 145.
2 *Critique de la raison pure*, trad. cit. (B), t. II, p. 386.

la chose même sa simple représentation » [1]. Par contre, pour la raison qui, en tant que distincte de l'entendement, n'a de signification effective que dans la mesure où elle est *pratique*, il est vrai que « la faculté de désirer est le pouvoir d'être par ses représentations cause de la réalité des objets de ces représentations » [2].

La liberté rouvre les portes du monde intelligible que la ruine de la Dialectique spéculative semblait avoir interdit de franchir. « Le concept du monde intelligible est seulement un point de vue auquel la raison se voit obligée de se placer en dehors des phénomènes afin de se concevoir elle-même comme pratique » [3].

La critique kantienne achève de prendre conscience de son orientation originale et de sa fécondité par contraste avec l'imagination toute statique du réalisme théorique. « L'idée du monde moral a donc une réalité objective, non pas comme si elle se rapportait à un objet d'intuition intelligible (nous ne pouvons en rien concevoir des objets de ce genre), mais par son rapport au monde sensible, considéré seulement comme un objet de la raison pure dans son usage pratique, et à un *corpus mysticum* des êtres raisonnables en lui, en tant que leur libre arbitre sous l'empire des lois morales a en soi une unité systématique universelle aussi bien avec lui-même qu'avec la liberté de tout autre » [4].

XXXII. — Or, au moment où nous attendons de Kant qu'il s'oriente décidément vers cet idéalisme pratique qui devait être en effet celui de Fichte dans la première partie de sa carrière, il arrive qu'il s'en écarte violemment. Au piétisme de l'innocence, tel que Mme de Warens le prêchait à l'hôte des *Charmettes* [5], il opposera le piétisme du péché, suivant la tradition issue de saint Paul ; et il ira jusqu'à dire : « Toutes les illusions que ₚ₁₂₅ l'homme se forge à lui-

---

[1] Trad. Tremesaygues, 1913, p. 203, n. 1.
[2] *Critique de la raison pratique*, Préface, trad. Picavet, p. 12.
[3] Fondements de la métaphysique des mœurs, trad. cit., p. 201.
[4] *Critique de la raison pure*, trad. cit., t. II, p. 369.
[5] J.-J. Rousseau, *Confessions*, I, 6. « Les écrits de Port-Royal et de l'Oratoire, étant ceux que je lisais le plus fréquemment, m'avaient rendu demi-janséniste, et, malgré toute ma confiance, leur dure théologie m'épouvantait quelquefois. La terreur de l'enfer, que jusque-là j'avais très peu craint, troublait peu à peu ma sécurité ; et, si maman ne m'eût tranquillisé l'âme, cette effrayante doctrine m'eût enfin tout à fait bouleversé. »

même en matière de religion reposent sur un principe commun : de tous les attributs de Dieu, sainteté, bonté, justice, il ne veut retenir, d'ordinaire, que le second ; et il s'y attache immédiatement pour échapper ainsi à la condition qui l'effraie de régler sa vie sur la sainteté » [1].

Si nous tenons tant à imaginer Dieu comme essentiellement et uniquement bon, c'est donc pour interposer sa bonté entre notre conscience et nous, afin de ne pas aller au bout du scrupule de l'examen, afin de nous dissimuler le véritable caractère d'une vertu qui implique une « contrainte » sur la nature et ne s'exerce jamais qu'« à contrecœur ». Par là s'explique, en dernière analyse, le paradoxe que constitue du point de vue spéculatif l'agnosticisme du *moi*. Non seulement « la moralité propre des actions (le mérite et la faute), celle même de notre propre conduite, nous demeure absolument cachée » [2] ; mais la légalité apparente de notre conduite ne saurait jamais nous assurer de la pureté morale de notre intention. « En fait, il est absolument impossible d'établir par expérience, avec une entière certitude, un seul cas où la maxime d'une action d'ailleurs conforme au devoir ait uniquement reposé sur des principes moraux et sur la représentation du devoir » [3].

La profession d'optimisme qui, aux yeux de Leibniz et de Rousseau, procédait de l'inspiration chrétienne et dont Kant ne s'était pas encore départi au lendemain du tremblement de terre de Lisbonne quand il rédige les *Considérations* de 1759, sera maintenant désavouée avec une netteté inexorable : « La morale chrétienne a pour caractère particulier de représenter le bien moral distinct du mal moral, non point comme le ciel est distinct de la *terre*, mais comme le ciel est distinct de l'*enfer* » [4].

C'est ici, et non pas sans doute par une simple coïncidence, que se manifeste chez Kant ce qui s'était produit chez Pascal : au point de l'extrême tension l'approche et le retour de l'espérance. L'*Analytique de la raison pratique* a établi l'autorité, non pas seulement *souveraine*, mais *exclusive*, de l'impératif moral, indépendamment de tout regard vers l'avenir et vers Dieu. Dès les premières lignes de

---

1 *Religion*, trad. cit., p. 216.
2 Critique de la raison pure, II, p. 150.
3 *Fondements*, trad. cit., p. 112.
4 *Religion*, trad. cit., p. 66, n. 2.

la *Religion dans les limites de la simple raison*, Kant déclare formellement : « Fondée sur le concept de l'homme, qui est celui d'un être libre et se soumettant de lui-même à des lois inconditionnées, la morale n'a pas besoin $_{P126}$ de l'Idée d'un autre Être, supérieur à l'homme, pour que l'homme connaisse son devoir, ni d'un autre mobile que la loi même pour qu'il l'accomplisse. » Il reste cependant que, pour celui-là qui aura passé par la voie étroite de l'*Analytique*, pourra encore s'ouvrir la voie large de la *Dialectique*. Kant a, d'un cœur résolu, fait le sacrifice du bonheur ; et par là même il acquiert le droit d'écouter à nouveau la nature, dont l'instinct ne se laisse jamais étouffer complètement : « Faire entièrement *abstraction* de toute considération de bonheur, quand le devoir commande, chercher, autant qu'il est possible, à s'assurer qu'aucun mobile, tiré de cette source, n'entre à notre insu dans les déterminations que nous prenons conformément au devoir..., cela ne veut nullement dire que l'homme, quand il s'agit d'observer le devoir, doive *renoncer* à sa fin naturelle, au bonheur, car il ne le peut pas, non plus qu'aucun être fini raisonnable en général » [1].

Kant nous renvoie aux Anciens « qui ont à peu près dit tout sur la vertu » [2] pour nous inviter à prendre parti dans le débat entre épicurisme et stoïcisme. D'une part, il n'est pas vrai que la vertu consiste dans le bonheur ; d'autre part il n'est pas faux que la vertu entraîne le bonheur. Mais *où*, et *comment* ? Seul le christianisme est en état d'apporter une réponse qui ne soit pas démentie de la façon la plus claire et la plus cruelle par le spectacle que l'humanité présente à l'homme. Sénèque et Épicure, comme Montaigne et Épictète dans l'*Entretien de Pascal avec M. de Saci*, se réconcilient en une vue supérieure, qui intéresse, *non pas à parler strictement le fondement, mais le couronnement*, de la moralité.

Distinction essentielle sur laquelle il est d'autant plus opportun d'insister que défenseurs et adversaires de Kant se sont montrés en général d'accord pour la négliger. Kant cependant a pris soin de nous avertir : « Le principe chrétien de la *morale* n'est pas théologique (partant hétéronomie), mais il est l'autonomie de la raison pure pratique par elle-même, parce que cette morale fait de la

---

[1] De ce proverbe : Cela peut être bon en théorie, mais ne vaut rien en pratique (1793), trad. Barni, apud Doctrine du droit, 1853, p. 343.
[2] *Religion*, trad. cit., p. 24.

connaissance de Dieu et de sa volonté la base, non de ces lois, mais de l'espoir d'arriver au souverain bien sous la condition d'observer ces lois, et qu'elle place même le mobile propre à nous les faire observer, non pas dans les conséquences désirées, mais uniquement dans la représentation du devoir $_{P127}$ comme étant la seule chose dont la fidèle observation nous rende dignes de nous procurer ces conséquences » [1].

La raison, considérée comme faculté distincte de l'entendement, la raison qui aspire à l'inconditionnel, avait achevé sa tâche lorsqu'elle était entrée, par l'*Analytique de la raison pratique*, en possession de la loi morale, *ratio cognoscendi* de la liberté qui est elle-même *ratio essendi* par rapport à cette loi. S'il y a une *Dialectique* au-delà de cette *Analytique*, c'est que la bonne volonté ne suffit pas à effectuer l'idéal du souverain bien, c'est que, pour Kant comme pour Pascal, le sacrifice du bonheur était tout provisoire sinon tout apparent.

Le revirement par lequel Kant outrepasse la norme de la sagesse, qui définit dans sa pureté ascétique l'idéalisme transcendantal, en déclarant lui-même son dessein de *substituer la foi au savoir*, ne trouve pas sa place, comme on le dit communément, entre la Raison spéculative et la Raison pratique, mais, à l'intérieur de la Raison pratique, entre l'*Analytique* strictement conforme à l'exigence de la critique et la *Dialectique* égarée à nouveau dans le rêve d'une ontologie. Kant parle d'une *foi rationnelle* ; cela ne signifie nullement que la foi ait son origine dans la raison ; bien plutôt, c'est la foi qui ramènerait la raison. Sur ce point délicat, et décisif, Kant a eu à cœur de s'expliquer par cette note de la *Critique du jugement* : « La possibilité du but final suprême que la morale nous oblige à poursuivre, bien qu'on ne puisse apercevoir ni la possibilité ni l'impossibilité de ce but final », repose sur « une confiance en la promesse de la loi morale ; non que cette confiance vienne de

---

[1] *Critique de la raison pratique*, trad. cit., p. 234. Et KANT précise, en écrivant : « Chez l'homme, le mobile qui réside dans l'idée du souverain bien possible dans le monde par son concours n'est pas le bonheur personnel qu'il aurait en vue, mais cette idée même comme fin en soi et par conséquent l'accomplissement de cette idée comme devoir ; car elle ne contient pas une vue sur le bonheur pris absolument, mais seulement une proportion entre le bonheur et la dignité du sujet, quel qu'il soit. Or une détermination de la volonté, qui se restreint elle-même à cette condition et y restreint son dessein d'appartenir à un ensemble de ce genre n'est pas intéressée » (De ce proverbe, etc., *apud Doctrine du Droit*, trad. cit., p. 344).

cette loi même, mais je l'y ajoute par un motif moralement suffisant. En effet, la raison ne peut nous prescrire un but final par aucune loi, sans nous promettre en même temps, quoique d'une manière incertaine, la possibilité de l'atteindre, et sans autoriser par là notre croyance dans les seules conditions qui nous permettent de concevoir cette possibilité. C'est ce qu'exprime le mot *fides* ; mais l'introduction de cette expression et de cette idée particulière dans la philosophie morale peut paraître suspecte, parce qu'elles viennent du christianisme, $_{P128}$ et on pourrait ne voir dans l'emploi de ce mot qu'une flatteuse imitation de sa langue. Mais ce n'est pas le seul cas où cette religion, si admirable et si simple, a enrichi la philosophie de concepts moraux plus déterminés et plus purs que ceux que celle-ci avait pu fournir jusque-là, mais qui, une fois mis dans le monde, sont *librement* approuvés par la raison, et acceptés comme des concepts qu'elle aurait pu et dû trouver et introduire elle-même » [1].

Seulement la raison qui a traversé la foi et qui semble s'être retrouvée en elle, par rapport à laquelle, en effet, le savoir serait inadéquat (à moins qu'elle ne soit adéquate au savoir) a cessé d'être l'activité immanente au dynamisme de l'intelligence. Aux *postulats de la pensée empirique*, qui seuls permettent de fonder en vérité l'affirmation du possible, du réel, du nécessaire, s'opposeront les *postulats de la raison dialectique*, qui ramènent avec l'idéal du souverain bien la foi en l'existence de Dieu et en l'immortalité de l'âme. Mais il est à craindre — et cela dans la mesure même de la valeur que Kant devait apporter à sa propre réfutation de la psychologie et de la théologie rationnelles — que les concepts de l'âme et de Dieu ne se réintroduisent dans son œuvre que comme des épaves renflouées à grand-peine. De loin elles peuvent faire illusion ; en réalité les trésors qui y étaient enfermés ont coulé définitivement, et la capacité d'en contenir de nouveaux n'existe pas.

De là l'embarras où Kant s'est mis lui-même, où il a en tout cas engagé ses interprètes et qui a été admirablement décrit par le plus profond de ses historiens : « Kant, lorsqu'il s'est émancipé de l'influence de l'école wolffienne, a commencé par reconnaître que le *fait* de l'expérience et le *fait* de la vie morale doivent être pris en considération pour eux-mêmes et être restitués dans tout leur

---

1 *Méthodologie du jugement téléologique*, trad. Barni, 1846, t. II, p. 107.

sens ; mais, ayant admis ensuite que ces deux faits tiennent leur vérité de la raison qu'ils enveloppent, il a lié cette raison à la Raison absolue sur laquelle s'étaient fondées les métaphysiques ; dans cette liaison (demande Victor Delbos) quelle a été la part de l'influence de la Raison transcendante sur la raison immanente, ou inversement de la raison immanente sur la Raison transcendante ? » [1].

Or, que la question reste ainsi posée, sous cette forme « baroque » dans la double acception du mot, où une même faculté paraît coupée en deux et opposée à elle-même, cela ne $_{p129}$ signifie-t-il pas que le dogmatisme de la théologie kantienne survit à l'exigence du scrupule critique ? « Sans la croyance à la vie future on ne peut concevoir aucune religion » [2]. Et le Dieu qui est le garant de l'immortalité de l'âme recouvrera subitement ce caractère de bonté intrinsèque qui semblait avoir été un temps effacé par le rigorisme de l'impératif catégorique. Tout en maintenant que la crainte précède l'inclination dans le sentiment du respect, comme la répulsion précède l'attraction dans l'équilibre du monde newtonien, Kant veut que le dernier mot reste à l'amour. « Si, malgré tant de contraintes extérieures, tant de changements d'interprétation, le christianisme garde toujours son prestige, s'il a repoussé les assauts d'une opposition à laquelle il aurait dû succomber, s'il persiste, chose étonnante, à briller jusque dans le siècle le plus éclairé que l'humanité ait jamais connu, s'il peut se flatter enfin de conserver dans l'avenir l'affection des hommes, ce n'est que grâce au charme de son amabilité. Ne perdons jamais de vue ce point capital » [3].

XXXIII. — En fin de compte, aux deux perspectives inverses de la *raison analytique* et de la *raison dialectique* correspondent les deux conceptions inverses du christianisme qu'avait suggérées à Kant une éducation à la fois piétiste et wolffienne.

La substitution de l'influence kantienne à l'influence leibnizienne aura donc pour effet de transformer, dans le courant général de la pensée germanique, un éclectisme caractérisé par une tentative de convergence universelle en un éclectisme de type divergent et

---

[1] La philosophie pratique de Kant, 1907, p. 61.
[2] *Religion*, trad. cit., p. 151.
[3] La fin de toutes choses, 1794, apud KANT, Pensées successives sur la Théodicée et la Religion, trad. Paul FESTUGIÈRE, 1931, p. 177.

centrifuge qui évoque le souvenir de l'augustinisme. D'un côté, Kant est sur la voie qui mènera de Leibniz à Hegel, comme saint Augustin figurait sur la voie qui conduit de Platon à Malebranche ; et d'un autre côté Schleiermacher trouvera dans Kant le thème de l'indépendance de la foi par rapport à la raison, que Pascal avait repris de l'*Augustinus*. Ce n'est pas assez dire encore : le génie de Kant l'entraîne à construire les divers systèmes qu'il est possible d'imaginer pour relier l'une à l'autre les attitudes extrêmes ; et, sans s'y arrêter, il dessine ainsi les lignes maîtresses des doctrines qui se développeront au cours de la période romantique et qui ne cesseront jusqu'à nos jours de gouverner la pensée allemande.

L'intuition, commune à Schelling et à Schopenhauer, de $_{P130}$ l'unité entre les créations de la nature et les créations de l'art est constamment présente à travers la Critique du jugement. La finalité du monde se trouve comme justifiée lorsqu'elle est considérée du point de vue de la destinée humaine, par ce qu'elle laisse transparaître d'une vocation supra-sensible. Et de cette vocation, nous avons le sentiment plein dans l'expérience de la contemplation esthétique, où tout se passe comme si nous avions atteint le but de la connaissance sans effort d'analyse et sans détermination, le but de l'action sans souci ni des moyens ni des conséquences. Il y a dans le beau une vertu de désintéressement qui en fait le symbole de la moralité, qui se manifeste avec plus de force encore par le spectacle du sublime, fût-il lié « à la tristesse, que provoque la réflexion sur le mal que les hommes se font à eux-mêmes »[1].

Cette même apologie d'une nature en marche vers la grâce préside à la philosophie kantienne de l'histoire, anticipant de la façon la plus précise et la plus saisissante le rythme de la construction hégélienne. Il suffit de rappeler dans la *Critique de la raison pure* l'ordonnance ternaire du tableau des jugements et des catégories. D'autre part, c'est bien de Kant que Hegel tiendra l'imagination d'un plan caché de la nature, d'un « machiavélisme » bienfaisant, qui travaille en apparence contre l'individu afin de servir l'intérêt des générations futures : « L'homme veut la concorde, mais la nature sait mieux ce qui est bon pour l'espèce ; elle veut la discorde. L'homme veut vivre à l'aise et satisfait ; mais la nature veut

---

1 *Critique du jugement*, trad. cit., t. I, p. 196.

qu'il sorte de l'indolence et de l'état de contentement inactif » [1]. Le jeu de forces contraires qui équilibre les mondes dans l'espace permet tout au moins d'entrevoir les conditions qui doivent amener l'harmonie dans le temps. De la sauvagerie de la guerre, de la menace liée perpétuellement aux préparatifs en vue de la guerre, sort l'idée sublime d'une organisation universelle de la paix dans l'*Essai* qui sera pour le président Wilson un livre de chevet. L'éclat de la Révolution française est aux yeux de Kant l'annonce du moment où la constitution d'une société *juridico-civile* prépare l'avènement de la société *éthico-civile*, qui ne serait rien de moins que le royaume de Dieu.

Seulement, Kant, qui aurait pu être Schelling ou Hegel, a décidé de n'être ni l'un ni l'autre. Le « jugement de réflexion » qui déborde le « jugement déterminant », les *Conjectures* sur les [P131] origines de la culture humaine et l'avenir de la civilisation terrestre, se meuvent encore dans un cercle de perspectives et de reflets ; ce sont des variations sur le thème du temps. Et, suivant l'interprétation que l'*Esthétique transcendantale* a donnée de sa relativité, le temps s'interpose entre nous et la réalité profonde, non pas seulement la réalité située en dehors de nous, mais celle-là même qui nous apparaît toute proche et tout intime, la réalité de l'âme. L'être, notre être, c'est quelque chose qui par définition même ne peut pas nous être donne, mais sans lequel rien ne nous serait donné. Kant s'est vanté de « retourner le jeu de l'idéalisme » en liant dans l'*Analytique* l'idéalisme transcendantal au réalisme empirique. Or, c'est de cet idéalisme transcendantal lui-même qu'il finit par renverser la position lorsqu'il le présente *dialectiquement* comme la contrepartie d'un réalisme *métempirique*, réfugié dans le mystère de l'équivoque et de l'inconnaissable. Depuis Kant, d'ailleurs, Renouvier et Husserl nous ont familiarisés avec le spectacle de *phénoménistes* qui ne peuvent pas se résigner à la vérité de leur propre *phénoménologie*. Le je ne sais quoi qui est derrière les accidents (selon la remarque de Locke à laquelle se réfère expressément la *Critique du jugement* [2] rentre en scène par cette déclaration ingénue, qu'on pardonnerait à tout autre qu'à l'auteur de la *Critique de la raison pure* : « Du moment qu'on parle d'un phénomène, il faut qu'il y ait

---
1 Idée d'une histoire universelle au point de vue cosmopolitique (1784), IV, trad. apud DELBOS, La philosophie pratique de Kant, p. 277.
2 Dialectique du jugement esthétique, trad. cit., t. I, p. 335.

quelque chose, *etwas*, qui apparaisse » [1]. Revanche du *substantif* sur le *verbe*, à la faveur de laquelle vont se réintroduire dans la pensée kantienne les complaisances ruineuses du préjugé dogmatique.

Le sens du *transcendantal* a donc changé du tout au tout ; l'idéalité du temps tourne au profit de l'absolu qui dans son essence est intemporel. Sans doute Kant a bien soin de nous mettre en garde contre cette imagination banale d'un prétendu transfert du temps à l'éternité, qui se produirait à un moment donné, au moment qui suit la mort de l'individu, puisqu'alors « l'homme ne sortirait pas du temps, il ne ferait toujours que passer d'un temps à un autre » [2]. Évidemment l'intemporel doit être contemporain de tous les temps, *raison déterminante et non déterminable* [3], perpétuellement présente à chacun des actes d'intelligence et de décision qui se déroulent dans le devenir. L'*expectatio futurorum*, l'attente ici-bas de la « cité de Dieu », s'efface devant l'*extensio ad superiora*, c'est-à-dire devant [P132] l'élévation à l'éternité, sur le plan, non plus de la nature ou de l'histoire, mais de la religion.

XXXIV. — Vers la fin de sa carrière Kant aborde directement le problème d'une critique de la religion pure ; il écrit les articles qui composeront la *Religion dans les limites de la simple raison*, et, lorsque la mort de Frédéric-Guillaume II l'eut délivré de la contrainte insupportable de la censure, il y ajoute des réflexions sur le *Conflit des facultés*.

Du point de vue où se place Kant, les Églises chrétiennes, particulièrement les Églises protestantes, offrent l'approximation la meilleure de la religion proprement dite, qui est nécessairement universelle et qui ne peut prescrire d'autre culte qu'un culte intérieur ; mais un *véhicule* contredirait à sa fonction s'il prétendait s'imposer, ou même se proposer, comme une *fin en soi*. La foi scripturaire a l'illusion de rencontrer, dans une révélation historique par son contenu comme par son origine, ce qui précisément ne doit pas s'étaler sur le plan contingent de l'histoire. Aussi est-elle perpétuellement menacée de rester asservie à la formule de la lettre, de tomber dans une « orthodoxie sans âme » ; ou bien elle tentera de

---

1 *Critique de la raison pure*, préface de la seconde éd. (1787).
2 *La fin de toutes choses*, trad. cit., p. 161.
3 *Critique de la raison pure*, trad. cit., t. II, p. 154.

s'échapper par les envolées d'enthousiasme que se refuse la probité sévère du génie kantien [1]. Dès lors, le dogme va se dépouiller de la lettre à laquelle s'attachent les théologiens en tant que « fonctionnaires » d'une Église, pour prendre une signification intime et spirituelle que l'homme n'aurait sans doute pas pu conquérir s'il n'avait emprunté le détour de l'histoire et de la révélation : « L'on peut bien accorder que, si l'Évangile n'avait pas précédemment enseigné les lois morales universelles dans toute leur pureté, la raison jusqu'ici ne les aurait pas saisies dans une telle perfection ; toutefois, *maintenant qu'elles sont données*, on peut convaincre chacun par la seule raison de leur exactitude et de leur validité » [2].

Au même titre que les visions fantastiques de Swedenborg, que l'intuition pseudo-rationnelle de Jacobi, Kant écartera les illusions du piétisme. « Ce n'est pas le mépris de la piété qui a fait du nom de piétiste un nom de secte (auquel se joint toujours un certain mépris), mais la prétention imaginaire et orgueilleuse, malgré toutes les apparences de l'humilité, de se distinguer comme enfants du ciel, jouissant d'une faveur surnaturelle » [3].

La philosophie, et spécialement la philosophie critique, a donc un devoir à remplir, dont la Faculté de philosophie s'acquittera vis-à-vis de la Faculté de théologie, comme vis-à-vis de la Faculté de Droit ou de Médecine, « non pas (écrira Kant), pour renverser leurs théories, mais simplement pour faire obstacle à la vertu magique que la superstition du public leur attribue, ainsi qu'aux observances qui s'y rattachent » (*ibid.*, p. 31).

Pour Kant donc, la règle du discernement demeure d'ordre proprement spirituel. « La bonne voie n'est pas d'aller de la justification par la grâce à la vertu, mais de la vertu à la justification par

---

1 *La religion dans les limites de la simple raison*, classe méthodiquement les formes d'égarement auxquelles donne lieu la présomption d'un privilège mystique :
1° Prétendue expérience interne (effets de la grâce), fanatisme ;
2° Soi-disant expérience extérieure (miracles), superstition ;
3° Lumières extraordinaires que l'on attribue à l'entendement par rapport au surnaturel (mystères), illuminisme (illusion d'adeptes) ;
4° Tentatives téméraires d'agir sur le surnaturel (moyens de grâce) thaumaturgie (trad. cit., p. 62).
2 Lettre de Kant à Jacobi, du 30 avril 1789, citée *apud* Delbos, *La philosophie pratique de Kant*, p. 686, n. 4.
3 *Conflit des facultés* (1798), trad. cit., p. 67, n. 1.

la grâce »¹. Elle fournit le principe d'une exégèse qui nous permet de recueillir, dépouillé de tout élément parasite et perturbateur, ce que l'Écriture nous apprend de la religion. Kant précise hardiment : « La peine que nous prenons à découvrir dans l'Écriture un sens qui soit en harmonie avec les enseignements *les plus saints* de la raison, n'est pas seulement permise ; elle doit même être considérée plutôt comme un devoir » (*ibid.*, p. 99).

Ainsi la transmission du péché, en tant qu'elle passe par-dessus les limites infranchissables de la conscience, qu'elle détruit l'autonomie de la personne, est un scandale, mais qui disparaît quand on en ramène le récit à la déclaration figurée du *mal radical* avec lequel nous venons au monde et dont l'origine se rapporte au *choix intemporel* de notre *caractère intelligible*².

Sous sa forme positive, le christianisme est l'expression nécessairement phénoménale d'un christianisme éternel. « Le christianisme, c'est l'idée de la religion qui d'une façon générale doit être fondée sur la raison, et être en cette mesure naturelle »³. Il n'est donc pas surprenant que plus d'un contemporain de Kant ait, à son propos, parlé de Lessing ou même de Spinoza. Kant a protesté. Le rationalisme qui se dégage de ce christianisme idéal, c'est un rationalisme, non métaphysique, mais moral, ou plus exactement *métamoral*, attaché, par-delà l'intention stricte du respect pour la loi du devoir, à l'idéal du souverain bien qui implique une conversion du pessimisme initial en un optimisme définitif. Et cette victoire du principe du bien, auquel l'Écriture donne la forme imagée du Fils de Dieu, il n'est pas sûr que nous puissions en attendre sincèrement l'avènement si nous n'avons à compter que sur nos propres forces. « Quand la conduite personnelle ne suffit pas à justifier l'homme devant sa propre conscience (jugeant sévèrement), la raison est autorisée à admettre au besoin avec confiance un complément surnaturel de son intégrité déficiente (même s'il ne lui est pas permis

1 *Religion*, trad. cit., p. 248.
2 Au souvenir du mythe platonicien se joint ici sans doute l'évocation de la pensée leibnizienne, dégagée, il est vrai, de l'armature proprement *monadologique*. « Selon le système de l'harmonie préétablie l'âme trouve en elle-même, et dans sa nature idéale antérieure à l'existence, les raisons de ses déterminations, réglées sur tout ce qui l'environnera. Par là elle était déterminée de toute éternité dans son état de pure possibilité à agir librement, comme elle fera dans le temps, lorsqu'elle parviendra à l'existence. » (*Théodicée*, III, p. 323).
3 *Conflit des facultés*, trad. cit., p. 49.

de déterminer en quoi il consiste) » (*ibid.*, p. 48). Et par là, en effet, nous pourrions conclure l'examen de la pensée kantienne s'il nous était permis de nous borner à enregistrer le consentement de la raison pour cette subordination de la connaissance spéculative à la foi pratique, si nous ne nous heurtions pas inévitablement à une difficulté, à une impossibilité, qui remonte plus haut que le mystère de la foi, qui est liée à la manière même de poser le problème dont précisément la foi est censée nous apporter la solution. Puisque le dépouillement et la régénération du vieil homme sont conditionnés par la rencontre, dans le cœur du chrétien, de l'*Adam éternel* et du *Jésus éternel*, par la substitution de celui-ci à celui-là, comment échapper à l'évidence qu'un tel événement implique cet *avant* et cet *après* qui sont à la racine même du temps, et qu'il est assurément contradictoire de laisser réapparaître dans l'intemporel ?

XXXV. — En nous attardant ainsi à suivre la pensée kantienne dans les détours du labyrinthe où elle s'est engagée, nous avons essayé de saisir le secret, non seulement de l'homme lui-même, mais de sa postérité. Les cinquante années de pensée allemande qui s'écoulent entre la publication de la *Critique de la raison pure* et la mort de Hegel, victime du choléra en 1831, sont peut-être les plus riches que le monde ait connues.

Et tout d'abord, il suffira de considérer la carrière de Fichte dans sa première période, pour nous convaincre que ce n'est pas une chimère de concevoir qu'après vingt-cinq siècles de développement et d'« enveloppement » l'humanité aurait enfin la force de dissiper les brouillards de la confusion éclectique, de constituer un réseau de notions qui ne prêtent plus à équivoque $_{P135}$ et à retournement. Le *moi* se définit à lui-même par le mouvement qui va, non de l'idée à l'âme, mais bien de l'âme à l'esprit, dans la conscience toujours plus claire et plus féconde d'une activité qui au-dedans se poursuit de jugement en jugement, qui se traduit au-dehors par la réalisation progressive d'un univers moral.

Les obstacles sont ôtés qui s'opposaient à une religion de pure immanence. Fichte, durant l'hiver 1797-1798, dit à ses étudiants d'Iéna : « Croire en Dieu, ce n'est pas affirmer l'existence de je ne sais quel être mystérieux et incompréhensible, c'est agir conformément au devoir... Telle est la religion dont bien peu d'hommes sont capables. Du moins ceux qui ont pu y parvenir ne se soucieront-ils pas d'une immortalité personnelle : ils ont en eux la source même de la vie éternelle ; ils communient avec cet Esprit infini et absolu, supérieur aux relations du temps et par rapport auquel le temps lui-même est posé. Ils comprennent que la perpétuité de l'existence individuelle, la seule dont la destruction semble préoccuper la plupart des hommes, que la vie future dans un autre monde qui serait faite à l'image de celui-ci, sont inadmissibles du moment que la mort anéantit tout ce qu'il y a en nous de sensible, de corporel, tout ce qui constitue et notre individualité et notre perception des choses » [1].

Mais Socrate rencontre à nouveau Euthyphron ; l'accusation d'*athéisme* se produit à l'abri de formules orthodoxes et avec l'appui des autorités officielles. Moment solennel de l'histoire, dont les contemporains ont saisi toute la signification. Lorsque Guillaume Schlegel demande à son frère de prendre la défense de Fichte, Frédéric lui répond qu'il prouvera de façon décisive quel est précisément le mérite de Fichte : *avoir découvert la religion*. Et la lettre qu'il rédige aussitôt dissipe toute équivoque sur le sujet du conflit. « Pour Fichte l'acte pur est ce qu'il y a de primitif et d'original, et l'existence en sort ; il soutient que la manière dont les philosophes jusqu'à présent sont partis d'une existence originellement donnée pour en déduire l'action est contraire à la raison. Toute existence est de l'ordre du fini et de la sensibilité ; seule l'action permet à l'homme de saisir l'infini et de conquérir droit de cité dans le monde supra-sensible. Par suite, le philosophe ne peut penser la Raison infinie autrement que dans son acte éternel, et constituée par cet acte même. Il ne peut en aucun cas lui attribuer faussement une existence extérieure à cet acte. D'un mot, le débat est entre l'Idéalisme et le Réalisme » (*ibid.*, p. 564).

Encore une fois le voile ne se soulève que pour retomber presque immédiatement. Frédéric Schlegel ne publie pas la lettre qu'il avait manifesté l'intention d'adresser aux Allemands, par crainte sans doute d'indisposer le gouvernement de Saxe-Weimar, qui avait choisi le mauvais parti, en particulier Gœthe, sacrifiant dans la circonstance sa vocation d'homme à son métier de courtisan. Frédéric Schlegel se réservera pour les aventures métaphy-

---

1 Trad. *apud* Xavier LÉON, *Fichte et son temps*, t. I, 1922, p. 519.

siques qui feront de lui un des artisans les plus brillants du mouvement de régression par lequel le XIXe siècle est ramené vers le Moyen Age.

Et le pis, c'est que Fichte lui-même se laissera peu à peu entraîner dans le sillage de disciples congénitalement réfractaires à la discipline rationnelle d'un idéalisme tout pratique. Il donnera le spectacle lamentable des glissements contre lesquels il avait commencé par les mettre en garde ; finalement il se trouvera contribuer à restaurer le crédit du mysticisme et de l'ontologie, à couvrir de l'autorité de l'idéalisme moral une métaphysique de l'histoire, évidemment téméraire et tendancieuse.

Un trait ajoute encore au paradoxe. Fichte, suivant la démonstration qu'a fournie Xavier Léon, son grand historien, de chacune des démarches intellectuelles qui ont suivi l'*Accusation d'athéisme*, n'avait rien voulu de cela. Il n'aurait accepté de parler un langage contraire en apparence à l'orientation première de son enseignement qu'afin de ne pas relâcher sa prise sur l'esprit de ses compatriotes. S'il se résigne au détour qui serait le seul moyen de les conduire au but, c'est que les circonstances tragiques où l'Allemagne se débattait alors imposaient à la conscience du philosophe le problème qui avait été celui de Platon devant les menaces qui s'accumulaient sur Athènes. Et la solution fut la même avec les mêmes conséquences. La pureté spirituelle de l'idéalisme pratique est à nouveau compromise ; la révolution critique n'aura d'autre effet que de préparer des armes d'une portée inédite pour le démon de l'éclectisme, qui s'épanouit jusque dans le « système des systèmes » que prétendra être l'hégélianisme. Ce qui était « foyer imaginaire », selon la perspective du jugement critique, se transforme en réalité absolue, dont les romantiques par un privilège d'élection n'hésitent pas à s'attribuer la vision immédiate.

XXXVI. — Chez Schelling déjà le génie refuse de se laisser désarmer par le goût. Puis on le verra s'éloigner de l'euphorie de l'*identité* pour se souvenir des théories de Jacob Bœhme, pour réintroduire en Dieu même le ferment d'inquiétude, la source _{p137} d'ambiguïté, que l'esprit germanique ne cesse de revendiquer comme inhérents à sa nature, que Hegel retrouve en lui-même à titre d'expérience vécue : « Si un bas reprisé vaut mieux qu'un bas déchiré, il n'en est pas de même de la conscience » [1]. Et voici que brusquement l'agitation d'une âme partagée entre le remords de la faute et la tentation du mal sans cesse renaissante, la mission rédemptrice de Jésus, médiateur entre l'infini et le fini, tout le mystère chrétien va s'éclairer et se justifier ; il revêtira une apparence de nécessité interne si l'on se reporte au système des catégories kantiennes. Thèses et antithèses se répondent et semblent s'opposer, mais ce n'est plus pour s'arrêter aux antinomies comme il arrive dans la critique, c'est, au contraire, pour provoquer la combinaison synthétique qui leur confère l'unité. Leibniz n'avait-il pas revendiqué pour la raison qu'elle trouve l'assurance de son plus merveilleux avancement dans les obstacles auxquels provisoirement elle se heurte ? « Je crois que ce qu'on dit ici pour blâmer la raison est à son avantage. Lorsqu'elle détruit quelque thèse, elle édifie la thèse opposée. Et lorsqu'il semble qu'elle détruit en même temps les deux thèses opposées, c'est alors qu'elle nous promet quelque chose de profond, pourvu que nous la suivions aussi loin qu'elle peut aller, non pas avec un esprit de dispute, mais avec un désir ardent, de rechercher et de démêler la vérité, qui sera toujours récompensé par quelque succès considérable » [2].

Hegel remplira le programme au-delà de ce qu'on aurait pu espérer. Qu'il s'agisse de logique ou d'histoire, de nature ou d'humanité, à travers la science et l'art, le droit et la religion, un même rythme de progrès se dessine, qui a, sinon la contradiction, du moins l'opposition pour ressort. Faudra-t-il donc dire que le problème est positivement résolu, que ce qui apparaissait comme étant par définition réfractaire à la raison est maintenant annexé à cette même raison pour en caractériser désormais le processus ? Hegel a réussi à en persuader ses contemporains, éblouis par l'ampleur de son œuvre, l'harmonie de l'ensemble, la richesse et la précision des détails. Et cependant, examinée de sang-froid, elle laisse ses commentateurs les plus pénétrants incertains de sa signification intrinsèque. Comme chez Gœthe l'affectation artificielle et passionnée d'un culte *néo-classique* n'a jamais réussi à effacer, n'a peut-être fait qu'accentuer, *l'ultra-romantisme de Werther*, le primat proclamé par Hegel de la synthèse dialectique, l'appli-

---
1 Apud Jean WAHL, Le malheur de la conscience dans la philosophie de Hegel, 1929, p. 73.
2 Théodicée, Discours de la conformité de la foi avec la raison, § 80.

cation laborieuse à en dérouler, coûte que coûte, l'uniformité systématique, recouvrent superficiellement ce fond d'irrationalisme que la publication des inédits de jeunesse montre à l'origine de sa recherche et qui demeure irréductible après l'analyse de son enseignement oral ou écrit. De même que l'« intelligibilité » de Kant, et que, plus tard, la « positivité » d'Auguste Comte, le dénouement que Hegel propose aux antinomies de la science, aux tourments de la conscience, aux obscurités du dogme, n'emprunte son allure satisfaite qu'à un vice de sa constitution verbale. Φάρμακον, en grec, servait à désigner d'un mot unique le remède et le poison. Telle la solution par l'*Aufhebung* [1], qui a la double vertu de *supprimer* et de *conserver*, d'*abolir* et d'*accomplir*, qui souffle en même temps le froid et le chaud. N'est-ce pas le philosophe lui-même qui confesse la collusion de sa pensée avec le génie même de l'idiome national, dans le passage bien connu de la Préface de la *Logique* ? « C'est un avantage pour une langue de posséder une richesse d'expressions logiques, surtout si elles lui sont propres et si elles sont bien à part, pour désigner les déterminations de la pensée elle-même. A cet égard, la langue allemande présente maints avantages sur les autres langues modernes ; plusieurs de ses mots offrent même, en outre, cette particularité qu'ils ont des significations, non pas seulement différentes, mais opposées, si bien qu'il est impossible de ne pas reconnaître là un esprit spéculatif de la langue ; et c'est une joie pour le penseur de tomber sur de pareils mots, et de trouver que la réunion des contraires, résultat de spéculation qui est absurde pour l'entendement, y est réalisée d'une façon naïve par un vocabulaire où le mot a des significations opposées » [2].

Le « secret de Hegel » est dévoilé par le Sphinx lui-même. Dès lors, quelle que soit la valeur esthétique et suggestive de tant de développements qui attestent la plus rare vocation de métaphysicien, on demeure arrêté par la question préalable devant ce dédain

---

1 Cf. Lequier, *Prescience et liberté* : « Notre siècle a été témoin d'une incomparable prouesse dans la pensée humaine. Un chef d'école, qui a porté le courage de l'absurde jusqu'à l'héroïsme, a rencontré dans une bizarrerie de la langue allemande toute une révélation ; il a distingué, il a mis à part, il a admiré un mot à double sens qui signifie tout à la fois *poser* et *enlever*. Ce mot est devenu le fondement sur lequel il a construit un système » (*Revue de Métaphysique*, 1933, p. 133).
2 Cf. Koyré, Note sur la langue et la terminologie hégéliennes (Revue philosophique, nov.-déc. 1931, p. 422).

de ce qui fait pourtant la sauvegarde et la dignité de l'homme, le discernement méthodique du faux et du vrai : une ~p139~ fois déserté le « siège magistral » du jugement, l'appel à la faculté qu'on se plaît encore à décorer du nom de raison est-il autre chose qu'une illusion et une dérision ? La dialectique pseudo-logique de Hegel n'est-elle pas logée à la même enseigne que l'intuitionnisme sentimental de Jacobi [1] ? Nous n'aurons, pour répondre, qu'à recueillir la leçon de l'histoire.

Il semble, en effet, que l'ironie supérieure, qui est l'essence même du romantisme, préside à la destinée de la pensée hégélienne. Un Descartes se corrige ; un Hegel se renverse. *Mais les antihégéliens demeurent marqués du sceau hégélien, aussi éloignés de leur maître commun qu'ils le seront l'un de l'autre*, tels Sören Kierkegaard et Karl Marx. « Dans sa révolte chrétienne contre ce qui existe, Kierkegaard se rencontre avec la révolte absolument non chrétienne de Marx, tous deux s'opposant à la conciliation hégélienne » [2]. Avec Schopenhauer et avec Nietzsche, l'influence de l'Orient intervient pour précipiter la transmutation brusque des valeurs ou, plutôt encore, la confusion fondamentale des attitudes. « La philosophie dite *existentielle* (écrivait récemment M. Émile Bréhier) considère la réalité moins comme un objet en face d'un sujet connaissant que comme une existence dont le contact nous transforme, et, loin d'isoler en nous la faculté connaissante du reste de notre être, elle fait participer à la recherche philosophique l'individu tout entier avec ses réactions sentimentales et passionnelles devant les choses » [3].

La maîtrise de soi, qu'un Socrate, qu'un Montaigne nous demandaient de conquérir par la discipline de la réflexion, ne trouvera

---

1 M. Lévy-Bruhl a finement noté la modification du vocabulaire philosophique de Jacobi avant et après la *Critique de la raison pure* : « Quand il concevait la raison comme discursive, il y opposait cette certitude de *première main*, qu'il nommait croyance. Maintenant qu'il se représente la raison comme intuitive, c'est à elle-même qu'il attribue l'appréhension directe et spontanée de l'absolu. Rien n'est changé quant au fond de la doctrine. Jacobi combat toujours avec la même vivacité la *philosophie des lumières*. Seulement, au lieu de reprocher à cette philosophie de donner trop d'importance à la raison, il la blâmera désormais de lui en donner trop peu » (*La philosophie de Jacobi*, 1894, p. 57).
2 K. Löwith, L'achèvement de la philosophie classique par Hegel et sa dissolution chez Marx et Kierkegaard (Recherches philosophiques, IV, 1934-1935, p. 263).
3 Préface à la *Philosophie en Orient*, par M. Masson-Oursel, 1938, p. x.

plus crédit désormais. La vie se perdra dans les variations éblouissantes de M. Martin Heidegger sur la *delectatio morosa* que sans cesse renouvelle la perspective obsédante du néant. A la problématique simple, où l'homme souffre parce qu'il se sent incapable d'entrer en possession assurée de l'objet qu'il a en vue, se superpose la métaproblématique, l'homme ne pouvant $_{p140}$ plus être certain qu'il forme effectivement la pensée de quelque objet que ce soit lorsqu'il prononce un mot ou éprouve une émotion. Il ne peut jamais se garantir à lui-même qu'il a franchi le seuil du rêve [1]. La perpétuelle hésitation, à laquelle il se condamne ainsi, c'est ce par quoi serait *achevé*, c'est-à-dire *terminé* en même temps qu'anéanti, le mouvement « dialectique » auquel Leibniz et Kant ont pu servir de prétexte parce qu'ils se sont dérobés à la nécessité de prendre parti entre la réalité de l'activité rationnelle, que mieux que personne ils avaient mise en évidence, et cette chimère d'une raison « non humaine », qu'ils avaient héritée de leur enfance et à laquelle ils ne sont demeurés que trop fidèles.

B) Le positivisme français

XXXVII. — Le mouvement de synthèse et d'éclectisme qui s'est développé dans l'Allemagne de Hegel se retrouve dans la France du XIXe siècle avec l'œuvre d'Auguste Comte, mais transposé dans le domaine, ou en tout cas dans le langage, de la science positive, et par là répondant aux conditions particulières des rapports entre la pensée française et l'institution religieuse.

Le XVIIe siècle, malgré son apparence de majesté classique, d'unanimité apparente, est un siècle de controverses perpétuelles. Controverses d'abord sur le terrain de la science spéculative, non seulement entre Anciens et Modernes, mais entre Modernes eux-mêmes : Descartes se heurte à l'hostilité des Gassendistes, Fermat, Roberval, les deux Pascal ; Bossuet se rencontre avec Leibniz pour considérer le cartésianisme comme un simple accident de l'his-

---

1 « Si on m'interroge sur ma croyance (écrit M. Jean WAHL pour définir l'attitude religieuse de M. Jaspers), je ne puis que répondre : *Je ne sais pas si je crois.* » Et M. WAHL ajoute en note : « Cf. la théorie de la croyance chez Kierkegaard et également chez Miguel de Unamuno ; cf. aussi la théorie de la croyance dans le *Journal métaphysique* de Gabriel MARCEL»(*Études kierkegaardiennes*, 1938, p. 538).

toire et pour souhaiter également que le siècle sache y mettre fin. Seulement, tandis que Leibniz demande à une mathématique et à une physique plus riches et plus raffinées que la mathématique et la physique de Descartes, le moyen de rétablir, sur des bases plus solides et plus vastes à la fois, l'édifice ébranlé de la métaphysique péripatéticienne, Bossuet se flattera de n'avoir retenu de Descartes que les choses « utiles contre les athées et les libertins », celles-là mêmes (ajoute-t-il) que j'ai « trouvées dans Platon et ce que j'estime beaucoup plus, dans $_{P141}$ saint Augustin, dans saint Anselme, quelques-unes dans saint Thomas et dans les auteurs orthodoxes, aussi bien, ou mieux expliquées que dans Descartes... Pour les autres opinions de cet auteur qui sont tout à fait indifférentes, comme celle de la physique et les autres de cette nature, je m'en amuse, je m'en divertis dans la conversation ; mais, à ne vous rien dissimuler (conclut-il, s'adressant à Huet appelé à l'évêché d'Avranches) je croirais un peu au-dessous du caractère d'un évêque de prendre parti sérieusement sur de telles choses »[1]. Bossuet rejoint ici Pascal dont Port-Royal publiait cette *Pensée chrétienne* : « Je trouve bon qu'on n'approfondisse pas l'opinion de Copernic ; mais il importe à toute la vie de savoir si l'âme est mortelle ou immortelle... » (XXVIII, 19). Et ailleurs : « Quand un homme serait persuadé que les proportions des nombres sont des vérités immatérielles, éternelles et dépendant d'une première vérité en qui elles subsistent et qu'on appelle Dieu, je ne le trouverais pas beaucoup avancé pour son salut » (*1re copie*, p. 228, fr. 556).

Toutefois, nous savons que Pascal avait aussi écrit : « Commencer par plaindre les incrédules, ils sont assez malheureux, par leur condition. Il ne les faudrait injurier qu'en cas que cela leur servît : mais cela leur nuit » (f° 25, fr. 189). Si charitable que pût paraître une telle condescendance, Bossuet la jugeait indigne de lui. Rien de plus significatif à cet égard, et dont la méditation soit plus utile, que de rappeler sur quel ton et de quels traits, au cours du *Troisième Sermon pour la Fête de tous les Saints* prêché devant le roi à Saint-Germain (sans doute en 1669), Bossuet prétend accabler l'auteur des *Essais*, catholique pratiquant, qui fait « conscience de manger de la viande le jour de poisson »[2], mais chez qui la liberté

---

[1] Lettre du 18 mai 1689, *Correspondance*, t. IV, p. 19.
[2] *Essais*, III, XIII, édit. STROWSKI-GEBELIN, t. III, 1919, p. 412.

du langage laisse soupçonner la liberté de l'esprit. « Un Montaigne, je le nomme, tout infatué de belles sentences... qui préfèrent les animaux à l'homme, leur instinct à notre raison. Mais, dites-moi, subtil philosophe, qui riez si finement de l'homme qui s'imagine être quelque chose, compterez-vous encore pour rien de connaître Dieu ? » Et voici comme le morceau se poursuit : « Homme sensuel qui ne renoncez à la vie future que parce que vous craignez les justes supplices, n'espérez plus : non, non, n'espérez plus, voulez-le, ne le voulez pas, votre éternité vous est assurée. Et certes, il ne tient qu'à vous de la rendre heureuse ; mais, si vous refusez ce présent divin, une autre éternité vous attend ; et vous vous rendez digne d'un mal éternel, ₚ₁₄₂ pour avoir perdu volontairement un bien qui le pouvait être. »

Paroles terribles ; et, cependant, si l'ombre de Montaigne a pu être éveillée par leur écho, nous imaginons sans peine quelle occasion de revanche Bossuet lui-même ménage à sa victime. Le sermon a été prononcé devant Louis XIV, au moment le plus aigu de la rivalité qui met aux prises les deux maîtresses en titre ; et Bossuet, à qui rien n'est caché des secrets de la cour, se croit assuré de remplir son devoir d'orateur parlant au nom du Christ dans la « chaire de vérité », lorsqu'il termine par cette anticipation emphatique : « Nous vous verrons toujours roi, toujours auguste, toujours couronné, et en ce monde et dans l'autre. »

Quel Dieu ratifiera une aussi étrange répartition de la grâce et de la disgrâce ? C'est sans la moindre ironie certes, et du point de vue même de Montaigne, c'est dans une profonde et sincère sympathie, qu'il conviendra toujours de considérer la tradition d'espérance qui cherche à consoler du deuil le plus cruel par la perspective d'une réunion ultra-terrestre. Il n'est cependant pas interdit de nous demander comment Bossuet, qui devait être désigné pour la *Profession de foi* de Mlle de La Vallière et pour l'*Oraison funèbre* de la reine Marie-Thérèse, confident tour à tour de Mme de Montespan et de Mme de Maintenon, pourrait satisfaire la curiosité légitime de ce Montaigne qu'il voue d'un coeur léger à la damnation sans fin, et lui dépeindre en images précises la vie future du souverain à qui sa naissance garantirait un droit de béatitude éternelle. Dans quelle constellation montrera-t-il Louis XIV appelé à prendre place sur son trône céleste ? Laquelle de ses femmes aura le privilège de siéger à sa droite ? Laquelle retrouvera-t-il à sa gauche ?

La réplique pourrait aller encore plus loin. Est-il certain que le Dieu dont Bossuet agite les foudres soit un Dieu né du christianisme ? Ne suffirait-il pas que l'auteur des *Essais* recueillît, parmi tant de textes semblables, chez un de ses poètes favoris par exemple, les lignes où l'espérance et la menace apparaissent suspendues, quatre siècles avant Jésus-Christ, au mystère d'une initiation que l'Église prendra pour modèle et sur laquelle elle réglera sa dogmatique ? A travers Jésus, Bossuet ne s'est-il pas fait simplement l'écho d'une plus antique promesse ? « Trois fois heureux les mortels qui ont vu ces cérémonies avant de se rendre chez Hadès ; pour les autres, il n'y a que des maux » [1].

Si l'on croit à Bossuet, comment et pourquoi ne pas croire à Sophocle ? Toutes les mythologies se tiennent, croyances de peuples sauvages décrites par les explorateurs de continents jusque-là inconnus, ou histoires entre ciel et terre sur lesquelles les auteurs anciens ont exécuté tant de brillantes variations. Telle est du moins la thèse à laquelle Fontenelle consacrera le livre. *Sur l'origine des fables*, qui fait de lui un précurseur de l'anthropologie comparée au sens où on devait l'entendre à la fin du XIXe siècle [2]. Et Fontenelle trouve un public capable de l'entendre à demi-mot. Plus de prétexte pour quelque privilège d'exception en faveur de la foi chrétienne ; les oracles de l'Antiquité ne sont pas moins, et pas davantage, dignes d'être crus que les prophéties de l'Ancien Testament. Le siècle de Voltaire va succéder au siècle de Louis XIV.

Seulement, de Montaigne à Fontenelle, une différence est à signaler qui est d'une portée décisive. Pour Montaigne, la reprise de civilisation qui se manifeste chez les savants de la Renaissance par les spéculations mathématiques sur l'infini et par la redécouverte du système héliocentrique ne fournissent que des arguments à l'avantage du pyrrhonisme. Fontenelle est l'auteur des *Entretiens sur la pluralité des mondes*, et d'une *Géométrie de l'infini qui*, toute

---

1 Sophocle, fr. 719. Cf. Platon, Phédon, 69 *c* : « Quiconque arrive chez Hadès en profane et sans avoir été initié, celui-là aura sa place dans le Bourbier, tandis que celui qui aura été purifié et initié habitera, une fois arrivé là-bas, dans la société des Dieux. » Trad. Robin, p. 21.
2 Cf. J.-R. Carré, La philosophie de Fontenelle ou le sourire de la raison, 1932, pp. 134-135.

pleine qu'elle est d'audace et d'incorrections, laisse cependant entrevoir au loin l'horizon qu'abordera le génie de Georg Cantor.

Et chose remarquable, en ouvrant toutes grandes les portes de l'infini, en faisant fond sur la science pour redresser la perspective dans laquelle l'homme envisageait l'univers, Fontenelle suivait la voie que Pascal avait frayée. Louis de Montalte n'avait-il pas magnifiquement vengé Galilée dans le passage des *Provinciales* où il peignait les juges du Saint-Office entraînés malgré eux dans le mouvement de la terre, la main appuyée sur les textes sacrés ou profanes qui en avaient affirmé la fixité [1] ? Lorsqu'il entre dans la *Querelle des Anciens et des Modernes*, Fontenelle développe ce que Comte appellera l'*aphorisme de Pascal* : « Par une prérogative particulière, non seulement chacun des hommes s'avance de jour en jour dans les sciences, mais tous les hommes ensemble y font un continuel progrès à mesure que l'univers vieillit, parce que la même chose arrive dans la succession des hommes que dans les âges différents d'un particulier. De sorte $_{P144}$ que toute la suite des hommes, pendant le cours des siècles, doit être considérée comme un même homme qui subsiste toujours et qui apprend continuellement : d'où l'on voit avec combien d'injustice nous respectons l'antiquité dans ses philosophes » [2].

Et ce n'est pas seulement dans le domaine profane que la δύναμις, la puissance d'autorité, cesse d'accompagner la πρεσβεία, la tradition d'ancienneté. La réserve que le XVIIᵉ siècle faisait encore en faveur de la théologie tombera d'elle-même sous le coup de controverses sans issue et sans merci. Tour à tour un Antoine Arnauld, un Malebranche, un Fénelon, sont relégués aux confins de l'hérésie ; ce qui met en évidence l'impossibilité de réconcilier entre eux les courants issus de l'augustinisme, avec cette conséquence d'ébranler le crédit de la métaphysique à laquelle Arnauld, Malebranche, Fénelon se référaient pour appuyer leur interprétation de la foi. Or, ceci n'est pas moins important que cela.

XXXVIII. — Quand la philosophie naturelle de Newton s'établit sur les ruines de la physique cartésienne, ce n'est plus à proprement parler un système qui se dresse en face d'un autre système comme

---

1 Cf. XVIIIᵉ Provinciale, *Œuvres* de Pascal, t. VII, p. 54.
2 Fragment de préface pour un traité du vide, *Œuvres*, t. II, p. 139.

jadis l'hypothèse épicurienne des atomes s'opposait au roman stoïcien du feu. La certitude positive du vide se substitue à l'imagination tourbillonnaire du plein ; l'objectivité du savoir scientifique, issue de la connexion entre l'analyse mathématique et le contrôle expérimental, est littéralement soustraite aux divergences des tempéraments et des opinions, si bien que le nom propre du créateur peut disparaître pour ne plus laisser subsister que la découverte elle-même. Voltaire écrivait à Clairaut : « Je suis fâché que vous désigniez par Newtoniens ceux qui ont reconnu la vérité des découvertes de Newton. C'est comme si on appelait les géomètres Euclidiens ; la vérité n'a point de nom de parti. L'erreur peut admettre des mots de ralliement, les sectes ont des noms, et la vérité est la vérité » [1].

Ces lignes sont d'autant plus utiles à méditer qu'il a fallu réintégrer l'épithète d'*euclidien* dans le langage de la géométrie afin de caractériser par là un type particulier de métrique, et que le système du monde, qui jadis avait cessé d'être *cartésien*, a cessé aujourd'hui d'être *newtonien* pour devenir *einsteinien*. Mais cela ne nous donnerait nullement, comme le voudrait un lecteur attardé de Montaigne, le droit de nier qu'en matière de science *la vérité soit la vérité*. Il s'en faut du tout au tout. Le progrès scientifique se reconnaît précisément à ce qu'il ne supprime rien de ce qu'il y avait de réellement solide, d'intrinsèquement consistant, dans l'édifice ancien ; il ne porte atteinte qu'aux infrastructures ou superstructures qui, avec l'apparence d'en rendre définitif et immuable le style architectural, en compromettaient effectivement l'équilibre.

Rien n'est plus significatif à cet égard que de reprendre, à presque deux siècles de distance, les exemples invoqués par Voltaire. L'établissement de la géométrie non euclidienne, non seulement a laissé intacte l'œuvre d'Euclide, mais il a fait évanouir la difficulté à laquelle la géométrie euclidienne s'est heurtée pendant des siècles lorsqu'elle a prétendu s'ériger en un système fermé sur soi où les postulats spécifiques de sa constitution seraient démontrés à titre de propositions nécessaires et exclusives. De même, il ne suffit pas de dire que la théorie de la relativité généralisée conserve la mécanique céleste de Newton à titre d'excellente approximation ; il faut

---

[1] Lettre de 1759, *apud* Dauphin MEUNIER, *Supplément littéraire du Figaro*, 21 mai 1910.

ajouter qu'elle surmonte le scandale de l'action à distance, signalé dès la première heure par Huygens et par Leibniz, et qui pesait comme une menace perpétuelle sur la positivité à laquelle Newton aspirait explicitement. Autrement dit, à chaque étape du développement des mathématiques et de la physique, l'esprit est tenté de mettre un terme à son inquiétude ; sur la base de la découverte récente s'établit donc une conception du monde et de la vie qui devait anticiper le cours des recherches futures. Et cependant il est toujours arrivé que ces recherches ont eu pour effet de briser les cadres dans lesquels on avait cru pouvoir enfermer l'essor du génie humain, auxquels on avait voulu borner l'horizon spatio-temporel ou la structure élémentaire de l'univers.

Le jugement de l'histoire se traduit par un discernement entre la fécondité du savoir proprement scientifique et une sorte d'inertie métaphysique qui en fixerait à jamais les contours, qui en amortirait l'élan, sous prétexte d'en déterminer les fondements.

A cet égard, le souvenir des quatre préceptes énumérés par le *Discours de la méthode* est particulièrement propre à nous instruire. La postérité a retenu les règles d'analyse et de synthèse qui doivent à leur relativité et à leur réciprocité leur valeur positive, leur capacité d'expansion illimitée, tandis qu'elle a laissé tomber en désuétude les prétentions dogmatiques à l'« évidence simple », au « dénombrement parfait », qui, aussi bien, ne $_{p146}$ s'énoncent chez Descartes que sous forme négative et qui précisément, par leur exigence d'absolu, ne pouvaient pas s'exprimer autrement.

Ce renversement de signe entre le relatif et l'absolu limite la part qui revient à l'inspiration cartésienne dans le XVIIIe siècle français.

Héritier de Fontenelle et de d'Alembert, Condorcet est le disciple et l'ami de Turgot. Le souffle de générosité, que suscite dans le rationalisme moderne la conscience enfin assurée du sens véritable de la vérité, anime l'*Esquisse d'un tableau historique des progrès de l'esprit humain*, un des livres les plus décriés, sans doute parce qu'il est aussi l'un des plus ignorés, de notre littérature. Et, en effet, si Condorcet développe le thème de sa confiance dans une perfectibilité indéfinie de l'espèce, cela ne signifie nullement que cette perfectibilité doive s'effectuer d'elle-même par un déroulement automatique, abstraction faite de l'effort de l'intelligence et de la tension du vouloir. Condorcet se flatte seulement d'en indiquer les conditions. Chez ce philosophe, qui a passé pour le type du chimérique, on trouvera l'indication la plus claire et la plus précise des services que le calcul des probabilités, devenu l'instrument favori des physiciens du XXe siècle, peut rendre pour soulager quelques-unes des incertitudes, des inégalités et des misères qui menacent les individus, les familles, les États. Théoriquement et pratiquement, la *mathématique sociale* de Condorcet va plus loin *dans la voie d'une stricte positivité* que les considérations encore abstraites et théoriques de la sociologie dite positiviste.

Et la religion éternelle, qui exclut tout calcul d'intérêt, tout retour d'amour-propre, s'est-elle jamais exprimée d'une façon aussi directe et pure que dans cette page finale où Condorcet s'applique à lui-même le thème que la *Vie de Turgot* [1] lui avait déjà suggéré ? « Combien ce tableau de l'espèce humaine, affranchie de toutes ses chaînes, soustraite à l'empire du hasard comme à celui des ennemis de ses progrès, et marchant d'un pas ferme et sûr dans la route de la vérité, de la vertu et du bonheur, présente au philosophe un spectacle qui le console des erreurs, des crimes, des injustices dont la terre est encore souillée et dont il est souvent la victime ? C'est dans la contemplation de ce $_{P147}$ tableau qu'il reçoit le prix de ses efforts pour le progrès de la raison, pour la défense de la liberté. Il ose alors les lier à la chaîne éternelle des destinées humaines ; c'est là qu'il trouve la vraie récompense de la vertu, le plaisir d'avoir fait un bien durable, que la fatalité ne détruira plus par une compensation funeste, en ramenant les préjugés et l'esclavage. Cette contemplation est pour lui un asile où le souvenir de ses persécuteurs ne peut le poursuivre ; où, vivant par la pensée avec l'homme rétabli dans les droits comme dans la dignité de sa nature, il oublie celui que l'avidité, la crainte ou l'envie tourmentent et corrompent ; c'est là qu'il existe véritablement avec ses semblables, dans un élysée que sa raison a pu se créer et que son amour pour l'humanité embellit des plus pures jouissances. »

Par-delà les apparences de la lettre, pour qui est sensible à la réalité intime de la foi, de l'espérance et de la charité, rien comme ces lignes, écrites dans des circonstances qui en redoublent l'émotion

---

[1] « Consolons-nous de ne pas être témoin de ces temps plus heureux, par le plaisir de les prévenir, d'en jouir d'avance, et peut-être par la satisfaction plus douce encore d'en avoir accéléré de quelques instants l'époque trop éloignée. » Éloge de Turgot, 1786, *apud* SEVERAC, *Condorcet, Introduction et textes choisis*, p. 23.

pathétique, n'est plus près de l'inspiration de l'Évangile. Et, cependant, parce que les autorités orthodoxes ont semblé prendre parti contre « les lumières », Condorcet voudra que la science et la raison soient aux antipodes du christianisme. A ses yeux, l'Église figurera l'ennemie du genre humain, qui met la superstition au service de la tyrannie. Ainsi se présente comme détaché de sa racine spirituelle, comme irréligieux et athée, le mouvement le plus généreux et le plus courageux pour réaliser ce qui avait été le rêve commun de Marc-Aurèle et de saint Augustin, l'avènement terrestre de la cité de paix, de justice et de fraternité.

Ce n'est pas tout : par une répercussion inévitable, les deux écrivains romantiques qui rendront au catholicisme son crédit dans les pays de langue française, prennent, au nom de leur foi, le contrepied des idées qui ont conduit le siècle à l'explosion révolutionnaire.

Joseph de Maistre emprunte à Voltaire le sarcasme de son pessimisme pour tourner en dérision l'idée par laquelle saint Paul a fait éclater les cadres du culte juif et proclamé la *vocation des Gentils*. Que devient cependant la « charité du genre humain », suivant l'expression sublime des Stoïciens, s'il n'existe un genre humain ? Or, dira Joseph de Maistre au passage central de ses *Considérations sur la France* (chap. VI), « il n'y a point d'*homme* dans le monde. J'ai vu, dans ma vie, des Français, des Italiens, des Russes ; mais, quant à l'*homme*, je déclare ne l'avoir rencontré de ma vie ». Et le cynisme d'un tel propos s'accompagne d'une sorte de sadisme lorsque de Maistre, reconnaissant qu'« il y a $_{P148}$ dans la Révolution française un caractère satanique qui la distingue de tout ce qu'on a vu et peut-être de tout ce qu'on verra », ose en conclure la marque d'une intervention divine : « Jamais l'ordre n'est plus visible, jamais la Providence n'est plus palpable, que lorsque l'action supérieure se substitue à celle de l'homme et agit toute seule. C'est ce que nous voyons dans ce moment... On ne saurait trop le répéter, ce ne sont point les hommes qui mènent la révolution, c'est la révolution qui emploie les hommes. On dit fort bien, quand on dit *qu'elle va toute seule*. Cette phrase signifie que jamais la Divinité ne s'était montrée d'une manière si claire dans aucun événement humain. Si elle emploie les instruments les plus vils, c'est qu'elle punit pour régénérer » (chap. Ier).

Et l'on sait quel appui de Bonald apporte à ces thèses singulières. Il met au centre de sa doctrine la notion de Verbe, mais avec un malheureux génie qui l'incite à en renverser la portée. Suivant l'enseignement mystérieux que lui révèle la théosophie, le langage précède la pensée, et, dès lors, assure le primat de la société sur l'individu. C'est déjà Auguste Comte que nous entendons lorsque, chez de Bonald, dès les premières pages de sa *Théorie du pouvoir politique et religieux dans la société civile, démontrée par le raisonnement et par l'histoire* (1796), nous rencontrons cette formule : « L'homme n'existe que par la société, et la société ne le forme que pour elle. »

XXXIX. — Turgot et Condorcet vont donc s'apparaître à eux-mêmes comme les adversaires, de Maistre et de Bonald comme les défenseurs, de la religion. Cette méprise réciproque commande le *porte-à-faux* en quelque sorte fondamental du XIXe siècle français, aggravé encore jusqu'à devenir irrémédiable par les événements qui suivent l'échec de la Révolution, qui amènent la restauration tour à tour bonapartiste et légitimiste.

« Le penseur qui fut d'abord épris de mathématiques au point de chercher la solution du problème social dans la gravitation et de confier l'autorité suprême à un comité de savants, et qui demande ensuite cette solution à l'étude dans le passé et dans le présent des faits sociaux, ce philosophe de la science et de l'histoire, devient fondateur de religion » [1]. Ce résumé saisissant de la vie et de l'œuvre de Saint-Simon pourra s'appliquer à Auguste Comte avec autant d'exactitude littérale. Or, si l'un et l'autre, après avoir commencé par faire fond sur la science pour occuper dans l'œuvre de régénération sociale la place de la foi désormais abolie, ont été conduits finalement, et suivant la même voie de retour, à proclamer l'insuffisance de l'analyse scientifique, la nécessité de recourir à l'institution d'un culte construit sur une base d'autorité, n'est-ce pas que chez tous deux, la science sous l'influence de l'École encyclopédique, la religion sous l'influence de l'École théocratique, étaient déjà comme déchargées des facteurs spirituels qui avaient présidé à leur développement et qui étaient seuls capables d'en faire comprendre la connexion essentielle, d'en assurer la fé-

---

[1] Charléty, *Histoire du saint-simonisme*, nouv. éd., 1931, p. 20.

condité ? Du moins nous expliquons-nous ainsi comment Saint-Simon et Auguste Comte ont pu, sans avoir l'impression qu'ils se déjugeaient, parler successivement deux langages contradictoires, et contribuer à créer dans l'histoire du XIXe siècle français une confusion et une interversion toutes semblables à celles qu'avait entraînées dans la pensée germanique l'irrémédiable implication chez Hegel des valeurs de raison et des valeurs irrationnelles.

Auguste Comte n'a pas vingt ans lorsqu'il rencontre Saint-Simon. Sans doute, « avant de connaître Saint-Simon, Comte existe, et déjà il existe puissamment »[1]. Mais l'effet de conversion est foudroyant. Disciple enthousiaste de la Révolution, il se détache, et il cherche à détacher son ami Valat, de la théorie du *Contrat social*, des *Droits de l'homme et du citoyen*[2]. On peut dire que la double carrière de Comte, la double destinée d'École et d'Église qui fut celle du positivisme comme elle l'avait été du pythagorisme, avec le flux et le reflux d'influences antagonistes qui en dérivent, tout cela est inscrit dans les lignes décisives de l'*Introduction aux travaux scientifiques du XXe siècle*, publiée en 1807 *lorsque Comte avait neuf ans* : « En lisant, en méditant les ouvrages de M. de Bonald, je me suis convaincu que cet auteur avait profondément senti l'utilité de l'unité systématique, puisqu'il s'était proposé pour but de démontrer à ses compatriotes que, dans l'état actuel des lumières, elle devait servir de base aux travaux scientifiques et littéraires. Je suis à cet égard entièrement de l'avis de M. de Bonald ; mais je ne partage pas son exaltation pour le déisme. Cette conception ne me paraît pas avoir le plus fort caractère unitaire. Ce caractère me paraît exclusivement affecté à l'idée de gravitation universelle »[3].

P150 Ainsi, le duel s'engage entre de Bonald et Newton ; et c'est de Bonald qui l'emporte. Après avoir quitté le voisinage de l'École Polytechnique pour se rapprocher de l'École de Médecine, Saint-Simon lègue à ses fidèles la mission de présider à l'avènement d'un *Nouveau christianisme* : « On a cru (déclare-t-il sur son lit de mort) que tout système religieux devait disparaître parce qu'on avait réussi à prouver la caducité du système catholique. On s'est trompé ; la religion ne peut disparaître du monde et elle ne peut

---

1 Henri Gouhier, La jeunesse d'Auguste Comte et la formation du positivisme, I. Sous le signe de la liberté, 1933, p. 232.
2 Lettre du 15 mai 1818, *Lettres d'Auguste Comte à M. Valat*, 1870, p. 53.
3 Apud *Œuvres choisies*, t. I, Bruxelles, 1859, p. 211.

que se transformer. »¹

A ce moment, il est vrai, la rupture est officiellement déclarée entre Auguste Comte et celui qu'il se défendra plus tard d'avoir eu pour maître. Non que le but de l'entreprise ait changé. Il s'agira toujours de mettre fin à l'interrègne spirituel qui a entraîné l'ascendant d'un esprit simplement *critique* et *négatif*, de rétablir sur une base *positive* la structure *organique* d'une société qui ne saurait impunément en demeurer privée. Seulement, une telle ambition ne sera satisfaite en réalité que si on a le courage de ne pas sacrifier à l'impatience des applications, à la générosité du cœur, les moyens d'assurer la solidité et l'objectivité de la base. Lorsque les Saint-Simoniens dénonceront la sécheresse d'une doctrine qui semble suspendre le destin de l'humanité à des spéculations purement intellectuelles, Comte répliquera : « Au lieu des longues et difficiles études préliminaires sur toutes les branches fondamentales de la philosophie naturelle, qu'impose directement la manière de procéder en science sociale, au lieu des méditations pénibles et des recherches profondes qu'elle exige continuellement sur les lois des phénomènes politiques (les plus compliqués de tous), il est beaucoup plus simple et plus expéditif de se livrer à de vagues utopies dans lesquelles aucune condition scientifique ne vient arrêter l'essor d'une imagination déchaînée » [1].

L'absence de résistance et de frein « dans ce monde des idées pures où on n'est jamais si habile à discourir, que parce *que l'on n'en sait rien* » [2], c'est aux yeux de Comte dans la première partie de sa carrière, comme aux yeux de Kant, le péché des théologiens et des métaphysiciens contre lequel les savants doivent être mis en garde. Avec fierté, avec noblesse, il réclame pour eux un détachement total à l'égard des conséquences qui découleraient de leurs recherches spéculatives : « Les savants, loin d'avoir à restreindre leur sentiment profond de la dignité théorique, doivent, au contraire, résister avec obstination à toutes les tentatives qui pourraient être faites, vu l'esprit trop pratique du siècle actuel, pour les réduire à de simples fonctions d'ingénieurs » [3]. Autrement

---

1 Lettre à Michel Chevalier du 13 janvier 1832, *apud* LITTRÉ, *Auguste Comte et la philosophie positive*, 1863, p. 195.
2 Critique de la raison pure. Antinomie de la raison pure, sect. III, tract. BARNI (1869), t. II, p. 84.
3 Considérations philosophiques sur les sciences et les savants, nov. 1825. Appendice

dit, puisque la science positive est, comme l'avait entrevu et proclamé Saint-Simon, un moyen en vue de l'action sociale qui demeure le but, il importe que ce moyen, s'il doit conduire effectivement au but, n'ait pas été à L'avance commandé, « informé », déformé par lui, qu'il remplisse, au contraire, cette condition première d'exister par soi, trouvant en soi le fondement de sa vérité intrinsèque.

Pourquoi Saint-Simon a-t-il fléchi, sinon parce que son singulier génie le portait à célébrer le culte de la science, tout en restant étranger au travail scientifique ? Comte, lui, est un mathématicien. Il sait qu'un théorème simplement énoncé n'est rien du tout : il n'a de titre valable pour exister qu'à partir du moment où il est démontré, où est intervenu le discernement du vrai et du faux. Engels disait, dans son *Anti-Dühring*, « que Saint-Simon avait manifesté une perspicacité géniale grâce à laquelle presque toutes les idées non spécialement économiques des socialistes ultérieurs, se trouvent chez lui en germe ». Comme le fait remarquer M. Charles Rist à ce propos [1], la réserve pour les idées spécialement économiques s'entend de la théorie marxiste de la *plus-value*, qui demeure d'ailleurs un sujet de discussion. Or, la même formule pourrait servir pour exprimer, d'une façon exacte et précise, le rapport de Saint-Simon et de Comte. Tout *ce qui n'est pas spécialement scientifique*, et qui à la fin se présentera comme directement *anti-scientifique*, dans l'œuvre de Comte, dérive de Saint-Simon. Il reste qu'Auguste Comte, au début du moins de son entreprise, s'est efforcé de construire un édifice dont l'attention à la science positive déterminerait l'équilibre.

XL. — La science positive se définit par l'emploi de l'analyse en tant que méthode d'objectivité universelle ; et, par là, l'inspiration maîtresse de Comte dérive expressément de Descartes, mais à la condition de chercher l'analyse cartésienne dans la *Géométrie*, et non dans le *Cogito* comme l'avaient fait Kant au point de vue épistémologique, Biran du point de vue psychologique. Toute réflexion d'ordre métaphysique sur les principes de la mathématique est inutile, dangereuse même. Elle ne fait qu'accumuler des

---

au quatrième volume du Système de politique positive, 5ᵉ éd., 1895, p. 173.
1 *Apud* Charles Gide et Charles Rist, *Histoire des doctrines économiques*, 3ᵉ éd., 1920, p. 267.

nuages autour de questions que la science a résolues de manière satisfaisante et définitive. « La nouvelle méthode géométrique instituée par Descartes a pour caractère essentiel, en isolant chaque condition d'un problème, de l'assujettir à une solution pleinement générale d'après une convenable réduction du concret à l'abstrait. La qualification d'*analytique* a surtout le mérite de rappeler, à ceux du moins qui s'en font une juste idée, un tel esprit fondamental que je ferai soigneusement ressortir en toute occasion opportune » [1].

L'harmonie, qui s'établit spontanément entre la rationalité abstraite de l'algèbre et la réalité concrète de la géométrie, se retrouve donc à tous les degrés de la systématisation que Comte poursuit de domaine en domaine. Elle se manifeste d'elle-même avec la *mécanique analytique* de Lagrange, la *physique analytique* de Joseph Fourier. Elle est consacrée par l'astronomie de Copernic qui aboutit au système de la gravitation universelle. « Aucune révolution universelle ne fait autant d'honneur à la rectitude naturelle de l'esprit humain » [2]. Dès 1820, dans sa *Sommaire appréciation de l'ensemble du passé moderne*, Comte écrivait : « Tout le système théologique est fondé sur la supposition que la terre est faite pour l'homme, et l'univers entier pour la terre : ôtez cette racine, et toutes les doctrines surnaturelles s'écroulent... L'Inquisition faisait bien son métier de gendarmerie du pouvoir spirituel en tâchant d'étouffer, à sa naissance, la théorie de Galilée » [3]. Et Comte reprend le thème dans le *Cours*. « Le germe réel de la différence élémentaire entre les deux grandes voies philosophiques, l'une théologique, l'autre positive » est que l'une prend « pour principe, dans l'explication des phénomènes du monde extérieur, notre sentiment immédiat des phénomènes humains ; tandis que, au contraire, la philosophie positive est toujours caractérisée, non moins profondément, par la subordination nécessaire et rationnelle de la conception de l'homme à celle du monde » (III, 270).

En biologie, de Blainville et Gall vont fournir à Comte l'appui que son entreprise réclame pour la réduction systématique du *concret* à *l'abstrait*, du *dynamique* au *statique*, en vérifiant dans le détail la correspondance de l'organisation anatomique et des fonctions

---

1 Traité élémentaire de géométrie analytique, 1843, p. 7.
2 Cours de philosophie positive, t. II, 1835, p. 171.
3 Appendice cité, p. 15.

vitales, même intellectuelles et morales. Il est donc possible de passer par-dessus le stade d'introspection psychologique où s'arrêtait l'idéologie, et de réserver la considération de la *dynamique* en tant que partie essentielle de la discipline qui étudie l'homme en société et qui recevra de Comte son appellation définitive, la *sociologie*.

Or, il suffit de réfléchir sur le moment où Comte aborde la science nouvelle, et sur la manière même dont il l'aborde, pour s'apercevoir qu'elle va se trouver, par là même, immédiatement constituée. Chez Descartes l'existence de la pensée est impliquée dans le doute auquel elle peut donner lieu ; de même, chez Comte, le progrès, qui s'est accompli dans la connaissance de la nature à travers les deux siècles de la civilisation moderne, assure le caractère original de la sociologie et lui fournit comme contenu essentiel la *loi des trois états*. Sans doute cette loi a-t-elle été déjà formulée par Turgot, précisée par le Dr Burdin dont Saint-Simon avait recueilli et très probablement transmis l'enseignement ; mais, ce qui appartient à Comte, c'est d'en avoir fait le tissu de la réalité sociale, et c'est cela qui l'autorise à la revendiquer comme sienne. Dans une lettre du 27 février 1825 à de Blainville, Auguste Comte « explique de la façon la plus nette l'idée génératrice de son système [1] : La conception de la politique comme physique sociale, et la loi que j'ai découverte sur les trois états successifs de l'esprit humain, ne sont qu'une seule et même pensée considérée sous les deux points de vue distincts de méthode et de science » [2].

Ainsi l'histoire se répond et elle se corrige d'elle-même. L'élément spécifique de l'humanité se trouve dans la progression spontanée de son devenir. La substitution d'un état à l'autre s'accomplit paisiblement, innocemment, par un simple effet de *désuétude* : « Personne, sans doute, n'a jamais démontré logiquement la non-existence d'Apollon, de Minerve, etc., ni celle des fées orientales ou des diverses créations poétiques ; ce qui n'a nullement empêché l'esprit humain d'abandonner irrévocablement les dogmes antiques, quand ils ont enfin cessé de convenir à l'ensemble de sa situation » [3].

C'est de cette victoire de la vérité, victoire sans violence, victoire

---
1 Lévy-Bruhl, *La philosophie d'Auguste Comte*, 3ᵉ éd., 1893, p. 11.
2 *Revue occidentale*, 1881, t. I, p. 288.
3 Discours sur l'esprit positif, 1844, p. 43.

sur la violence, pour l'avènement d'une humanité harmonieusement unanime, que Comte semble se borner à prendre acte ~P154~ lorsqu'il faisait la déclaration trop fameuse : « Il n'y a point de liberté de conscience en astronomie, en physique, en chimie, en physiologie, dans ce sens que chacun trouverait absurde de ne pas croire de confiance aux principes établis dans ces sciences, par les hommes compétents »[1]. Confiance que le savant mérite ; et, du fait qu'il la mérite, il n'aura plus besoin de l'imposer ; d'ailleurs, il est juste de remarquer que Comte réserve la liberté de la presse qu'il considère, en prophète aventureux, comme une conquête définitive des temps modernes.

Tel est, par-delà Comte, et, il convient d'ajouter immédiatement, en dépit de Comte, le positivisme qui sera l'une des conceptions dominantes du XIXe siècle. En lui s'épanouit ce qui avait été l'ambition des Encyclopédistes, canalisée et fécondée sous l'influence souveraine de Condillac et de ses grands disciples, Lavoisier et Lamarck, Cabanis et Sieyès. « Le moment (écrit Destutt de Tracy) où les hommes réunissent un grand fond de connaissances acquises, une excellente méthode et une liberté entière, est donc le commencement d'une ère absolument nouvelle dans leur histoire. Cette ère est vraiment l'ère française, et elle doit nous faire prévoir un développement de raison et un accroissement de bonheur, dont on cherche en vain à juger par l'exemple des siècles passés. » Et Henri Delacroix, qui cite ce passage dans sa *Psychologie de Stendhal* (1918) (en renvoyant aux *Éléments d'Idéologie*, II, 10), ajoute : « Il semblait donc que le XVIIIe siècle finissant eût réussi à constituer une vaste analyse de l'homme, capable de servir de base à une large philosophie : il eût pu sembler vers 1805 que tout était prêt pour une large psychologie à la fois scientifique et profonde, prenant l'homme tout entier, le rattachant à la nature et scrutant toute sa conscience : une psychologie biologique, psychologique, pathologique, sociologique. Mais l'esprit idéologique, si constructeur au fond, devait apparaître d'abord comme destructeur, comme une philosophie sceptique et révolutionnaire, et les événements politiques issus de la Révolution devaient favoriser un autre système » (pp. 21-22).

---

[1] Plan des travaux scientifiques nécessaires pour réorganiser la société, 1822. Appendice cité, p. 53.

Dans la première perspective où le *Cours* se présente, Comte, revendiquant la « paternité spirituelle » de Condorcet, élargissant par l'interprétation *dynamique* de l'histoire le champ d'application indivisiblement spéculatif et social de l'analyse, sera donc appelé à réparer l'erreur qui a été commise dans l'interprétation ₚ₁₅₅ de l'idéologie, à mettre de nouveau en évidence la fécondité d'une philosophie rationnelle qui ne se sépare pas de la science, et qui pourtant la dépasse ; car « la science a manifesté simultanément son aptitude ultérieure à servir de base à la philosophie et son impuissance actuelle à en dispenser » (*Cours*, VI, 489). En établissant l'unité de méthode, Comte à réussi ce que personne, à son témoignage, n'avait encore fait ; il a « conçu directement la philosophie positive dans son ensemble réel » (*Cours*, II, 635-636). Il peut se flatter ainsi d'avoir assuré l'avenir de l'humanité sur la base d'« une harmonie essentielle entre nos connaissances réelles et nos besoins effectifs » (VI, 786). Ainsi constituée dans son optimisme systématique, la doctrine de Comte apparaît comme une transposition en termes positifs d'une métaphysique de type leibnizien, M. Lévy-Bruhl le démontre par l'ingénieux tableau qui figure dans la conclusion de sa *Philosophie d'Auguste Comte* (pp. 408-409).

XLI. — Mais voici le drame du positivisme. Cet attachement à la cause du progrès humain va s'effacer à mesure que Comte poursuit son œuvre. Finalement, le crédit que lui a valu l'étroite connexion de sa pensée avec la vérité de la science se trouvera servir à détourner les esprits de leur confiance initiale dans le bienfait des *lumières*, à les orienter, en sens contraire, vers ce « nouveau moyen âge » qui était le secret désir de la métaphysique et de la littérature romantiques.

Cependant, le Comtisme idéal, auquel Comte devait tourner délibérément le dos afin d'entreprendre une « seconde carrière », a réellement existé dans l'histoire avec Littré, comme le Kantisme idéal, désavoué par Kant, a existé avec la première philosophie de Fichte. Et Littré précise le motif pour lequel il se sépare du maître afin de rester plus fidèle à l'enseignement qu'il a reçu de lui. « Parmi ceux qui admettent la méthode positive, plusieurs pensent que l'avenir social ne comporte pas de clergé » [1]. Or, si, l'un après

---
[1] Auguste Comte et la philosophie positive, p. 523, n. 1.

l'autre, Saint-Simon et Auguste Comte ont varié de la façon la plus étonnante dans l'application de leurs principes, ils n'ont cessé, à travers toutes leurs vicissitudes, de mettre leur espérance dans l'établissement d'une « nouvelle autorité spirituelle », qui aurait la force de conjurer « les justes alarmes des peuples sur la dissolution de la société » (*Plan* de 1822, Appendice cité, p. 57).

Pour le recrutement du « nouveau sacerdoce », Comte s'adresse à l'Académie des Sciences et à l'École Polytechnique ; et c'est cela même qui lui paraît définir l'originalité de son entreprise. A côté de la *Classe des Sciences physiques et mathématiques*, la Convention avait créé, dans l'Institut de France, une *classe* dite *des Sciences morales et politiques* selon la terminologie empruntée à Condorcet. Parallèlement à l'École Polytechnique, qui visait l'application dans le domaine des sciences exactes, Destutt de Tracy prévoit et réclame une seconde École, qui transposerait dans la pratique les résultats auxquels l'idéologie serait parvenue [1]. Mais aux yeux d'Auguste Comte, la suppression de la *Classe des Sciences morales et politiques*, « vaine congrégation » [2] métaphysique, fait autant d'honneur au héros, pourtant rétrograde, qui la décida en 1803, que la création de l'École Polytechnique à la Convention. En effet, qu'il n'y ait qu'une seule Académie pour la constitution doctrinale, qu'une seule École pour l'application pratique, le point est essentiel du moment que la mission du « nouveau sacerdoce » consiste à dissiper « totalement le grand schisme préparatoire consommé par Aristote et Platon entre la philosophie naturelle et la philosophie morale » (*Cours*, VI, 487). Par là donc Comte se propose à lui-même l'épreuve dont l'humanité va être à la fois l'enjeu et l'arbitre : le clergé scientifique va-t-il entrer en possession effective d'un « pouvoir spirituel » comparable à celui dont l'Église catholique a pu jouir au moyen âge ?

Seulement, à mesure que sa carrière se poursuit, les déceptions s'accumulent dans les rapports d'Auguste Comte avec l'École Polytechnique et avec l'Académie des Sciences ; et l'on va voir jouer

---

1 « Il n'y a presque personne qui ne sente la nécessité d'une École Polytechnique pour les sciences physiques et mathématiques. A peine se trouve-t-il quelques penseurs qui s'aperçoivent qu'il serait encore plus urgent d'en avoir une pareille pour les sciences morales et politiques » (1798). *Apud* GOUHIER, *Auguste Comte et la formation du positivisme*, t. II, *Saint-Simon jusqu'à la Restauration*, 1936, p. 42.
2 *Cours*, VI, 485.

la « naïve généralisation que fait Comte de ses expériences personnelles, l'identification sincère de ses jugements contingents avec une sagesse universelle » [1]. Il partira en guerre contre les « corporations savantes, dont l'empirisme et l'égoïsme constituent aujourd'hui, principalement en France, l'obstacle peut-être le plus dangereux à la rénovation finale » [2].

P157 De cette bassesse d'âme, il est inévitable que la science soit rendue responsable, elle et sa méthode. Sans doute, Comte ne cessera jamais de soutenir que l'analyse est par nature objective et la synthèse par nature subjective comme en matière sociale la statique traite de l'ordre et la dynamique du progrès. Seulement, le même penseur qui avait persisté à se réclamer de Condorcet, qui s'était séparé de Saint-Simon et des Saint-Simoniens parce qu'ils n'avaient pas su appuyer leur espérance de régénération humaine au désintéressement de la connaissance véritable du monde, écrira en 1857, dans les premières lignes de son *Système de logique positive* ou *Traité de philosophie mathématique*, qu'il s'agit avant tout à ses yeux de « subordonner le progrès à l'ordre, l'analyse à la synthèse et l'égoïsme à l'altruisme, trois modes distincts de poser une même question non seulement connexes, mais équivalents ». Rousseau, pour qui Comte ne manque jamais de déclarer son antipathie, ce Rousseau qui lui est « insupportable » aurait-il pu dire mieux, ou plus mal ?

Dans cette seconde philosophie, et surtout dans son expression religieuse, où le culte se constitue avec une inexorable et puérile minutie sur la base d'un fétichisme nettement avoué, l'influence de Clotilde de Vaux, ou plus exactement de la passion pour Clotilde de Vaux, n'est pas douteuse ; et c'est Auguste Comte qui nous ferait reproche de la méconnaître. Mais le respect pour la souffrance et pour l'âge interdit de nous appesantir sur cette période, si touchante par ailleurs, de la vie de Comte. C'est dans l'œuvre de la maturité que nous avons à chercher la fissure secrète, d'où résultera l'effondrement de l'édifice, et que les lecteurs les plus avisés, Littré comme Mill, n'ont aperçue qu'après coup.

---

1 Delvolvé, Réflexions sur la pensée comtienne, 1932, p. 11.
2 Lettre à John Stuart Mill du 20 nov. 1841, édit. Lévy-Bruhl, 1899, p. 6. Cf. Lettre du 4 mars 1842 : « J'ai appris, à mes propres dépens, que les savants seraient tout aussi vindicatifs et oppressifs que les prêtres et les métaphysiciens, s'ils pouvaient en avoir jamais les mêmes moyens. » *Ibid.*, p. 37.

Pour nous donc, si l'« or pur » de l'analyse objective s'est mué en « vil plomb » de la synthèse subjective, si une confusion presque invincible enveloppe encore aujourd'hui pour tant de philosophes et tant d'hommes de lettres français le problème du rapport entre la science et la religion, l'origine en est dans la manière dont Comte a opéré, au milieu même du *Cours de philosophie positive*, le passage de la chimie à la biologie. Il nous met en présence d'une « inversion générale de la marche rationnelle », d'« une différence fondamentale qui ne saurait être éludée, entre l'ensemble de la philosophie inorganique et celui de la philosophie organique » (*Cours*, IV, 360 et 358).

On sait avec quelle vigueur emphatique, *lors d'une conversation tenue l'année même de la naissance de Comte*, et transcrite par Saint-Simon en 1813, le Dr Burdin avait supplié les physiologistes de secouer le joug des « brutiers » et des « infinitésimaux » pour se placer en face des phénomènes de la vie dans la vision directe et concrète de leur totalité. *Quittez la présidence, nous allons la remplir à votre place*, diront aux mathématiciens les représentants de la science nouvelle. Et pour justifier ce renversement des méthodes, au cœur même de l'ouvrage où il se proposait et se flattait de « rendre homogènes toutes nos conceptions réelles » (*Cours*, I, 23), Comte, dont la mémoire ne laisse rien échapper que ce qu'il a systématiquement décidé d'oublier, se réfère implicitement à Cabanis qui écrivait dans son *Coup d'œil sur les Révolutions et la Réforme de la médecine* (1804) : « L'esprit humain n'a qu'une manière de procéder : il va toujours du connu à l'inconnu. Mais, selon la nature des objets, cette méthode peut paraître quelquefois suivre un ordre inverse. Dans la formation d'un grand nombre de nos idées, l'analyse va directement du simple au composé ; dans celle de quelques autres, elle part du composé pour arriver au simple » [1]. Cette remarque de Cabanis, Comte la transpose dans son langage : « Un aphorisme essentiellement empirique, converti mal à propos, par les métaphysiciens modernes, en dogme logique, absolu et indéfini, prescrit en tout sujet possible, de procéder constamment du simple au composé ; mais il n'y a pas, au fond, d'autre raison solide, si ce n'est qu'une telle marche convient, en effet, à la nature des sciences inorganiques, qui, par leur développement plus

---

1 III, 8, *apud* POYER, Extraits cit., p. 82.

simple et plus rapide, et par leur perfection supérieure, devaient inévitablement servir jusqu'ici de type essentiel aux préceptes de la logique universelle... Au contraire, en philosophie biologique, ce sont les détails qui restent nécessairement inaccessibles, quand on veut y trop spécialiser l'étude... L'idée générale d'animal est certainement plus nette aujourd'hui que l'idée moins composée de végétal, et le devient toujours davantage à mesure qu'on se rapproche de l'homme, principale unité biologique, dont la notion, quoique la plus composée de toutes, constitue toujours le point de départ nécessaire d'un tel ensemble de spéculations » (*Cours*, IV, 357 et 359). Déjà, d'ailleurs, dans le *Plan* de 1822, Comte faisait écho à Burdin : « On peut donc regarder comme établi, par l'observation et par le raisonnement, que l'esprit humain procède principalement du particulier au général dans la physique inorganique, et, au contraire, du général au particulier dans la physique organique ; que, du moins, c'est incontestablement suivant cette marche que s'effectuent pendant longtemps les progrès de la science, depuis le moment où elle prend le caractère positif » [1]. Mais, ainsi entendue dans ce double sens antinomique, la positivité finit par se rapprocher singulièrement de cela même à quoi elle avait semblé d'abord s'opposer. Il suffira de rappeler la formule, péremptoire qui figure encore au troisième volume du *Cours de philosophie positive* (p. 8) : « Le véritable esprit fondamental de toute philosophie théologique ou métaphysique, consistant essentiellement... à concevoir tous les phénomènes quelconques comme analogues à celui de la vie, le seul connu par un sentiment immédiat. »

XLII. — C'est sur l' « unité de méthode et de doctrine » [2] que devait reposer notre espérance dans l'avènement de l'esprit positif ; et cet esprit positif se présente, maintenant, comme radicalement contradictoire avec lui-même, pathologiquement « ambivalent » ; ce qui va, bien entendu, le rendre éminemment apte à opérer, sans obstacle et sans peine, « la conciliation permanente entre l'esprit de conservation et l'esprit d'amélioration également propres à l'état normal de l'humanité » [3]. En parlant ainsi, Comte

---

1 Appendice cit., p. 133.
2 Considérations philosophiques sur la sciences et les savants, 1825. Appendice cit., p. 153.
3 Discours sur l'esprit positif, 1844, p. 54.

semble reprendre expressément le programme de l'École, qui, avec Victor Cousin, s'était expressément donné pour tâche de restaurer l'*éclectisme*. Mais de la métaphysique on ne pouvait rien attendre qu'« une vaine intention de concilier, sans principes propres, des opinions incompatibles » (*ibid.*, p. 55), tandis que le positivisme triomphe de l'obstacle parce qu'il se montre capable de répondre aux divers aspects du problème.

Sur ce point capital, Comte s'explique dans le passage qui est au centre du *Discours sur l'esprit positif*. « Comme tous les termes vulgaires ainsi élevés graduellement à la dignité philosophique, le mot *positif* offre, dans nos langues occidentales, plusieurs acceptions distinctes, même en écartant le sens grossier qui d'abord s'y attache chez les esprits mal cultivés » (p. 40). Et Comte les énumère : 1° *Positif* désigne le réel, par opposition au chimérique ; 2° « Ce terme fondamental indique le contraste de l'utile à l'oiseux » ; 3° L'opposition « entre la certitude et l'indécision » ; 4° L'opposition « du précis au vague » ; 5° Celle du *positif* et du *négatif* (pp. 41-42).

Tout autre qu'Auguste Comte serait assurément troublé par cette multiplicité de sens hétéroclites ; lui n'hésite pas à y voir ₚ₁₆₀ un avantage et une confirmation. « Il importe de noter ici que toutes ces diverses significations conviennent également à la nouvelle philosophie générale, dont elles indiquent alternativement différentes propriétés caractéristiques : ainsi, cette apparente ambiguïté n'offrira désormais aucun inconvénient réel. Il y faudra voir, au contraire, l'un des principaux exemples de cette admirable condensation de formules qui, chez les populations avancées, réunit, sous une seule expression usuelle, plusieurs attributs distincts, quand la raison publique est parvenue à reconnaître leur liaison permanente » (p. 41).

Harmonie d'autant plus surprenante, et que Comte jugera d'autant plus apaisante, que les points de vue initiaux étaient plus éloignés.

Dans le premier sens, la positivité correspond à l'essor des sciences telles qu'elles se sont développées depuis Descartes. Et c'est bien ce que voulait dire Saint-Simon lorsqu'en 1808 il louait la « sagacité » de Descartes qui « a senti que la philosophie positive se divisait en deux parties également importantes : la physique des corps bruts et la physique des corps organisés » [1].

1 Introduction aux travaux scientifiques du XIXe siècle, *Œuvres choisies*, Bruxelles,

Au second sens, la positivité sera commune à Condorcet et à de Bonald. Dans l'*Éloge de d'Alembert*, Condorcet lui fait un mérite d'avoir proscrit « avec sévérité dans les travaux de l'esprit, tout ce qui ne conduit pas à la découverte de vérités positives, tout ce qui n'était pas d'utilité immédiate » [1]. Cette liaison du vrai et de l'utile, de Bonald la reprend à son tour comme il l'a fait pour tant de formules du XVIIIe siècle, se réservant de la retourner au profit d'une sorte de pragmatisme théologique. « Toutes les vérités sont utiles aux hommes. La maxime est essentiellement vraie, et la raison en est évidente, c'est que tout ce qui est utile aux hommes est une vérité » [2].

Au troisième sens, enfin, il ne sera plus question de Condorcet. De Bonald écrivait en 1810 dans ses *Recherches philosophiques sur les premiers objets des connaissances humaines* : « Un peuple de philosophes serait un peuple de chercheurs, et un peuple, sous peine de périr, doit savoir, et non pas chercher » [3]. Et Comte se souvient de cette pensée lorsqu'il relève la « troisième signification usuelle » de « cette heureuse expression, fréquemment employée à qualifier l'opposition entre la certitude et l'indécision ; elle indique ainsi l'aptitude caractéristique d'une telle philosophie (*la philosophie positiviste*) à constituer spontanément l'harmonie logique dans l'individu et la communion spirituelle dans l'espèce entière, au lieu de ces doutes indéfinis et de ces débats interminables que devait susciter l'antique régime mental » [4].

L'*antique régime mental*, il faut y prendre garde, ce n'est pas ce que nous avons pris l'habitude d'appeler l'ancien régime ; c'est, tout au contraire, l'esprit du siècle des « lumières », et que de Bonald caractérisait en ces termes : « Un indiscret ami de la philosophie lui faisait honneur, dans un journal accrédité, d'avoir *ébranlé toutes les idées positives*. C'était mettre le doigt sur la plaie ; c'était indiquer le côté faible de la philosophie et l'immense avantage que la religion a sur les doctrines humaines pour le gouvernement des sociétés et

---

1859, t. I, p. 198, cité *apud* Littré, *Auguste Comte et la philosophie positive*, p. 83.
1 Œuvres, t. III, p. 81, cité apud Lalande, Vocabulaire technique et critique de la philosophie, au mot « positif ».
2 Théorie du pouvoir politique et religieux, 1796, t. I, p. XIII.
3 Œuvres, t. VIII, p. 74.
4 Discours sur l'esprit positif, p. 41.

la direction de l'homme » [1].

De glissement en glissement, le sens du positivisme s'est complètement renversé, comme si le *Cours de philosophie positive* devait désormais être lu, non plus à l'endroit, suivant le mouvement qui va de la mathématique à la sociologie, mais à rebours, en revenant sur les « études inférieures » pour en réformer la conception selon les exigences de la sociologie, érigée en science « présidente » de l'*Encyclopédie*.

Et voici qui atteste à quel point, en dépit de son allure dogmatique, l'infrastructure spéculative du système était flottante et mal assurée. La sociologie, tant qu'elle se bornait à prendre conscience de la marche du savoir, était essentiellement constituée par la *dynamique*. Mais, une fois qu'elle aura proclamé son indépendance et sa souveraineté, on la verra s'attacher de plus en plus au primat de la *statique*. Le positivisme avait promis de nous libérer du passé afin d'ôter les obstacles au progrès. Son but, maintenant, est de nous *libérer de l'avenir*, parce qu'il importe avant tout de nous mettre à l'abri de toute révolution future, de supprimer tout facteur d'incertitude et d'instabilité. En style contemporain, c'est le *totalitaire* qui nous sauvera du *problématique*.

La curiosité de l'esprit devient le péché par excellence du savant, non pas seulement la curiosité transcendante qui poussait le Newton de l'*Optique* à spéculer sur l'essence de la lumière, mais cette curiosité immanente à la marche des phénomènes, où l'on ne fera qu'appliquer la loi de gravitation, sinon à l'ensemble de l'*univers*, du moins à ce *monde* restreint que constitue notre système solaire. Dans le *Cours de philosophie positive*, Comte avait invoqué l'objectivité de l'astronomie pour mettre en évidence le redressement nécessaire de l'idée que l'homme se faisait et des choses et de lui-même. Dans le système de politique positive, l'anthropocentrisme rentre en grâce. « L'univers doit être étudié, non pour lui-même, mais pour l'homme, ou plutôt pour l'humanité. Tout autre dessein serait, au fond, aussi peu rationnel que peu moral » [2]. Comte est engagé dans la voie qui devait le conduire à la fameuse

---

[1] *Si la philosophie est utile pour le gouvernement des sociétés* (12 mai 1810), t. XI, p. 226. Cf. *Doctrine de Saint-Simon* (1829), édit. C. BOUGLÉ et E. HALÉVY, 1924, n. 74, p. 181.
[2] *Système de politique positive*, 3ᵉ éd., 1890, t. I, p. 36.

déclaration de 1851, où il flétrit « le fol engouement qui saisit, il y a quelques années, non seulement le public, mais surtout l'ensemble des astronomes occidentaux, au sujet d'une prétendue découverte qui, si elle avait pu être réelle, n'aurait vraiment dû intéresser que les habitants d'Uranus » (*ibid.*, p. 511).

Le spectacle de ce *rétrécissement progressif* du domaine de l'astronomie, pour reprendre l'expression si émouvante de M. Lévy-Bruhl [1], montre ce qu'il y avait de chimérique dans l'espérance éclectique de Comte. Il aura beau écrire que, « pour la nouvelle philosophie, l'ordre constitue sans cesse la condition fondamentale du progrès ; et réciproquement, le progrès devient le but nécessaire de l'ordre, comme, dans la mécanique animale, l'équilibre et la progression sont mutuellement indispensables, à titre de fondement ou de destination » [2]. Il y a autre chose dans le progrès que simplement une opinion « critique », « autre chose dans l'ordre qu'une opinion « rétrograde » (*ibid.*, p. 57). En réalité, *ce sont deux mouvements inverses* ; et comment concevoir qu'il soit possible de marcher tout à la fois en avant et en arrière ? Entre la « pensée principale » [3] de Condorcet, de plus en plus abandonnée [4], et le « complément essentiel » emprunté à de Maistre et à de Bonald, il fallait choisir ; et Comte a choisi, commettant ₚ₁₆₃ vis-à-vis de Condorcet le *parricide* dont Platon s'accuse à l'égard de Parménide.

« L'histoire a été jusqu'à présent mal divisée » [5], avait écrit Saint-Simon ; et Comte se souvient. La loi des trois états se vide peu à peu de sa substance et de sa portée pour laisser place à la division en époques *organiques* et en époques *critiques*, division bipartite et qui passe par-dessus les temps, qui finalement reliera au Moyen Age la société réorganisée par le nouveau sacerdoce. « Depuis l'an-

---

1 La philosophie d'Auguste Comte, p. 175.
2 Discours sur l'esprit positif, p. 56.
3 *Système de politique positive*, t. III, 1853, éd. de 1895, p. 615.
4 Renouvier, témoin désabusé des « illusions du progrès », n'en écrivait pas moins vers la fin de sa carrière : « L'ouvrage admirable et aujourd'hui si mal compris de Condorcet, ses thèses prudentes et dubitatives en dépit de l'utopie fondamentale, ses probabilités sans fatalisme, sa critique franche du passé, dont il n'érigeait pas les traits de décadence en moments du progrès, tout cela paraissait trop scientifique et à la fois trop révolutionnaire aux lecteurs affaissés du XIXe siècle. » Renouvier, Introduction à la philosophie analytique de l'histoire, nouv. éd., 1896, p. 115.
5 Introduction aux travaux scientifiques du XIXe siècle, *apud* C. Bouglé, L'œuvre d'Henri de Saint-Simon, 1925, p. 49.

née 1825, mes écrits témoignent un respect croissant pour le catholicisme, précurseur immédiat et nécessaire de la religion qui doit surtout consolider et développer la construction ébauchée au XIIe siècle. A mesure que j'élaborais la dogmatisation positive, je devenais plus incapable de retourner aux croyances surnaturelles ; mais aussi je vénérais davantage une théologie longtemps organique, et je méprisais plus profondément une métaphysique toujours dissolvante » [1].

XLIII. — Victime à son tour de cet « esprit de dénigrement » [2] que lui reproche Comte après Saint-Simon, la métaphysique se trouve incriminée, non plus pour sa parenté avec les constructions théologiques dont elle a hérité, mais bien pour la critique victorieuse qui en a fait justice. Avec une mauvaise foi foncière, qui a pour seule excuse, comme chez tous les dogmatiques, la sincérité d'une conviction individuelle, Comte écrira de Destutt de Tracy : « La métaphysique s'y trouve discréditée par un métaphysicien » [3]. Et pourtant ce même Destutt de Tracy avait eu la précaution d'opposer « l'ancienne métaphysique théologique ou la métaphysique proprement dite, et la moderne métaphysique philosophique, ou l'idéologie » [4].

Le relativisme que l'idéologie professait se retournera donc contre elle. Cabanis avait écrit : « Chaque époque s'attribue l'exclusive possession de la vérité, et *toutes pourront avoir également raison*, si les systèmes qu'elles ont fait naître embrassent et lient d'une manière naturelle tous les faits connus ; car les vérités générales ne sont et ne peuvent être que les conséquences de toutes les observations et de toutes les notions particulières qu'on a recueillies sur un sujet donné » [5]. Il peut sembler que Comte ne dise pas autre chose, lorsque dans un opuscule de septembre 1817, publié sous le nom de Saint-Simon, il énonçait le fameux aphorisme : « Tout est relatif,

---

[1] Testament d'Auguste Comte, 2e éd., 1896, p. 9.
[2] *Plan* de 1822. Appendice cit., p. 90.
[3] *Cours*, III, 778-779.
[4] *Mémoires de l'Académie des Sciences morales et politiques*, III, 517. Cf. CABANIS: « Ce qu'on nomme encore aujourd'hui Métaphysique n'a point de rapport avec ce qui portait autrefois le même nom. » Cité *apud* GOUHIER, *La jeunesse d'Auguste Comte et la formation du positivisme*, t. II, p. 35.
[5] *Œuvres*, édit. THUROT, 1, 2, cité *apud* POYER, *op. cit.*, p. 35.

voilà la seule chose absolue ; tout est relatif surtout au temps pour ce qui concerne les institutions sociales. » Mais le tour du style montre comment Auguste Comte dans cet écrit de sa vingtième année a trahi son génie, et on peut déjà dire avec M. Delvolvé qu'« il a recherché dans la relativité les attributs mêmes de l'absolu » [1]. Finalement, le relativisme est entraîné dans la disgrâce de la métaphysique, et le prestige de la sociologie sera exploité au profit du dogmatisme. La *personne*, avec son droit à l'exercice de sa raison, à la liberté de pensée, devient le type même de l'*abstraction personnifiée*. « Si l'idée de société semble encore une abstraction de notre intelligence, c'est surtout en vertu de l'ancien régime philosophique ; car, à vrai dire, c'est à l'idée d'individu qu'appartient un tel caractère, du moins chez notre espèce... L'esprit positif est directement social, autant que possible, et sans aucun effort, par suite même de sa réalité caractéristique. Pour lui, l'homme proprement dit n'existe pas, il ne peut exister que l'humanité, puisque tout notre développement est dû à la société, sous quelque rapport qu'on l'envisage » [2].

Le réalisme médiéval, que Comte a reçu de son héritage bonaldien et qui va, du moins durant tout le cours du XIXe siècle, présider au développement de la sociologie française, lui imprime un caractère religieux. « Si donc la théocratie et la théolâtrie reposèrent sur la théologie, la sociologie constitue certainement la base systématique de la sociocratie et de la sociolâtrie » [3]. La religion positiviste sera en un sens, et si l'on s'en tient aux apparences du langage, la plus évoluée. « Le culte des positivistes ne s'adresse point, comme celui des théologistes, à un être absolu, isolé, incompréhensible, dont l'existence ne comporte aucune démonstration, et repousse toute comparaison réelle. Nul mystère ne doit altérer l'évidence spontanée qui caractérise le nouvel Être suprême » [4]. Il n'en est pas moins le plus ancien. Par-delà l'« égoïsme industriel et protestant » [5], par-delà « le principe affectif du catholicisme qui ne peut être qu'essentiellement personnel » [6], par-delà même l'époque

---

1 Réflexions sur la pensée comtienne, p. 58.
2 Discours sur l'esprit positif, p. 74.
3 Système de politique positive, I, p. 403.
4 Politique positive, I, p. 333.
5 *Ibid.*, IV, p. 153.
6 *Ibid.*, I, p. 219.

même du christianisme (car on peut dire que déjà le platonisme est protestant comme l'aristotélisme est catholique [1]), le germe élémentaire de la philosophie positive est tout aussi primitif, au fond, que celui de la philosophie théologique, quoiqu'il n'ait pu se développer que plus tard.

Le destin du positivisme sera celui du pythagorisme. Il rejoint « l'instinct fétichique » dont il réhabilite les manifestations les plus déconcertantes et les plus décriées, celles qui offensent le plus cruellement notre conscience et notre scrupule de la vérité. Comte ne se contente pas, comme il l'avait fait dans le *Cours* (V, 432), de déclarer que « l'amour universel, tel que l'a conçu le catholicisme, importe certainement encore davantage que l'intelligence ». Il va jusqu'où l'entraîne sa logique à renversement, jusqu'à récuser la recherche du vrai pour le vrai : « Quelque réelle que soit, sans doute, la satisfaction attachée à la seule découverte de la vérité, elle n'a jamais assez d'intensité pour diriger la conduite habituelle... Lors même que l'impulsion mentale résulterait, en effet, d'une sorte de passion exceptionnelle pour la pure vérité, sans aucun mélange d'orgueil ou de vanité, cet exercice idéal, dégagé de toute destination sociale, ne cesserait pas d'être profondément égoïste » [2].

Nous avons dû pour Comte, comme nous l'avons fait pour Kant, comme nous le ferons plus loin pour Maine de Biran, nous attarder aux relations de l'homme et de l'œuvre. L'histoire le veut ainsi : la courbe d'une entreprise qui paraissait d'abord obéir à une exigence impérieuse d'impersonnalité s'est trouvée dominée par le tempérament despotique d'un individu. N'est-ce pas Comte qui dénonçait dans le *Plan* de 1822 « comme une idée superstitieuse la croyance théologique et métaphysique à la puissance indéfinie et créatrice des législateurs sur la civilisation » [3] ? N'est-ce pas lui encore qui, dans sa Préface de 1842 (*Cours*, VI, ix), faisait grief à Saint-Simon et aux Saint-Simoniens de « cette tendance banale vers une vague religiosité qui dérive aujourd'hui si fréquemment du sentiment secret de l'impuissance philosophique chez ceux qui entreprennent la réorganisation sociale sans y être convenablement préparés par leur propre rénovation mentale » ? Et pourtant il finit par s'enrôler

---

1 *Cours*, V, p. 755.
2 Politique positive, I, p. 17.
3 Appendice cité, p. 94.

dans la cohorte de ces polytechniciens que l'on voit « se risquant à créer ₚ₁₆₆ une religion comme on apprend à l'École à faire un pont ou une chaussée » [1].

Mais des constructions semblables, apparentées, comme M. Gouhier y a insisté très justement, aux tentatives des cultes révolutionnaires, sont dépourvues des principes spirituels qui pourraient en supporter le poids. Et Auguste Comte aurait dû être le dernier à négliger l'avertissement qu'il se donnait à lui-même lorsqu'il signalait la dégénérescence dans l'ordre intellectuel d'« un christianisme de plus en plus amoindri ou simplifié, et réduit enfin à ce théisme vague et impuissant que, par un monstrueux rapprochement de termes, les métaphysiciens ont qualifié de religion naturelle, comme si toute religion n'était point nécessairement surnaturelle » (*Cours*, IV, 77), comme si, par suite, il ne lui importait pas avant tout de dresser devant ses fidèles des systèmes d'idées et d'institutions qu'ils devaient croire faits de main non humaine.

Comte avait donc ruiné à l'avance sa propre entreprise ; et l'on comprend le spectacle dont la fin du XIXe siècle a été le témoin. Il est arrivé qu'un même écrivain a pu conclure de la faillite du positivisme à la « faillite de la science » [2], et cependant recommander l'utilisation de ce même positivisme pour une nouvelle forme d'apologétique qui restaurerait la foi sur la base, d'autorité qu'une vue sociologique du Moyen Age permet de lui reconnaître. Pour étranger qu'il soit demeuré à la méditation proprement philosophique, à cause de cela peut-être, Ferdinand Brunetière a fortement contribué à enraciner dans l'opinion publique l'idée qu'il n'y a d'autre solution au problème religieux qu'un parti pris de soumission littérale, sinon aveugle, soit aux résultats de la science positive, soit aux commandements d'une Église établie. Et la popularité d'une semblable conception explique à son tour le grand prix que l'on doit attacher à l'initiative de penseurs, M. Maurice

---

[1] THIBAUDET, *Nouvelle revue française*, 1er septembre 1926, p. 362, cité *apud* GOUHIER, *Auguste Comte et la formation du positivisme*, t. I, p, 146.
[2] Comme le signale M. Van DER LUPT, *L'action religieuse de Ferdinand Brunetière* (1895-1906), 1936, p. 58, Mgr d'Hulst avait, dès la première heure, relevé la confusion dans un article de la Revue du clergé français, 1er février 1895, La faillite de la science, réponse à MM. Brunetière et Ch. Richet : « Si donc l'on veut parler de faillite, je le veux bien, mais qu'on parle de la faillite du positivisme. C'est lui qui a manqué à ses promesses. »

Blondel et M. Édouard Le Roy au premier rang, qui, à travers des difficultés artificiellement accumulées, ont rompu l'alternative, se refusant à rien sacrifier de ce qui fait la profondeur et l'originalité de l'inspiration chrétienne comme de la réflexion métaphysique.

C) L'évolutionnisme anglo-saxon

XLIV. — Le XVIIIe siècle est pour les Français celui qui précède et prépare la Révolution ; pour les Anglais, il succède aux secousses révolutionnaires, et il offre le modèle d'un système politique harmonieusement équilibré. Ce n'est pas que derrière cette apparence les mœurs et les institutions elles-mêmes ne souffrent d'un désordre qui aurait été capable de compromettre l'avenir de la nation si le succès de la propagande méthodiste n'était venu en redresser l'armature. Propagande d'ordre moral plutôt que spéculatif : « Le prédicateur wesleyen ne demande pas à ceux qu'il enrégimente de changer de religion ou d'Église, mais seulement de vouloir bien apprendre, sous sa direction spirituelle, à mieux aimer et mieux pratiquer la religion dans laquelle il a été élevé » [1].

Et le même scrupule de loyauté vis-à-vis de soi-même anime le mouvement de pensée, essentiellement laïque, auquel Bentham donnera sa forme systématique. « La conscience est une chose fictive dont on suppose que le siège est dans l'âme. Une personne consciencieuse est celle qui, s'étant fait une règle de conduite, s'y conforme exactement » [2]. On a conservé le mot de Bentham : « Si je n'étais utilitaire, je voudrais être méthodiste » [3]. Tel est, en effet, « le paradoxe fondamental de la société anglaise... que les deux tendances, qui paraissent logiquement contradictoires, par bien des points convergent et se confondent » [4]. Toutefois cette parenté

---

1 Elie Halévy, Histoire du peuple anglais au XIXe siècle. L'Angleterre en 1815, 1912, p. 388.
2 *Déontologie ou science de la morale*, trad. Benjamin Laroche, t. I, IX, 1834, p. 164.
3 *Apud* Halévy, *op. cit.*, p. 557. Ailleurs, Elie Halévy rapporte que Bentham « se souviendra, toute sa vie, avec quelle horreur, lors de son temps d'étude à Oxford, il vit expulser cinq étudiants méthodistes pour crime d'hérésie ; avec quelle horreur, il se vit obligé d'adhérer publiquement, sans la foi, aux trente-neuf articles ; les angoisses qu'il éprouva ce jour-là, il les compare à celles de Jésus crucifié ». *La jeunesse de Bentham*, 1908, p. 36.
4 Elie Halévy, *L'Angleterre en 1815*, p. 557.

latente devait se briser ostensiblement par la réaction du « loyalisme » britannique en face des violences de la Révolution française. Burke, qui avait été favorable à la cause des colonies américaines, fit entendre dès 1790 un cri d'alarme, et avec un succès tel qu'il devint, selon l'expression d'Élie Halévy, « le prophète de tous les clergés et de toutes les noblesses d'Europe ».

Tandis que le XVIIIe siècle commençant avait appris de Voltaire à échanger la métaphysique de Descartes et la théologie de Leibniz pour la science de Newton et la psychologie de Locke, le XVIIIe siècle finissant voit la pensée anglaise imprimer au mouvement du romantisme son caractère définitif de réaction politique et religieuse. Une opposition que les événements rendent pressante et d'apparence irréductible éclate entre deux courants qui se développent à l'intérieur de la philosophie britannique de l'expérience : *empirisme analytique* (on serait tenté de dire *ascétique* comme celui d'Épicure) qui, par-delà les préjugés nés de l'histoire, travaille pour retrouver méthodiquement l'immédiat et le simple ; *empirisme concret* qui s'attache au passé pour sa vertu de stabilité, qui se réclame de la tradition et va jusqu'à justifier la prescription. « Le principe de l'utilité, pour la première fois formulé par Hume, en même temps qu'il aboutit chez Adam Smith, chez Bentham, en matière économique et juridique à une doctrine réformatrice, et prépare le radicalisme des doctrines de 1832, bifurque en quelque sorte chez Burke, prépare ce qu'on peut appeler l'empirisme théologique de Joseph de Maistre et de Haller et même la métaphysique théologique de Coleridge »[1].

La dualité de ces courants explique les oscillations perpétuelles de John Stuart Mill autour du système qui lui avait été inculqué par son père, qu'il n'osera ni maintenir entièrement ni désavouer tout à fait. Elles ne nuisent pas d'ailleurs à sa popularité dans les cercles philosophiques et politiques de l'Angleterre. « Entre 1840 et 1860 environ (dira Herbert Spencer dans son *Autobiographie*)[2], son influence était telle que peu de gens osaient mettre en doute ses opinions. » Et c'est bien de John Stuart Mill que procède Spencer. Fidèle aux principes de l'empirisme et aux conclusions du libéralisme, Spencer élabore une synthèse, ou plus exactement une syn-

---
1 Elie Halévy, L'Évolution de la doctrine utilitaire de 1789 à 1815, 1901, p. 19.
2 Traduction et adaptation d'Henri de Varigny, 1907, p. 391.

thèse de synthèses, qui traverse tous les domaines, *cosmologie* et *biologie*, *psychologie* et *sociologie*, pour y retrouver l'identité d'une formule qui commande à la fois le cours de la nature et la marche de la pensée : *passage de l'homogène à l'hétérogène*.

Si peu de temps qu'en ait duré le mirage, on comprend l'éblouissement de la fin du XIXe siècle devant l'élaboration méthodique de l'œuvre de Spencer. Dans la grande loi de différenciation étaient toutes ramassées les vues d'ensemble que représentaient déjà « l'hypothèse nébulaire de Laplace, le transformisme de Lamarck, la doctrine sociologique du Progrès et le ₚ₁₆₉ principe de la conservation de l'énergie » [1]. Ainsi, par une sorte de prodige, l'évolutionnisme semblait capable de satisfaire l'instinct romantique qui postule, comme y a si fortement insisté René Berthelot, le primat de la vie, et l'exigence scientifique qui porte à considérer le processus vital comme un simple prolongement du mécanisme physico-chimique et qui étend à la société les lois par lesquelles s'explique le développement de l'organisme. Mais l'éclectisme de Spencer, qui a fait l'admiration des contemporains autant que l'éclectisme de Hegel ou l'éclectisme de Comte, ne soutient pas davantage le scrupule de l'analyse et pour des raisons également évidentes : « Colosses aux pieds d'argile, qui n'ont pris l'apparence de colosses que parce qu'ils avaient des pieds d'argile », bénéficiaires et victimes tour à tour de cette incurable ambiguïté qui est l'essence même de toute synthèse métaphysique.

Parti de l'individualisme radical, Herbert Spencer le maintiendra strictement au terme de sa carrière, mais sans que l'élaboration de son système du monde et de la vie l'ait aidé à en justifier le principe. Avec une rare franchise, il avoue en présentant le deuxième volume de ses *Principles of Ethics* : « La doctrine de l'évolution ne nous a pas guidé dans la mesure où j'espérais. La plupart des conclusions, empiriquement tirées, sont celles que des sentiments droits, éclairés par une intelligence cultivée, ont déjà suffi à établir. Çà et là seulement, des conclusions d'origine évolutionniste ajoutent quelque chose aux vues courantes ou en diffèrent » [2]. A quoi fait écho cette remarque d'Élie Halévy « que les théoriciens de l'organisme social ont souvent, à la différence de Spencer, présenté

---

1 Mouy, L'Idée de progrès dans la philosophie de Renouvier, 1927, p 72.
2 *Apud* Lalande, *Les illusions évolutionnistes*, 1930, p. 419, n. 1.

leur métaphore comme favorable au communisme... Mrs Webb, adepte de la philosophie de Herbert Spencer avant de se convertir au socialisme, a expressément repris la métaphore de l'organisme social pour l'interpréter dans le sens du communisme, et la retourner contre son propre maître » [1].

Bien plus, si l'on remonte des conséquences aux prémisses, on s'aperçoit que le succès apparent recouvre une impuissance foncière à tirer d'équivoque la notion même qui devait être la pierre angulaire de l'édifice. Il y a une tragédie de l'*évolution* chez Spencer, parallèle à la tragédie de l'*Aufhebung* chez Hegel, à la tragédie du *positif* chez Comte. Et nous n'avons, ici encore, qu'à en recueillir le témoignage direct : « l'évolution, sous son aspect le plus général, est l'intégration de la matière et la concomitante dissipation du mouvement, tandis que la dissolution est l'absorption du mouvement et la désintégration concomitante de la matière. Cette dernière dénomination répond assez bien à son but, mais la première soulève de grandes objections. Le mot *évolution* a d'autres sens dont quelques-uns ne s'accordent pas avec celui qui vient de lui être donné et dont d'autres lui sont même directement opposés. L'évolution d'un gaz est littéralement une absorption de mouvement et une désintégration de matière, ce qui est exactement l'opposé de ce qu'ici nous nommons l'évolution. Au sens ordinaire, *évoluer* c'est se déplacer, s'ouvrir, s'épandre, projeter au-dehors, tandis que, comme elle est ici comprise, l'évolution, bien qu'impliquant l'accroissement d'un agrégat concret et qu'elle en soit par là une expansion, implique que la matière composante de l'objet passe d'un état plus diffus à un état plus concentré, qu'elle s'est contractée. Le mot antithétique *involution* exprimerait mieux la nature du changement et en décrirait mieux les caractères secondaires dont nous allons nous occuper. Nous sommes pourtant obligés, malgré le risque de confusion qui résulte des significations diverses et contradictoires, d'employer le mot *évolution* comme opposé au mot *dissolution*. Il est maintenant si généralement employé pour désigner, non pas l'opération générale qui a été décrite, mais plusieurs de ses variétés les plus frappantes et certaines de ses circonstances secondaires mais des plus remarquables, que nous

---

1 Société française de philosophie. Séance du 4 février 1904, *apud* René BERTHELOT, *Évolutionnisme et platonisme*, 1908, pp. 57-58.

ne pouvons y substituer un autre mot » [1].

Mais, par-delà l'ambivalence fâcheuse du langage, il y a ceci de plus grave que, *dans le fond*, le processus d'évolution est inséparable d'un processus contraire qui ne peut pas ne pas l'accompagner ou lui succéder, Il faudrait donc faire place à « un processus de dissolution qui forme le complément de l'évolution et qui, à un moment ou à un autre, défait ce que l'évolution a fait ». D'où une loi de cycle, correspondant à des oscillations et à des alternatives qui sont régies par un « principe général d'équilibre » [2].

A défaut de certitude quant au cours futur des événements, il n'apparaît même pas que cette distinction des deux processus évolutifs fournisse une base pour une juste distribution des valeurs, pour une appréciation légitime du sens où il conviendrait $_{P171}$ de chercher le progrès véritable. M. André Lalande a souligné le contraste entre l'intention de Spencer qui demeure, autant que personne, fidèle à la tradition philanthropique et pacifiste de l'École de Bentham, et l'influence plus que fâcheuse qu'a eue le crédit d'un évolutionnisme simplifié jusqu'à la déformation et aggravé encore par les interprétations vulgaires du romantisme nietzschéen : « Unité de la *vie* et de la *vie* humaine ; lutte des individus, limitée seulement par le degré d'ordre intérieur nécessaire à la lutte des peuples suivant les uns, à la lutte des classes suivant les autres ; droit de chaque être et de chaque groupe à triompher dans la proportion de ses forces vitales, voilà le dogme latent dont s'est lentement pénétré l'esprit public sous l'influence de l'idée équivoque d'*évolution*, étendue en ligne droite du monde animal et végétal aux sociétés supérieures. De là très logiquement, l'*égoïsme sacré*, l'impérialisme, l'apologie du commandement industriel ou militaire et des organisations de combat, la foi dans la différenciation et l'organisation hiérarchiques, opposées aux idées de liberté, d'égalité, de similitude et de réciprocité fraternelles » [3].

XLV. — Un dernier trait, enfin, va porter à son comble la confusion de la pensée religieuse dans le monde contemporain.

---

1 *Les premiers principes*, t. II, XII, § 97, trad. GUYMIOT, 1902, p. 246.
2 *Ibid.*, II, XXIV, pp. 474 et 475.
3 LALANDE, La mission de la philosophie de notre temps, *apud Actes du VIIIe Congrès international de Philosophie à Prague*, 1936, p. 727.

L'évolutionnisme spencérien repose sur un monisme de la force, le concept de force étant sans doute emprunté à la mécanique, mais détaché hardiment, presque cyniquement, de la précision qui pourrait créer des embarras au philosophe. En discutant avec des savants comme Tait et Maxwell, Spencer leur reprochait d'employer le mot *force* dans un sens trop limité et trop défini pour être utile dans une théorie de l'évolution [1]. Et, en effet, la notion de force ne pourrait supporter l'architecture du système si elle se réduisait à son expression mathématique. *La force devra donc se transcender elle-même*. Prenant dans un sens littéral la fameuse formule de la *Théodicée* : « La représentation a un rapport naturel avec ce qui doit être représenté » (III, 356), Spencer déclare : « La pensée n'étant possible que par relation, la réalité relative ne peut être connue comme telle que par rapport à une réalité absolue ; et le rapport entre les deux, étant absolument persistant dans notre conscience, est réel au même titre que les termes qu'il unit sont réels. Nous pouvons donc reprendre avec [p172] une entière confiance les conceptions réalistes qu'à première vue la philosophie semble éliminer » [2]. Une fois de plus, le jeu du relativisme est retourné : du relativisme surgit l'affirmation de l'absolu, affirmation *nouménale* au sens kantien du mot, qui pose une existence et refuse de l'accompagner d'aucune détermination intrinsèque.

Un méditatif comme Malebranche se demande si ce n'est pas là une thèse essentiellement irréligieuse : « Qu'admirez-vous dans la divinité si vous n'en connaissez rien ? » [3]. Pour Herbert Spencer, chez qui le souci de la vie intérieure ou spirituelle ne transparaît guère, c'est une affirmation religieuse par excellence : un Dieu susceptible d'être compris ne serait pas Dieu, telle est la vérité dont dérive toute croyance religieuse. « Si la religion et la science peuvent un jour être réconciliées, la base de la réconciliation sera ce fait qui est le plus profond, le plus large et le plus certain de tous les faits, à savoir que la Puissance qui nous est manifestée par l'univers est inscrutable » [4].

---

1 Cf. KNOTT, Life and scientific Papers of Peter Guthrie Tait, Cambridge, 1911, p. 175.
2 Les premiers principes, II, III, § 46.
3 Entretiens sur la métaphysique et la religion, VII, XVI.
4 *Premiers principes*, I, II, § 14. Emile BOUTROUX écrit : « C'est l'œuvre propre et l'originalité de Herbert Spencer d'avoir érigé en réalité positive l'Inconnaissable qui

SECONDE PARTIE

Il nous a paru qu'il était convenable de rappeler en ses grandes lignes la structure paradoxale, l'équilibre précaire, de l'évolutionnisme spencérien. Par là, en effet, on se rendra compte du spectacle si curieux qu'a présenté la fin du XIXe siècle. De même que vers les dernières années du XVIIIe siècle il était arrivé au moins romantique des hommes de préparer par la *Critique de la raison pure* la « fantaisie » créatrice d'un Schelling, d'un Hegel, d'un Schopenhauer, de même le moins mystique des hommes se trouve rejoindre du dehors, ou au moins appuyer de son crédit, les espoirs renaissants de l'occultisme. Toutes les barrières sont ouvertes. Les idoles dont la civilisation moderne semblait avoir ruiné le prestige se lèvent à nouveau, invoquant chacune pour soi et à un titre égal une certaine *variété de l'expérience religieuse*.

Sans doute William James se proclamait disciple de Renouvier ; et l'on sait avec quelle énergie, jusque sur son lit de mort [1], Renouvier a combattu le réalisme cosmologique de Spencer, survivance de l'ontologie présocratique, ou encore « brahmanisme à forme scientifique » [2]. Cependant, par le détour du fidéisme, qu'elle empruntait ou qu'elle attribuait à Kant, l'École néocriticiste allait au-devant de l'agnosticisme. Et, avec William James, qui aurait volontiers enchéri sur la sévérité de Renouvier [3], pour qui Spencer figurait le prince des « philistins », le mouvement pragmatiste vint établir une connexion, d'autant plus frappante qu'elle est plus inattendue.

Scepticisme et crédulité. Il est difficile de lire William James sans songer aux notes du manuscrit de Pascal : « Montaigne contre les miracles, Montaigne pour les miracles », suivant les endroits où il en parle ; « on voit en l'un combien il est prudent, et néanmoins il croit en l'autre, et se moque des incrédules » [4]. James sera ainsi. Un jour il se déclarera choqué « par la fonction purement musicale que

---

pour ses prédécesseurs, Hamilton et Mansel, n'était qu'une négation. »(*Science et Religion*, 1908, p. 86.) La situation réciproque d'Hamilton et de Mansel se trouve définie par M. Maurice NÉDONCELLE dans son étude sur *La Philosophie religieuse en Grande Bretagne de 1850 à nos jours* (*Cahiers de la nouvelle journée*, XXVI, p. 57).

1 *Les derniers entretiens*, recueillis par Louis PRAT, éd. 1930, p. 44.
2 Critique philosophique, 1872, I, p. 3, apud MOUY, L'idée de progrès dans la philosophie de Renouvier, p. 73.
3 Cf. Correspondance de Charles Renouvier et de William James, *Revue de Métaphysique*, 1929, p. 9.
4 Fos 449 et 453, fr. 814 et 813.

joue l'idéal dans les écrits de Renan » ¹, son maître cependant en psychologie religieuse. Un autre jour (et lui-même prenait plaisir à raconter l'anecdote), il lui arriva d'être interrompu en ces termes par un de ses auditeurs : *Si on était sérieux pour un moment !* ².

La question que pose le pragmatisme en écartant toute recherche théorique de la vérité pour s'en référer aux seules données de l'euphorie sentimentale ou de l'efficacité pratique, n'en demeure pas moins grave ; et Renan lui-même en a donné la formule dramatique dans la Préface qu'il écrivait, vers la fin de sa vie, pour la publication de son ouvrage de jeunesse *L'avenir de la science* : « Il est possible que la ruine des croyances idéalistes soit destinée à suivre la ruine des croyances surnaturelles, et qu'un abaissement réel du moral de l'humanité date du jour où elle a vu la réalité des choses. » La raison, qui ne sait pas « mettre le prix aux choses », la raison, si elle ne se fie qu'à soi, se condamne à demeurer, inerte et impuissante, au seuil de la tâche qu'elle s'est prescrite. Il faut viser plus haut. Spéculativement, Cournot a posé le problème dans les termes les plus nets qu'on puisse désirer : « Tandis que les facultés rationnelles de l'homme, par lesquelles il s'élève au-dessus de l'animalité, se développent et se perfectionnent, les facultés instinctives qui lui sont communes avec les animaux semblent perdre de leur finesse et de leur sûreté, comme un sens qui s'émousse quand il n'est plus autant exercé et qu'un autre sens le remplace jusqu'à un certain point ; mais l'homme n'est jamais entièrement privé du secours de l'instinct animal, et il ne saurait s'en passer. Il n'y a donc point lieu d'être surpris si l'homme ne peut non plus se passer de foi et d'enthousiasme que d'instinct animal, s'il faut que la raison (qui toujours se comprend elle-même et se suffit théoriquement à elle-même) s'aide dans la pratique, aussi bien d'une faculté supérieure qu'elle ne comprend pas, que d'une faculté inférieure qu'elle ne comprend pas davantage, et dont personne ne songe à nier l'existence » ³.

De là cette conclusion, naturelle sans doute et pourtant paradoxale en soi, d'un retour *raisonné* à l'*irrationnel*, non pas sur le plan sim-

---
1 (4) Cf. DUPRAT, Une biographie psychologique de William James, Revue de Métaphysique, 1937, p. 463.
2 Émile BOUTROUX, William James, *Revue de Métaphysique*, 1910, p. 713.
3 COURNOT, Traité de l'enchaînement des idées fondamentales, liv. IV, chap. VI, § 400.

plement biologique de l'instinct animal, mais, suivant le rythme pascalien, sur un plan supérieur où les valeurs vitales se trouveraient sublimées et transcendées. Symétrie assurément séduisante, qui n'est pas cependant sans péril d'égarement. On se flatte de séparer l'un de l'autre les deux *inintelligibles*, instinct animal qu'on reconnaît que la raison dépasse, instinct divin dont on rêve qu'il la dépasse ; et comment y réussir, une fois précisément qu'on a récusé l'arbitrage de la fonction médiatrice ? Pascal a écrit, comme si c'était à l'intention de William James : « Tout notre raisonnement se réduit à céder au sentiment. Mais la fantaisie est semblable et contraire au sentiment, de sorte qu'on ne peut distinguer entre ces contraires. L'un dit que mon sentiment est fantaisie, l'autre que sa fantaisie est sentiment. Il faudrait avoir une règle ; la raison s'offre, mais elle est ployable à tous sens, et ainsi il n'y en a point » [1].

Et nous savons trop bien, *au XXe siècle*, de quel prix les équivoques se paient. Le réalisme hégélien, qui fait de l'État le véhicule de l'Esprit, donne prétexte à un langage qu'assurément Hegel n'avait pas entrevu. Et de même pour le pragmatisme. En se déclarant indifférent au jugement de la raison, en accueillant pour leur *tonus* vital, pour leur « dynamisme » psychologique, toutes les sortes de l'expérience mystique, en étendant même l'emploi du terme *mystique* hors du domaine religieux, le pragmatisme porte une part de responsabilité dans le renversement de mots et de valeurs par lequel se couvre d'un masque de philosophie le déchaînement des intérêts les plus terre à terre, des passions les plus brutales, à contresens de l'espérance et du sentiment qui animaient James lui-même.

On aurait voulu mettre ce qu'on a de plus cher à l'abri de la critique, se conférer le droit à ce que la conclusion des *Variétés de l'expérience religieuse* appelle une *surcroyance* ; et on se heurte à l'impossibilité de qualifier l'objet même auquel on aspire, de lui attribuer les caractères qui nous permettraient d'en reconnaître l'authenticité. *Transcendance* est bien vite dit ; mais, fait remarquer avec finesse et profondeur M. Jean Wahl, il s'agira aussi bien d'une *transdescendance* [2].

---

1 *Pensées*, f° 130, fr. 274.
2 « Il y a une hiérarchie dirigée vers le bas si on peut dire, celle dont un Lawrence a eu conscience quand il nous présentait au-dessous de nous, dans les bases de l'être, le Dieu inconnu. »(Sur l'idée de transcendance. *Travaux du IXe Congrès international*

XLVI. — Il semble donc impossible que la doctrine de l'expérience religieuse échappe à la nécessité d'aborder son problème sous sa forme directe et redoutable : Y a-t-il une expérience qui apporte à l'homme la connaissance positive d'un objet transcendant à l'expérience ? Qu'une telle question dépasse les ressources dont dispose normalement la psychologie, c'est ce que William James paraît avoir reconnu, et ce que confirmera, croyons-nous, l'exemple caractéristique de Maine de Biran. Reste le recours à la métaphysique. Ce n'est pas le moindre trait du génie de Kant d'avoir décelé dans le spiritisme de Swedenborg, dans la communication avec les morts, dans le tableau dévoilé d'un ciel qui est peuplé d'êtres soustraits à la nécessité des liens spatio-temporels, cela même dont la métaphysique classique, la théologie dite rationnelle, n'avait osé recueillir qu'un pâle et schématique reflet. On peut parler des Anges sans en avoir aperçu soi-même, et fonder sur leur réalité l'architecture d'un système, comme il arrivait dans la scolastique médiévale ; toutefois c'est à cette condition qu'on soit en droit d'invoquer pour garant quelqu'un de sûr qui les aurait vus. Il faut donc être reconnaissant à William James d'avoir rompu avec cette fausse pudeur qui trop souvent laisse dans une ombre habilement ménagée le point crucial où se séparent les routes de la spiritualité. Ce n'est pas l'éternité tout intérieure de la pensée qui l'intéresse, c'est la survivance des âmes [1]. Et alors, quelle que $_{P176}$ soit la base dogmatique de la foi, on sera contraint d'envisager sans réticence qu'il y ait au moins possibilité de leur persistance ultra-terrestre. Problème d'autant plus dramatique, dans la psychologie de James, qu'achevant de détruire l'idole du *moi* substantiel pour le ramener au flux incessamment divers et renouvelé des « courants de conscience », elle semble exclure la conservation telle quelle d'une essence désincarnée.

Que convient-il donc de se représenter quand on témoigne de sa foi dans la survie ? Pour les primitifs, il n'y a pas de doute ; à leurs yeux l'autre monde fait encore partie de ce monde, le commerce des vivants et des morts rentre dans le tissu de l'expérience quotidienne. Déjà dans les légendes dont la Grèce a consacré la

---

de Philosophie, 1937, t. VIII, p. 58.)

1 Pratt a publié de James cette curieuse réponse à un questionnaire : « Croyez-vous à l'immortalité personnelle ? — *Jamais bien vivement ; mais plus je vieillis, plus j'y crois.* — Si oui, pourquoi ? — *Parce que je commence à me sentir prêt à vivre.* » DELATTRE et LE BRETON, *William Jantes, Extraits de sa correspondance*, 1924, p. 261.

tradition, il passe pour une exception miraculeuse : tirer un être des enfers est un exploit héroïque de demi-dieu. Le peuple de la ville d'Our s'imagine sans peine construisant pour son souverain un palais d'outre-tombe, accumulant les trésors, ensevelissant avec lui les musiciens qui enchanteront son existence posthume. A mesure que la conception de la vie future se dématérialise, la croyance à l'au-delà devient, suivant l'expression de M. Bergson, « verbale, abstraite, inefficace »[1]. N'est-ce pas pour cette cause profonde, et qui nous apparaît irrémédiable, que le temps de l'*au-delà*, dans lequel nous nous projetons à titre posthume, est nécessairement un temps abstrait de la durée à laquelle notre propre personnalité se trouve liée par toutes les vicissitudes qui composent son histoire, par toutes les circonstances qui ont contribué à en déterminer le cours ? De quoi Kant et Malebranche ont eu également le sentiment lorsqu'ils déclaraient que, pour sauver l'espérance de la vie future, il fallait mettre l'âme à l'écart et à l'abri de notre propre intimité.

Toute communication surnaturelle avec l'au-delà, qu'elle soit censée se produire à l'intérieur ou en dehors des cadres d'une orthodoxie définie, se heurte à un refus de l'imagination : comment se figurer la condition d'un être réduit à l'ombre métaphysique de lui-même ? Mais c'est là peut-être une simple défaillance de nos facultés normales, qu'un surcroît d'expérience permettrait de surmonter. Fils de Swedenborgien, sous l'influence des théories de Myers, pour qui les faits qui se passent au-dessous du seuil de la conscience permettent de conclure à une sorte de *supra-conscience cosmique*, William James revient aux spéculations contre lesquelles son sens critique s'était autrefois insurgé. « Selon moi la conscience mystique ou religieuse est inséparable d'un *moi* subliminal étendu qui laisserait filtrer des messages au travers de sa mince cloison ; les impressions, impulsions, émotions et excitations qui nous en parviennent nous aident à vivre ; elles apportent l'invincible confirmation d'un monde au-delà des sens, elles nous attendrissent, donnent à tout un sens et un prix, et nous rendent heureux. Voilà ce qu'elles procurent à qui les ressent, et il n'est bien-

---

[1] *Les deux sources de la morale et de la religion*, 1932, p. 342. Cf. François MAURIAC, *Journal*, I, 1934, p. 55 : « Dans le *Credo*, nous affirmons notre foi dans la résurrection de la chair. La résurrection de la chair..., qui de nous y arrête sa pensée ? Nous devrions tressaillir de joie, si cette foi était en nous vivante. »

tôt plus seul » [1].

Avant de mourir, James fait la promesse de ne pas envier aux vivants le secret de la tombe, que les héros de l'Antiquité, revenus des enfers, que Lazare et Jésus lui-même, après leur résurrection, avaient jalousement gardé. « Il rêvait d'expériences extraordinaires et d'efforts plus qu'humains par lesquels il pût continuer, jusque par-delà la mort, à travailler avec nous pour le plus grand bien de la science, pour la plus grande gloire de la vérité » [2]. Mais la réponse n'est pas venue ; le domaine des recherches métapsychiques demeure la *terra incognita* qui tente notre curiosité sans la satisfaire.

Une expérience qui mériterait d'être appelée *expérience pure* se dérobe à nos prises. Nous pouvons le dire après James et d'après James : « C'est seulement pour les enfants nouveau-nés ou les adultes dans un état à demi comateux par l'effet du sommeil ou de certaines drogues, de coups reçus ou de certaines maladies, qu'on peut parler d'expérience pure dans le sens littéral d'un *quelque chose* qui n'est pas encore du tout devenue telle chose définie, quoique prête à devenir toutes sortes de choses déterminées » [3]. Le réalisme *hypercosmologique* du spiritisme swedenborgien se heurte à la même contradiction qui arrêtera le réalisme *hyperpsychologique* du mysticisme biranien, et qu'Henri Delacroix a exprimée admirablement : « L'existence des esprits ne pourrait devenir un fait d'expérience qu'en se soumettant aux conditions de l'expérience qui précisément éliminent l'action des esprits... L'Animisme sans critique des premiers âges n'est qu'une survivance et n'a point de place dans le champ de l'expérience » [4].

D) L'expérience biranienne

XLVII — En spéculant sur les variétés, non seulement de l'expérience religieuse mais aussi du sens méthodologique de l'expérience en général, les apologétiques empiristes se ménagent des avantages, illusoires et dangereux sans doute pour le fond des

---

1 Lettre à Rankine, du 16 juin 1901, *apud* Delattre et Le Breton, p. 207.
2 Bergson, Préface pour la traduction française du pragmatisme, p. 16.
3 *Philosophie de l'expérience*, trad. Le Brun, p. 328.
4 Myers, La théorie du subliminal, *Revue de Métaphysique* 1905, p. 282.

choses, mais précieux tant qu'il ne s'agit que de discuter. Il est malaisé, en effet, d'aborder de face le problème ; il faudrait pouvoir opérer le passage de l'*extension* à la *compréhension*, c'est-à-dire découvrir un cas typique à ce degré que la démonstration du succès ou de l'échec puisse être considérée comme valable pour toute tentative analogue. C'est ainsi que dans le domaine du raisonnement formel Hilbert, prenant l'exemple d'Aristide, propose d'y incarner le concept d'*incorruptible*. Aristide n'est-il pas tel que, s'il lui advenait de se laisser corrompre, tout autre devrait être regardé comme corruptible ? De l'individu on pourra donc légitimement conclure à la classe tout entière.

Or, quand on envisage de ce point de vue le problème de savoir si l'expérience intime du psychologue suffit à nous introduire effectivement dans la vérité de la religion, il semble qu'on ne serait pas loin de s'accorder, de part et d'autre, pour reconnaître que la révélation des écrits de Maine de Biran, qui s'est faite progressivement depuis un siècle, offre un intérêt singulier.

Biran n'est pas seulement un psychologue de vocation ; c'est encore un « sujet » qui porte en lui la matière de l'analyse la plus riche, par la délicatesse innée de son tempérament, par la diversité des courants sur lesquels s'exercera sa réflexion, par la contrariété des tendances qui se succéderont dans son esprit et dans son œuvre. M. Georges Le Roy n'a-t-il pas soutenu récemment, dans une thèse remarquable, que l'« expérience vécue » de l'*effort* prélude chez Biran à l'« expérience vécue » de la grâce, et permet ainsi de parer d'avance aux objections soulevées du dehors par une critique d'ordre intellectualiste ? Et cependant, à entrer dans le détail des témoignages que Biran nous a laissés, le doute réapparaît, et leur minutie lui confère une portée, non certes décisive, mais du moins exceptionnelle.

La confidence la plus ancienne qui nous soit parvenue de Biran porte la date du 27 juillet 1793, « Ma sœur Victoire avait reçu de la nature l'âme la plus sensible, la plus aimante, la plus belle... Je me suis nourri du spectacle de son agonie et de sa mort. Il est devant mes yeux, il y sera longtemps... O philosophes discoureurs, venez apprendre à mourir... O religion, que tu es consolante ! Qu'il est infortuné celui qui, livré à la faiblesse $_{P179}$ humaine, ne cherche pas son appui dans le ciel !... Les philosophes font tous leurs efforts pour consoler les hommes de cette nécessité cruelle de mourir ; pourront-ils jamais y réussir, tant qu'ils ne s'appuieront sur l'espérance en Dieu ?... Cessez donc vos consolations illusoires. Le sens intime m'en donnera de plus solides que vos raisonnements » [1].

Dans cette première période la religion de Biran serait, pour ainsi dire, *Rousseau sensible au cœur*. C'est en termes directement empruntés aux *Rêveries du promeneur solitaire* que Biran décrira ses propres impressions d'harmonie avec la nature et de plénitude intérieure : « N'eussé-je de ma vie que cette heure de bonheur que j'ai passée dans le calme, je ne puis désirer d'autre félicité. La nature semble m'avoir indiqué du doigt la route que je dois tenir, et si jamais, amorcé par les passions, je me laissais égarer sur leurs traces, je n'aurais, pour me désabuser, qu'à me rappeler ma promenade solitaire » (*ibid.*, p. 56).

Seulement, c'est l'originalité de Biran qu'il refuse de se laisser aller à être tout entier du côté où par instinct il pencherait. Et voici ses *Réflexions nées en lisant ce que dit Jean-Jacques Rousseau dans la Profession de foi du Vicaire savoyard sur la Conscience* : « Si, comme l'a si bien dit le sage Locke, tout principe inné est une chimère, nous pouvons, je crois, reléguer au même rang ce sentiment que l'on nous dit avoir été mis par la nature au fond de nos âmes pour nous servir de règles précises, de mesures exactes pour juger de la bonté, de la méchanceté de nos actions et de celles d'autrui. Cette opinion, soutenue par un de nos philosophes le plus vrai et le plus profond, surtout le plus éloquent, étayée par tout ce qui peut entraîner avec le plus d'empire, séduire avec le plus de prestige, ne doit pas nous en imposer. La raison n'approuve pas toujours ce qui a séduit le cœur ; et le langage du sentiment, si puissant pour persuader, ne tient pas toujours contre un examen rigoureux et réfléchi » (*ibid.*, p. 183).

Doute spéculatif qui s'accompagne d'une expérience de vicissitude et de dissolution : L'homme est un être successif (*ibid.*, p. 232). Ma manière d'être, de sentir, avoue Maine de Biran, n'a jamais été fixe (*ibid.*, p. 76). Je vais me coucher philosophe, je me réveillerai fou ou amoureux. Le moment actuel de mon être ne reviendra

---

[1] Premier journal, *apud Œuvres de Maine de Biran*, édit. Pierre Tisserand, t. I, 1920, pp. 2 et 3, 14 et 15.

plus. Ainsi se joue la farce de la vie [1]... Il me semble quant à moi que je ne suis en aucune manière le maître $_{P180}$ de mes idées ; mon cerveau est tantôt monté sur un ton, tantôt sur un autre [2].

C'est en homme soucieux de se redresser que Biran va se tourner vers la philosophie. « Quel est (ou quel serait) le caractère distinctif de la sagesse et du bonheur qui en est inséparable ? Je réponds avec Sénèque et plusieurs autres philosophes que c'est l'unité, unité dans les goûts, dans les mœurs, dans les affections, dans les habitudes, dans la forme et le but de la vie humaine... O philosophie ! C'est à toi que je remets la conduite de ma vie... Un seul jour passé selon tes préceptes est préférable à l'immortalité passée dans le vice. Et comment cesserais-je d'implorer ton secours, puisque je te dois la tranquillité de ma vie et que tu as banni de mon cœur la crainte de la mort ? » (*ibid.*, pp. 89 et 136).

Tels sont les thèmes initiaux qui vont présider à la carrière de Biran, et qui en expliqueront les sinuosités.

La pensée française au début du XIXe siècle est commandée par l'analyse de Condillac, qui se poursuit et se précise dans l'École idéologique. On se souvient du conseil que Stendhal s'adressait à lui-même : *Dérousseauiser mon jugement en lisant Destutt* [3]. Or, comme le remarque Henri Delacroix, « Biran a passé pour un pur idéologue » ; et lui-même a eu l'occasion de caractériser à différentes reprises le bienfait de la réforme idéologique.

Après le succès du Second *Mémoire sur l'Habitude*, il va rendre visite dans leur solitude d'Auteuil à Cabanis et à Destutt de Tracy ; et il en rapporte l'impression que la méthode est désormais acquise, qui engage définitivement l'humanité dans la voie de la raison. Toutefois, chez Biran, cette assurance de progrès quant à l'ordre de la connaissance pure n'exclut nullement un fond d'inquiétude persistante. Les idéologues sont contemporains des romantiques, pour qui le thème d'un positivisme agnostique se tourne en mélancolie et s'achève en désespoir : « L'homme (avait écrit Cabanis dans un travail sur les *Degrés de la certitude de la médecine*, rédigé

---

1 Texte inédit publié par M. le chanoine MAYJONADE, *apud Bulletin de la Société française de Philosophie*. Séance du 19 juin 1924, 24e année, p. 67.
2 Du 25 décembre 1794, Premier journal, *op. cit.*, p. 79.
3 *Journal*, 1804, p. 96, *apud* Henri DELACROIX, *Psychologie de Stendhal*, 1918, P. 5, n. 2.

en 1788, publié en 1798) ne connaît l'essence de rien, ni celle de la matière qu'il a sans cesse sous les yeux, ni celle du principe secret qui la vivifie et détermine tous les phénomènes de l'univers. Il parle souvent des causes qu'il se flatte d'avoir découvertes, et de celles qu'il se plaint de ne pouvoir découvrir ; mais les vraies causes, les causes premières, sont aussi cachées pour lui que l'essence même des choses ; il n'en connaît aucune » [4]. En 1804, l'année même où Biran rédigeait le *Mémoire sur la décomposition de la pensée*, de Sénancour faisait paraître l'autobiographie d'*Obermann* : « Comme si tous les hommes n'avaient point passé, et tous passé en vain ! Comme si la vie était réelle et existante essentiellement ! Comme si la perception de l'univers était l'idée d'un être positif, et le *moi* de l'homme quelque autre chose que l'expression accidentelle d'un alliage éphémère ! Que veux-je, que suis-je ? Que demander à la nature ?... Toute cause est invisible, toute fin trompeuse ; toute forme change, toute durée s'épuise ; et le tourment du cœur insatiable est le mouvement aveugle d'un météore errant dans le vide où il doit se perdre. Rien n'est possédé comme il est conçu : rien n'est connu comme il existe. Nous voyons les rapports, et non les essences ; nous n'usons pas des choses, mais de leurs images. Cette nature cherchée au-dehors et impénétrable dans nous est partout ténébreuse. *Je sens* est le seul mot de l'homme qui ne veut que des vérités » [5].

XLVIII. — Par cette rencontre de la réflexion idéologique et de la rêverie romantique, le moment historique auquel correspond

---

4 Apud Georges POYER, Cabanis, Choix de textes et Introduction, p. 68.
5 *Lettre LXIII*. Cette tradition du pessimisme romantique trouvera encore un écho chez Lamartine qui écrit en 1856 dans son *Cours familier de littérature* : « Malgré les dispositions équitables, équilibrées, et je dirai même heureuses de ma nature, je le dirai avec la sincérité et avec l'audace de Job, tout pesé, tout balancé, tout calculé, tout pensé et tout repensé, en dernier résultat, la vie humaine (si on soustrait Dieu, c'est-à-dire l'infini) est le supplice le plus divinement ou le plus infernalement combiné pour faire rendre, dans un espace de temps donné, à une créature pensante, la plus grande masse de souffrances physiques ou morales, de gémissements, de désespoirs, de cris, d'imprécations, de blasphèmes, qui puisse être contenue dans un corps de chair et dans une âme de... Nous ne savons même pas le nom de cette essence par qui nous sommes ! Jamais un homme, quelque cruel qu'on le suppose, n'aurait pu arriver à cette infernale et sublime combinaison de supplices : il a fallu un Dieu pour l'inventer » (*XIe Entretien*, t. VI, p. 337).

l'œuvre de Biran se dégage de lui-même.

Condillac, subordonnant la psychologie au schème logique qu'il s'était tracé *a priori*, était loin d'avoir épuisé les ressources de l'analyse à laquelle il avait rendu son prestige et sa fécondité. C'est ce qu'ont commencé à faire voir Cabanis et Destutt de Tracy lorsqu'ils ont, d'une part, rattaché le jeu des sensations à ses racines organiques, d'autre part, dévoilé le rôle inaperçu du mouvement dans la perception. Mais il était réservé à Biran de mettre en pleine lumière la capacité du sujet à réagir contre l'impression passive. « Si nous parlons, parce que nous entendons, $_{P182}$ il est vrai de dire que nous n'entendons bien qu'autant que nous parlons » [1]. Et il en est ainsi, non pas seulement dans chaque ordre de sensibilité, mais d'un ordre à l'autre. « L'association de la voix avec l'ouïe est analogue, dans ses effets premiers, à celle qui existe entre le tact et la vue (*ibid.*). Les organes du tact et de la vue sont essentiellement liés l'un à l'autre par les rapports naturels de motilité » (*ibid.*, p. 114).

En suivant les développements de la Seconde Partie du *Mémoire sur la décomposition de la pensée*, qui sont restés inédits jusqu'en 1924, on admire à quel point Biran est tout proche d'une théorie dynamique de la connaissance rationnelle, où les catégories de Kant entreraient en action pour rendre évident le caractère tout intérieur et tout spirituel du progrès de l'intelligence. Le *Cogito* cartésien semble reconquis sous son aspect le plus direct et le plus concret, dans sa puissance d'expansion illimitée.

Or c'est à ce point précis que la ligne se brise. Biran demeure prisonnier du préjugé réaliste qui ferme le *moi* sur l'image de l'individu. On le voit buter contre le passage classique des *Méditations* qui signifie le renouvellement de la vie religieuse dans notre civilisation moderne : *J'ai en quelque façon premièrement en moi la notion de l'infini que du fini, c'est-à-dire de Dieu que de moi-même.* Et Biran note : « J'avoue que je ne conçois rien à ce paragraphe, et il m'est impossible de concevoir sur quelle faculté de l'esprit Descartes appuie les assertions qui y sont contenues... Avant de me connaître moi-même, je ne connais rien, je ne suis même pas un être pensant. Je n'ai donc en moi, en aucune façon premièrement, la notion de l'infini ou celle de Dieu avant l'aperception ou

---

[1] *Second mémoire sur l'habitude*, édit. TISSERAND, t. II, p. 41.

la connaissance de moi-même » ¹.

Rien de plus net et de plus saisissant ; rien qui explique mieux comment l'échec de sa psychologie métaphysique devait rejeter Biran, sans plus de succès d'ailleurs selon nous, sur l'expérience mystique. C'est qu'au lieu d'aller jusqu'au bout de la voie qu'il s'était frayée, parcourant dans chaque ordre de sensibilité les degrés de tension intellectuelle qui vont de l'impression immédiate et inconsciente jusqu'à la spiritualité de l'aperception, il s'arrête à mi-chemin pour demander à un sens particulier qu'il lui révèle l'essence du *moi* en tant que cause et en tant que $_{P183}$ substance. Ce sens particulier, ce sera le « sens de l'effort », où le sujet humain prend conscience de soi comme d'une force *hyperorganique* et *hypersensible*. « Le sens de l'effort n'a point été désigné jusqu'ici sous son titre spécial, précisément parce qu'il est le plus intime ou le plus près de nous, ou plutôt parce qu'il est nous-même... Le sens intime étant celui de notre individualité ne comporte aucune généralisation » ².

En prenant les choses ainsi, Biran a pu se figurer un moment qu'il avait résolu le problème du dynamisme leibnizien, transposé dans le cadre du sensualisme. Mais, en réalité, pour montrer à quel embarras il se vouait inévitablement, il suffira de rappeler les lignes du journal où l'on voit son originalité de psychologue se heurter à son préjugé de métaphysicien ou, si l'on préfère, à son aspiration de moraliste. « J'ai passé la soirée chez l'abbé Morellet (un survivant de l'Encyclopédie qui combattait l'athéisme jusque chez le baron d'Holbach ; il touchait alors à sa quatre-vingtième année, il était à la veille de publier des *Mémoires de littérature et de philosophie*). Mon vieil ami m'a demandé brusquement : *Qu'est-ce que le moi ?* Je n'ai pu répondre. Il faut se placer dans le point de vue intime de la conscience, et, ayant alors présente cette unité qui juge de tous les phénomènes, en restant invariable, on aperçoit le *moi*, on ne demande plus ce qu'il est » ³.

La question nous rapproche singulièrement du bergsonisme. Sommes-nous autorisés à en conclure, comme le fait M. Georges Le Roy, que la solution proposée, ou du moins souhaitée, soit elle-

---

1 Commentaire sur les méditations de Descartes (1813), *apud* Alexis Bertrand, *Science et psychologie. Nouvelles œuvres inédites de Maine de Biran*, 1887, p. 98.
2 Essai sur les fondements de la psychologie et sur ses rapports avec l'étude de la nature, édit. Tisserand, t. VIII, pp. 179 et 36.
3 *Journal intime*, du 25 novembre 1817.

même bergsonienne ? Du texte même de Biran il nous semble ressortir, tout au contraire, que Biran demande aux « données immédiates de la conscience » d'échapper au péril d'une variation perpétuelle, de surmonter cette apparence de « durée mouvante » où nous avons appris de M. Bergson à reconnaître le caractère véritable de la réalité intime. Bref, l'analyse bergsonienne fait justice de l'imagination d'une substance immuable, du préjugé ontologique, auxquels Biran est incapable de renoncer, et qui entraînent inévitablement la déception finale.

Biran est trop clairvoyant et trop sincère pour qu'il ne lui arrive pas d'en porter lui-même témoignage. Dès les *Fondements de la psychologie*, la distance est considérée comme infranchissable entre l'affirmation métaphysique qui se situerait dans l'absolu et l'observation de fait qui demeure au seuil. « Le moi est un et simple, mais il n'est et ne s'aperçoit tel qu'en qualité de sujet de l'effort, et relativement au terme composé et multiple sur lequel sa force se déploie » (édit. cit., t. VIII, p. 206). Ainsi se produit chez Biran, à l'intérieur de sa psychologie, le même renversement de perspective que Kant opérait à l'intérieur de la critique lorsqu'il substituait la *foi* au *savoir*. C'est la raison seule qui aurait pu affranchir de la relativité aux sens la causalité substantielle du moi. Or, en 1814, comme le remarque Victor Delbos, Biran « notait très fermement l'impossibilité qu'il y avait à faire dépendre les vérités universelles et nécessaires de la connaissance du fait primitif proprement dit »[1]. Biran s'explique d'une façon décisive par cette note des *Rapports des sciences naturelles avec la psychologie* : « Notre faculté de croire est liée par sa nature à l'absolu... Si quelque chose d'absolu ne nous était pas donné primitivement et nécessairement, comme objet de croyance, il n'y aurait pas de croyance relative, c'est-à-dire nous ne connaîtrions rien du tout »[2].

XLIX. — De la carrière purement philosophique de Biran, le chemin s'ouvre à la « troisième vie », qui sera une vie proprement religieuse. Et par là se précise l'angle sous lequel nous avons à considérer ce passage pour en recueillir l'enseignement.

Sans doute convient-il de ne jamais négliger dans l'évolution de sa

---
1 Maine de Biran et son œuvre philosophique, 1931, p. 263.
2 Edit. TISSERAND, t. X, p. 124.

pensée la part qui revient au tempérament de Biran et aux circonstances : « Mon principal défaut, c'est la mobilité en tout » [1]. C'est parce qu'il se sentait toujours instable que Biran s'était fait un idéal de la constance et de la fermeté stoïciennes. Cependant on se tromperait du tout au tout si l'on allait insérer entre Rousseau et Amiel l'auteur du *Journal intime* (du moins de ce qu'on a publié sous ce titre), si on voyait en lui un vaincu de la vie et de la société, rejeté malgré soi dans la solitude. Venu du Languedoc pour prendre rang parmi les gardes du corps de Louis XVI, l'année même où fut joué le *Mariage de Figaro*, et à l'âge de Chérubin, puis choisi par ses concitoyens de Bergerac pour les représenter aux Assemblées législatives du Directoire, de l'Empire, de la Restauration, questeur de la Chambre des députés et conseiller d'État, Biran a toujours fait dans le monde figure d'enfant gâté ou d'homme heureux. S'il y a souffert d'un défaut d'adaptation, nous devons en accuser bien plus l'incapacité du monde à le satisfaire. C'est de Pascal qu'il conviendrait ici de se souvenir, et qui reste en effet présent à Biran.

On a quelque scrupule à user de documents qui étaient faits pour ne pas être publiés. Mais le fondateur de la *Société médicale de Bergerac* ne refuserait pas les circonstances atténuantes à la curiosité indiscrète qui a découvert l'homme derrière l'auteur, le sujet d'observation derrière l'observateur. « *6 mars 1813*. — Le matin, discussion métaphysique avec Ampère... Spectacle aux *Variétés*, où j'ai ri et tué le temps, en me reprochant ce vain emploi de ma vie. — *7 mars*. — Soirée brillante chez le Président du Corps Législatif. Duo de cor et harpe. — *8 mars*. — Discussion métaphysique avec Ampère. — *9 mars*. — Visite à l'aimable Mlle d'Alpy. Dîner à 5 h 30 chez le restaurateur, avec Ampère, Duvivau (directeur de l'École Polytechnique), Andrieux [2]. — *11 avril 1817*. — Spectacle de la Porte Saint-Martin, où je me suis amusé jusqu'à 11 heures ; rentré chez moi en fiacre. Les divertissements nous perdent et nous font passer, sans nous en apercevoir, du temps à l'éternité » [3].

Cette disposition à la retraite en soi se trouve encore accrue par le retentissement des événements extérieurs. La Terreur avait interdit à Biran de partager l'optimisme de Condorcet. Les violences

---

1 La Valette-Monbrun, *Journal intime de Maine de Biran*, t. I, 1927, p. XIX.
2 *Journal intime*, édit. La Valette-Monbrun, I, p. 75.
3 *Ibid*., 11, p. 21.

de la première Restauration, qui inspirent à Destutt de Tracy un avertissement prophétique [1], amènent le retour de l'île d'Elbe. Et l'on ne saurait exagérer la profondeur de la crise qui l'ébranle à ce moment. Les expressions qu'il confie à son *Journal* ne se ressentent plus guère de sa pondération habituelle : « La capitale est aux pieds du monstre dégoûtant qu'elle avait proscrit. » Lui-même se trouve dans une situation dangereuse, obligé d'aller plaider sa cause à Périgueux auprès du préfet et du général qui finissent par lui promettre de le laisser en liberté. Il reprend la route de Bergerac, et il écrit : « Je date de ce jour, 2 avril 1815, la *ferme résolution*, prise par nécessité autant que par choix, de me consacrer entièrement à la solitude et de reprendre mes études abandonnées. »

Dans quel sens Biran va-t-il orienter ce vœu de solitude, auquel nous savons qu'il ne sera pas fidèle ? Deux notes se succèdent : *9 avril 1815*. — « J'ai pris un bain, et j'ai lu en même temps Horace (Première et deuxième épîtres) afin de m'encourager à l'étude de la sagesse et à bien supporter et employer la solitude. J'ai été à la messe à Saint-Sauveur. — *16 avril 1815*. — C'est assez longtemps se laisser aller au torrent des événements, des opinions, du flux continuel des modifications externes ou internes, à tout ce qui passe comme l'ombre. Il faut s'attacher aujourd'hui au seul être qui reste immuable, qui est la source vraie de nos consolations dans le présent, et de nos espérances dans l'avenir... Pour me garantir du désespoir, je penserai à Dieu, je me réfugierai dans son sein. »

Toutefois, si c'est en méditant Joseph de Maistre que Biran avoue son inquiétude quant à la portée d'une théorie simplement psychologique du *moi*, si c'est en contemplant le spectacle de la procession de la Fête-Dieu, rétablie à Bergerac, que Biran admire la ténacité d'une foi enracinée par les siècles [2], il est d'autant plus re-

---

[1] Lettre à Maine de Biran, 13 mai 1814 : « Je ne puis pas assez vous dire combien je tremble que ce qui a perdu les Stuarts ne perde les Bourbons ; et d'autant plus aisément que nous sommes subjugués par l'étranger et que Cromwell n'est pas mort. » Edit. TISSERAND, t. VII, p. 365.
[2] 16 juin 1816 : « En voyant ce peuple nombreux marcher en bon ordre, en suivant les bannières et la croix, prier avec ferveur, tomber à genoux au premier signe, et l'air de jubilation de la multitude, je réfléchissais sur cette force des institutions que l'homme ne crée pas, mais que la religion et le temps seuls peuvent consacrer. Que les lois humaines ordonnent des fêtes, que les magistrats prennent toutes les mesures possibles pour les faire célébrer, tout sera inutile, parce que le premier mobile manque, savoir le sentiment qui ne se commande pas, et qu'aucune autorité

marquable que Biran soit aussi loin que possible de se rallier au sociologisme théocratique qui chez de Bonald servait d'appui à la cause légitimiste. Il a su reconnaître, à travers l'apparence « bien pensante », le caractère essentiellement matérialiste du primat de la conscience collective : « Ce n'est point l'esprit humain, ce n'est aucun entendement individuel qui est le siège, le véritable sujet d'inhérence des notions ou des vérités dont il s'agit ; mais c'est la société qui, douée d'une sorte d'entendement collectif différent de celui des individus, en a été imbue dès l'origine par le don du langage et en vertu d'une influence miraculeuse exercée sur la masse seule indépendamment des parties ; l'individu, l'homme, n'est rien ; la société seule existe, c'est l'âme du monde moral, elle seule reste, tandis que les personnes individuelles ne sont que des phénomènes. Entende qui pourra cette métaphysique sociale. Si l'auteur la comprend lui-même nettement, c'est que nous avons tort. Il faut alors ne plus parler de philosophie, et reconnaître le néant de la science de l'homme intellectuel et moral »[1]. $_{P187}$ Auguste Comte se flattait d'unir de Bonald à Condorcet ; Biran dirait plutôt : *ni Condorcet ni de Bonald*. Et c'est cette tentative pour se frayer un chemin à l'écart des deux sociologies extrêmes qui fait le caractère original de sa tentative et la portée unique de son témoignage.

Sans doute est-il vrai que Biran recourt à la religion parce que la conscience de l'effort n'a pas réussi à découvrir « l'unité invariable du *moi* ». Et M. Georges Le Roy ne manque pas d'en convenir : « Tout ayant échoué, Maine de Biran se résout à regarder vers Dieu »[2]. Mais ne peut-on plaider que cet échec même a servi d'épreuve pour la méthode ? Aguerri en quelque sorte par ses assauts infructueux en vue d'emporter la citadelle de l'effort, il découvrira la tactique nécessaire pour s'assurer d'une participation intime à l'influx de la grâce ; et cela précisément en vertu de la différence spécifique de l'effort et de la grâce, qui correspond à la diversité de l'expérience profane et de l'expérience religieuse. De fait, pendant des années, Biran ne cessera de mettre en parallèle stoïcisme et christianisme. « Selon qu'il se sent, ou non, capable de réagir par lui seul en quelque mesure contre ses impressions, il

---

humaine ne peut faire naître, mais qui se rattache spontanément à certaines images confuses qui emportent avec elles l'infini du temps et de la durée. »
1 *Œuvres inédites*, édit. Ernest Naville, t. III, 1859, p. 208.
2 L'expérience de l'effort et de la grâce chez Maine de Biran, 1937, p. 344.

tend à s'avouer Stoïcien ou Chrétien »¹. Et si nous ne cherchions qu'à dessiner la courbe d'une pensée individuelle, nous devrions nous borner à enregistrer ces sautes de sentiment, transposées sur un plan transcendant.

Mais ce qui intéresse notre problème, c'est l'interprétation qui en a été donnée par Biran, et d'après Biran. Il connaîtra des moments d'euphorie apaisée, où l'expérience naturelle du Stoïcien et l'expérience surnaturelle du Chrétien se rejoignent dans l'exaltation du sens intime : « La disposition de l'âme est la même ou conçue de la même manière dans le stoïcisme de Marc-Aurèle ou le christianisme de Fénelon »². Seulement, ce ne sont que les « instants sublimes de la psychasthénie, ces instants où le sujet a l'impression de vivre pleinement et qui, traversant, comme des éclairs, l'incomplétude habituelle, expliquent certaines formes d'inspiration »³. Et le doute qui traverse toute la carrière de Biran renaît avec d'autant plus d'intensité angoissante $_{P188}$ qu'il avait pu sembler dissipé : « Dépend-il de l'âme de passer par sa propre force de l'état inférieur à l'état supérieur ? »⁴.

Biran ne s'est jamais senti assez sûr et assez maître de soi pour se donner le droit de répondre affirmativement : « Ah que je puisse avoir la force de me supporter moi-même dans la retraite et de fuir le monde ! »⁵. Et quelques mois plus tard : « Je veux être à la fois au monde extérieur et à mes idées, je ne réussis à être ni à l'un ni à l'autre. Je suis empêché en tout, je me mets dans un état d'effort »⁶. Le mot d'*effort*, employé ainsi pour désigner un état qu'il déplore, sonne étrangement, presque tragiquement, chez le philosophe dont toute l'œuvre revenait à faire fond sur la spécificité de l'effort pour la révélation intime de la liberté triomphante.

Pascal aura donc raison contre Épictète : « Cette morale stoïcienne, toute sublime qu'elle est, est contraire à la nature de l'homme lors-

1 DELBOS, *La personnalité de Maine de Biran et son activité philosophique*, 1912 p. 29.
2 *Journal Intime*, mai 1820.
3 Henri DELACROIX, *La religion et la foi*, p. 311. BIRAN écrira lui-même : « D'où viennent ces éclairs de raison, d'activité, de confiance, de bonheur ; et bientôt cette nuit sombre, ce sommeil de la pensée, cet ennui, ce dégoût qui succèdent ? » (du 1ᵉʳ au 7 mars 1818).
4 *Journal intime*, 25 décembre 1822.
5 *Ibid.*, 16 novembre 1817.
6 *Ibid.*, 1ᵉʳ-7 mars 1818.

qu'elle fait rentrer sous l'empire de la volonté des affections des sentiments ou des causes d'excitation qui n'en dépendent pas. Il faut que les principes viennent de plus haut. » Ce qui ne voudra pas dire cependant que Pascal lui-même ait absolument raison. « Les deux systèmes sont outrés... » [1]. Et en 1821 Biran, qui revient sur cette idée, s'explique : « Les deux doctrines reposent sur des principes opposés à ceux de la psychologie » : le stoïcisme exagérant la force de l'homme ; le christianisme parce qu'il « exagère notre faiblesse jusqu'à anéantir dans l'homme toute force morale qui serait indépendante d'une grâce actuellement efficiente » (27 décembre).

L. — En suivant jusqu'au bout l'expérience religieuse de Biran, on s'aperçoit donc que l'alternative ne s'y définit pas d'une façon générale entre le stoïcisme et le christianisme, mais, d'une façon précise et dans le christianisme lui-même, entre l'aspiration de Fénelon à la vie unitive et le pessimisme de Pascal qui se nourrit de sa propre anxiété (je ne veux pas dire, afin de ne les offenser ni l'un ni l'autre par le nom de secte que leurs ennemis ont prétendu leur imposer, entre le *quiétisme* et le *jansénisme*) — alternative qui demeurera longtemps « non tranchée », alternative sans option. Et c'est ce qui nous explique la diversité des interprétations, suivant la tendance propre aux commentateurs qui, légitimement d'ailleurs, quand ils traitent de Biran, pensent à eux bien plus qu'à lui.

En fait, Biran, alors même qu'il se tourne vers la grâce pour lui demander une chance de redressement et de salut, n'oublie pas ce qu'il a retenu de l'enseignement de Cabanis. « Dans l'influence la plus élevée de la grâce, on peut croire qu'il y a toujours une condition organique sans laquelle l'homme qui se sent élevé au-dessus de lui-même n'aurait pas ce sentiment » [2]. Le flux et le reflux de la grâce répondent au rythme circulaire de sa vie psychique. « Personne ne me ravit cette vie de l'âme, cet esprit divin ; il se retire ou revient suivant que l'âme l'attire ou le repousse par un bon ou un mauvais emploi de son activité » [3].

D'autre part, c'est bien dans sa langue propre de psychologue qu'il

---

[1] *Ibid.*, 10 novembre 1817.
[2] *Ibid.*, avril 1821, p. 323.
[3] *Œuvres inédites*, édit. Naville, t. III, p. 304. Cf. p. 323 : « L'esprit souffle où il veut, quelquefois il se retire, l'âme tombe dans la langueur et la sécheresse. »

est tenté de traduire l'idéal mystique, tel que le lui suggèrent les textes auxquels il s'attache de l'Évangile selon saint Jean et de l'Imitation de Jésus-Christ. « Cette communication intime de l'esprit avec notre esprit propre quand nous savons l'appeler, ou lui préparer une demeure au-dedans, est un véritable fait psychologique et non pas de foi seulement »[1]. Déclaration assurément catégorique, qui couperait court à toute hésitation sur l'attitude spirituelle de Biran, si elle ne se trouvait limitée, sinon contredite, par les lignes qui précèdent immédiatement : « J'entends maintenant la communication d'un esprit supérieur à nous qui nous parle, que nous entendons au-dedans, qui vivifie et qui féconde notre esprit sans se confondre avec lui ; car nous sentons que les bonnes pensées, les bons mouvements ne sortent pas de nous-même. » Comme le note Mlle Geneviève Barbillion, l'on trouve un texte semblable à la date du 17 novembre 1820 : « Nos méditations pour être solides ne doivent pas être fondées sur nos propres pensées, mais sur celles de Dieu et sur sa parole même » — *texte, je crois, très important*, ajoute Mlle Barbillion, *la méditation sur le plan psychologique n'est pas suffisante*[2].

Il nous semble donc que l'on a systématisé Biran malgré lui, lorsque de l'expérience religieuse, telle qu'il l'a vécue et qui l'a ramené dans les voies du christianisme, on tire, pour la lui attribuer, une doctrine où l'expérience suffirait à établir la base objective d'une apologétique, comme si l'expérience religieuse chez Biran s'arrachait à la subjectivité de la conscience, qui est $_{p190}$ cependant inséparable de l'empirisme biranien, et mettait hors de conteste, par une sorte d'illumination immédiate, la transcendance de la foi.

Le sentiment du *creux* ne prouve pas que le *relief* existe. Les commentateurs ont souvent pris texte de ce que Biran écrivait le 17 février 1822 : « Quand on est venu au point de renoncer à tout ce qui est sensible, à tout ce qui tient à la chair et aux passions, l'âme a un besoin immense de croire à la réalité de l'objet auquel elle a tout sacrifié, et la croyance se proportionne à ce besoin. » Or, précisément, il en est de ces paroles comme de certains fragments de Pascal. A les lire rapidement et sur un ton d'autorité, elles peuvent paraître péremptoires. Mais il suffit d'y réfléchir pour voir

---

1 *Journal intime*, 20 décembre 1823.
2 De l'idée de Dieu dans la philosophie de Maine de Biran, 1927, p. 127.

qu'elles définissent un problème, alors qu'elles ont l'air de proposer une solution. Prendre acte d'un besoin est une chose, justifier une croyance est tout autre chose. Et comment l'au-delà de l'expérience pourrait-il être donné dans les limites d'une expérience limitée au *moi* ? « Le point de vue mystique qui anéantit la force, ou la met tout en Dieu, annule aussi la substance avec le *moi* » [1]. Il n'y a pas de miracle qui transmue la négation en affirmation. « Pour connaître l'*un* parfait, il faudrait cesser d'être » [2].

 La perspective de la *troisième vie* offrira donc la même discontinuité, sinon la même antithèse, par rapport à l'activité réfléchie de la conscience, que cette activité elle-même présentait par rapport à l'inconscience des représentations passives. « Le dernier degré d'abaissement comme le plus haut point d'élévation peuvent se lier à deux états de l'âme où elle perd également sa personnalité ; mais dans l'un c'est pour se perdre en Dieu, dans l'autre c'est pour s'anéantir dans la créature. L'état intermédiaire est celui où l'être conserve sa personnalité avec sa liberté d'agir ; c'est le *conscium*, le *compos sui*, qui est l'état propre et naturel de l'homme, celui où il exerce toutes les facultés de sa nature, où il développe toute sa force morale en luttant contre les instincts déréglés de sa nature animale, en résistant aux passions, à tous les entraînements, à tous les écarts de l'imagination. Au-dessus et au-dessous de cet état, il n'y a plus de lutte, plus d'effort, ni de résistance, par suite plus de *moi*, l'âme est dans cet état d'élévation… tantôt en se divinisant, tantôt en s'animalisant » [3]. Sans doute y a-t-il dans cette page un écho des trois ordres de Pascal. Seulement Pascal procède avant tout en physicien. L'expérience que l'homme a de sa misère et de sa grandeur devait être simplement, dans l'*Apologie* qu'il projetait, une préparation aux preuves proprement expérimentales que prophéties et miracles nous apportent de l'objectivité de la mission messianique de Jésus, tandis que Biran, réduit aux seules ressources de la psychologie, ne fera que retourner sans fin les termes de l'éternel problème. Pour que l'homme retombe dans l'animalité, il suffit qu'il se laisse aller à sa nature. Mais est-il possible d'en déduire, par une sorte de raisonnement *a contrario*, qu'il lui soit don-

---

1 *Journal intime*, juin 1806, édit. Naville, p. 306.
2 *Journal intime*, édit. La Valette-Monbrun, t. I, p. XL.
3 *Œuvres inédites*, édit. Naville, t. III, p. 516. Deux mots (*ou d'abaissement ?*) semblent manquer à la dernière ligne.

né de se « diviniser » en faisant abnégation de son propre *moi* ? Ici se rencontrent les deux courants qui depuis l'origine traversent la conscience chrétienne, irréductiblement partagée entre le fidéisme de saint Paul et le rationalisme de saint Jean.

Biran, à certains jours, sera tenté de passer par-dessus cette opposition. « Philosophiquement parlant, nous sommes autorisés à distinguer deux sortes de révélations : l'une, qui est uniquement du ressort de la foi ou de l'autorité de la religion, est extérieure à l'homme et fondée sur des moyens, des signes parlés ou écrits ; l'autre, qui est du ressort de la raison ou de l'autorité seule de l'évidence, qui, loin d'exclure la religion, se concilie si heureusement avec elle ; elle est tout intérieure, et peut se faire entendre sans intermédiaire à l'esprit et au cœur de l'homme »[1]. Mais Biran n'est pas homme à se laisser longtemps retenir par les facilités suspectes de l'éclectisme. Derrière ces deux façons inverses d'entendre la révélation, qui ne s'accordent que par l'artifice d'un langage choisi à dessein pour la confusion de la pensée, s'aperçoivent, *psychologiquement parlant*, deux façons antagonistes de concevoir Dieu, ou *Dieu d'intimité spirituelle, qui ne se découvre que dans la solitude*, ou *Dieu d'intention humaine, de geste secourable, qui guérit de la solitude*.

Il est seulement vrai que, de quelque côté que le lecteur incline pour son propre compte, il ne trouvera nulle part une expression plus forte et plus radicale de son sentiment. Les pages suivantes en font témoignage.

L'une est de 1820. Biran a lu Lamennais, qui vient d'écrire dans l'*Essai sur l'indifférence en matière de religion* (t. II, p. VII) : « L'homme isolé, ne pouvant recevoir ni transmettre et cependant voulant vivre, essaie de se multiplier ou de créer en lui les personnes sociales, nécessaires pour conserver et pour perpétuer la vie. Vain travail, stérile, effort d'un esprit qui, cherchant à se féconder lui-même, veut enfanter sans avoir conçu. Ce genre de dépravation, ce vice honteux de l'intelligence, l'affaiblit, l'épuise et conduit à une espèce particulière d'idiotisme qu'on appelle l'idéologie. » Et voici comme Biran réplique : « Misérable, honteuse comparaison empruntée à M. de Bonald, qui devrait faire rougir jusqu'à ses admirateurs ! L'homme qui pense s'isole actuellement de tout ce qui

---

1 *Défense de la philosophie*, édit. NAVILLE, t. III, p. 111.

n'est pas son *moi* ; c'est en s'isolant ainsi, en se renfermant au fond de son âme, comme dit Bossuet [1], dans cette partie où la vérité se fait entendre, que l'homme trouve en lui-même quelque image de cette Trinité qu'il doit adorer et dont tout ce qui est extérieur ou étranger à la pensée, au *moi*, ne peut lui offrir la moindre conception ou n'est propre qu'à le distraire » [2].

En regard reproduisons cet autre texte : « Il faut toujours être deux, et l'on peut dire de l'homme, même individuel, *Vae soli !* (Malheur à celui qui est seul ! *Ecclésiaste*, IV, 10). Si l'homme est entraîné par des affections déréglées qui l'absorbent, il ne juge ni les objets, ni lui-même ; qu'il s'y abandonne, il est malheureux et dégradé ; *Vae soli !* Si l'homme, même le plus fort de raison, de sagesse humaine, ne se sent pas soutenu par une force, une raison plus haute que lui, il est malheureux, et quoiqu'il en impose au-dehors, il ne s'en imposera pas à lui-même. La sagesse, la vraie force, consiste à marcher en présence de Dieu, à se sentir soutenu par lui ; autrement *Vae soli !* Le Stoïcien est seul, ou avec sa conscience de force propre, qui le trompe ; le Chrétien ne marche qu'en présence de Dieu et avec Dieu, par le *médiateur* qu'il a pris pour guide et compagnon de sa vie présente et future » [3].

CONCLUSION

LI. — Nous avons, dans la Première Partie de notre étude, cherché à mettre en évidence l'impératif catégorique de la pensée religieuse, qui, à nos yeux, est de choisir, virilement et radicalement, entre son avenir et son passé. Nous nous sommes demandé, au cours de la Seconde Partie, dans quelle mesure cette conclusion pouvait être éclairée par le spectacle des embarras auxquels nous

---

1 Discours sur l'histoire universelle, II, XIX.
2 *Notes sur l'évangile de saint Jean*, édit. NAVILLE, t. III, p. 296.
3 C'est le dernier fragment du *Journal intime* tel que l'a publié Ernest NAVILLE, p. 387. Dans l'édition de LA VALETTE-MONBRUN, on y trouve encore, de fin mai 1824, ces lignes où le rappel du thème « stoïcien » prélude à l'espérance d'une métamorphose *supra-psychologique* et *supra-terrestre* : « L'homme est doué d'une activité propre, par laquelle il peut de lui-même monter dans l'échelle, avancer son rang et s'y préparer encore une place supérieure, quand son éducation actuelle sera finie, quand la mort aura été entièrement absorbée par la vie. » T. II, p. 343. Cf. *Œuvres inédites*, édit. NAVILLE, III, p. 517.

fait assister la tradition de l'éclectisme. Il serait donc contraire à notre dessein de prolonger l'analyse au-delà de la période où elle apparaît capable d'exercer effectivement son office de discernement impartial et objectif, pour nous engager dans le jeu de courants et de contre-courants qui se produisent de nos jours. Peut-être, d'ailleurs, est-il permis de considérer que la critique de valeur est relative à une critique d'origine ; et plus d'une confusion dans les débats qui mettent aux prises les doctrines contemporaines serait-elle dissipée si l'on prenait d'abord soin de ne pas fermer les yeux sur l'ambiguïté des positions fondamentales auxquelles on se réfère trop souvent comme à des données univoques et immuables.

Que notre intention soit de démontrer l'inanité du monde intelligible ou d'en restaurer l'imagination, dans l'une ou l'autre hypothèse c'est un fait que nous trouverions également *pour nous et contre nous* le criticisme de Kant. Pareillement les formules du positivisme s'exploiteront à notre gré, soit qu'elles condamnent par respect de la science véritable toute attitude religieuse, toute préoccupation métaphysique, soit, au contraire, qu'elles concluent de l'insuffisance sociale et organique du développement simplement intellectuel à la nécessité d'un corps ecclésiastique avec sa prétention à l'exercice d'un « pouvoir spirituel ». Et de même, si le rationalisme est exalté, ce sera, tantôt parce qu'il écarte résolument, tantôt parce qu'il semble légitimer, l'aventure « dialectique », qui elle-même aura son expression, à volonté, dans l'idéalisme de Hegel ou dans le matérialisme de Marx. L'empirisme surviendra, qui n'aura aucune peine à triompher de systèmes qu'il aura fabriqués, ou $_{P194}$ interprétés, dans le seul intérêt de leur démolition. Seulement, ainsi que l'observe avec profondeur M. Pradines, « comme il ne donne à la raison aucun aliment, ne lui impose aucune règle, l'empirisme tend spontanément à se compléter d'une raison affective et mythique, qui, prenant appui sur l'affirmation irrépressible de la causalité, construit tout un monde de forces, de pouvoirs, d'affinités, d'esprits et de dieux, idées dont l'expérience ne nous donne aucune image même confuse » [1].

En un sens, par conséquent, on s'explique comment l'intelligence a pu être tenue pour responsable des enfantillages de la « fonction

---

[1] PRADINES, Mystique et raison, *Journal de psychologie*, 15 juillet-15 octobre 1936, p. 509.

fabulatrice ». Mais, en un autre sens, n'est-il pas équitable de reconnaître qu'à elle aussi revient l'honneur de nous en affranchir par le scrupule et la loyauté de la critique ? Lucien et Voltaire deviennent des bienfaiteurs de l'esprit humain lorsque leur ironie, si maligne soit-elle, sert à faciliter le passage de la religion statique à la religion dynamique, passage dont tant de générations ont espéré, en vain jusqu'ici, qu'il serait définitif et sans retour.

Une des causes, et non des moindres sans doute, de cette incohérence perpétuelle, de cet échange chaotique de valeurs, qui contribue manifestement au désarroi du monde d'aujourd'hui, serait donc à rechercher dans la courbe paradoxale que nous avons vue se dessiner chez les penseurs les plus influents du XIXe siècle, de Hegel à James en passant par Biran, par Comte et par Spencer. Tant que l'on s'en tient à la lettre de leur langage, le conflit se définirait en termes simples : *expérience* d'une part, *raison* de l'autre. En réalité les racines sont bien plus profondes. L'opposé de l'expérience primitive qui transforme naïvement l'*intention* en *objet*, qui fait du *rêve* une *existence*, c'est moins la raison que l'expérience elle-même, mais l'*expérience fine* qui a traversé la raison avec son exigence de rigueur et de contrôle. Et semblablement ce qui a dissipé l'image vaine d'une raison perdue dans la forme stérile de l'identité, ce n'est rien d'autre que la *raison fine* qui sait à son tour traverser l'expérience et y appuyer la norme du jugement de vérité.

Pour une telle raison, non seulement il ne saurait être question d'ériger en aphorisme l'assimilation du réel au rationnel, mais il est évident qu'elle manquerait à sa mission si elle allait dénaturer les choses et les événements sous prétexte de les rationaliser. L'absurde a aussi sa logique ; le propre de l'intelligence est de parvenir à comprendre l'irrationnel comme tel. Le médecin n'est nullement surpris par les propos du fiévreux, il serait étonné, bien plutôt, que le fiévreux ne délirât pas ; et, de même, la fantasmagorie des représentations collectives, leur prétention à l'absolu de la transcendance, c'est tout le contraire d'un scandale pour l'ethnographe qui les ramène à leur origine humaine et naturelle, selon la méthode dont M. Lévy-Bruhl a fourni tant de fois le modèle.

Nous avons donc à nous demander si, de part et d'autre, l'on ne s'est pas enlevé toute chance de solution véritable lorsqu'on s'est borné à l'alternative brutale de l'expérience et de la raison alors qu'il importe avant tout de distinguer deux déterminations de cette alternative : *expérience pure* et *raison pure, expérience fine* et *raison fine*. Dans le premier cas, expérience et raison s'excluent, et mutuellement se condamnent. Dans le second cas, au contraire, expérience et raison s'appellent et se complètent ; et par là se caractériserait ce que M. Bachelard a nommé si heureusement le *nouvel esprit scientifique*. Or il est inattendu, d'autant plus remarquable, que l'approfondissement de cet esprit, avec le développement réellement extraordinaire de nos registres de faits et de nos systèmes d'idées, nous ramène à poser sous leur forme élémentaire les questions fondamentales sur lesquelles l'humanité s'interrogeait dès l'éveil d'une réflexion méthodique.

Il y a quelques mois, M. Gonseth demandait : *Qu'est-ce que la logique ?* Et les débats apparaissent plus vifs que jamais entre ceux qui tendent à enfermer le monde mathématique dans la contexture de propositions énoncées *a priori*, et ceux qui réduisent tout le système des combinaisons dialectiques à un simple jeu de conventions verbales. Le même dissentiment aigu partage les physiciens, pour décider en quoi consiste leur science, théories qui émanent de l'esprit ou données inhérentes à l'univers. Il n'en sera pas autrement pour ce qui concerne l'objet de notre étude. La signification du fait religieux est en cause : avons-nous le droit d'admettre qu'il relève d'une juridiction propre à la conscience, alors qu'au fond il se reconnaît précisément à ceci qu'il ne comporte nullement le progrès qui est constitutif de la fonction scientifique et de la fonction morale ? La religion ne peut se déraciner de la foi, qui elle-même se concentre dans l'attention à un moment unique, moment *transhistorique* de l'histoire humaine, où la vérité qui émane du ciel s'est manifestée sur la terre et à partir duquel la soumission à l'autorité préétablie d'un dogme prend la place et assume le rôle d'une norme intrinsèque ~P196~ de discernement. Nous n'avons pas à récriminer, à essayer de desserrer l'étreinte ; car on ne nous consulte pas : « Nous sommes embarqués. » Que nous nous réclamions d'une orthodoxie rigoureusement définie, ou que nous nous exposions à être traités d'infidèles, d'hérétiques, de « païens », tous, que nous le voulions ou non, que nous le sachions ou non, nous sommes soumis à la même alternative d'immortalité : jouissance sans fin ou supplice sans fin.

Céder à la tentation du philosophe, à la recherche de la vérité par elle-même, « ayant pour but unique l'honneur de l'esprit humain » [1], c'est donc laisser échapper les conditions du problème qu'on se flatte de résoudre. Et contre cette séduction du péché de connaissance, sans cesse renaissante depuis Adam, le croyant doit trouver protection dans la crainte qu'il s'inspire à lui-même de franchir la barrière du sacré. « La foi, disait l'abbé de Broglie, c'est la conviction permanente de certaines doctrines, accompagnée de l'idée que les croire est un devoir, et que les mettre en doute est une pensée coupable » [2].

Sur une semblable formule, un accord qui ne laisse pas d'être impressionnant, s'établira sans peine entre les théologiens qui se situent à l'intérieur d'une Église, qui entreprennent l'apologie d'un culte constitué officiellement, et les sociologues qui demeurent en dehors de toutes les Églises et de tous les cultes, qui s'intéressent seulement à la vie religieuse des autres, afin d'en déterminer les différentes formes et d'en suivre l'évolution, dans une attitude semblable à celle des biologistes devant le comportement des abeilles et des fourmis.

M. Eugène Dupréel disait tout récemment : « A celui qui se propose de rechercher la nature propre du fait religieux, la réflexion de ses devanciers fournit plusieurs manières d'aborder cette étude. Ne signalons que pour mémoire cette entrée traditionnelle que le XVIIIe siècle eût appelée la *porte philosophique.* Elle consiste à considérer la religion avant tout comme une connaissance et à comparer les représentations religieuses à des représentations correspondantes de sens commun ou à celles que suggère l'état de la science. Cela reviendrait à admettre qu'il faut commencer par sé-

---

1 Lettre du mathématicien Jacobi à Legendre (du 2 juillet 1830) : « M. Fourier avait l'opinion que le but principal des mathématiques était l'utilité publique et l'explication des phénomènes naturels ; mais un philosophe comme lui aurait dû savoir que le but unique de la science, c'est l'honneur de l'esprit humain. » *Apud* F. Enriques, *Le Matematiche nella storia e nella cultura*, Bologne, 1938, p. 197.

2 Phrase citée par B. Jacob, *Devoirs*, 1907, p. 37. Herbert Spencer rapporte ce souvenir de sa vingt-cinquième année. Il reçut d'un jeune homme avec lequel il se trouvait lié une lettre où son ami déclarait se refuser à fréquenter plus longtemps quelqu'un qui « avait fermé ses oreilles à tout ce qui n'est pas la raison humaine », afin de se soustraire à une influence dont la seule conséquence possible serait « l'ébranlement de cette foi dont je sens si fort la vérité » (*Autobiographie* traduite et adaptée par Henri de Varigny, 1907, p. 123).

parer, au sein des connaissances religieuses, les affirmations vraies et les affirmations fausses, afin d'expliquer ensuite la production ou le succès du vrai et du faux séparément et par des raisons différentes. Cette manière de poser le problème religieux est trop peu conforme à ce que l'on se représente comme une recherche scientifique pour que nous nous y arrêtions » [1]. La question à laquelle nous nous sommes attardés, qui par-delà le XVIIIe siècle était celle de Platon et celle de Spinoza, se trouverait donc tranchée avant que d'être abordée.

Ne devons-nous pas aller plus loin encore ? Le spectacle de l'éclectisme religieux, tel qu'il s'est présenté à travers les vingt-cinq siècles de notre histoire, semble démontrer à quel point demeure précaire et restreinte la position d'un tiers parti de philosophes à mi-chemin entre de purs théologiens de droite et de purs savants de gauche. Sans doute, si nous nous donnons pour acquises les conclusions de notre Première Partie, si nous nous appuyons sur une exigence de distinction et de clarté dans la pensée pour nous obliger à choisir entre les thèses opposées du réalisme et du spiritualisme relativement au *moi*, à l'univers et à Dieu, nous pourrons nous flatter d'en avoir obtenu la confirmation par l'embarras auquel l'éclectisme s'est condamné dans son mélange perpétuel d'assurance dogmatique au-dehors, d'incertitude et de fragilité au-dedans. Mais la victoire que nous nous attribuons n'est-elle pas trop aisée ? La perspective ne se retourne-t-elle pas lorsque nous abandonnons ce qu'on pourrait taxer de préjugé, que nous acceptons de considérer notre Seconde Partie en elle-même, afin de laisser l'histoire se prononcer librement sur la signification effective de notre Première Partie, sur la prétendue nécessité des options radicales auxquelles nous devrions être contraints ? N'avons-nous pas vu quelle a été la destinée commune des entreprises auxquelles nous nous sommes attachés, « mathématisme » dans l'École de Pythagore ou chez Auguste Comte, idéalisme, non seulement de Kant et de Hegel, mais de Platon et même de Fichte, empirisme cosmologique de Spencer, empirisme psychologique de Biran ? Chez tous ces philosophes, si différent que soit leur point de départ, c'est un $_{p198}$ même désaveu de leur position initiale, un même courant qui les ramène vers des

---

[1] Le caractère le plus fondamental de la religion, Extrait de la *Revue de l'Institut de sociologie*, 1936, no 3, p. 3.

croyances qu'à un moment de leur carrière ils avaient dénoncées comme « des rêveries et des chimères » [1]. Le fait, qui du point de vue rationaliste est sans doute un paradoxe, ne se montre-t-il pas assez constant pour être érigé en loi ? Si la philosophie peut à la rigueur détruire la religion, elle ne sera pas en état de la remplacer.

Telle est l'objection à laquelle la méthode même de notre enquête nous a exposé. Cependant, répondrons-nous, il nous semble difficile que l'esprit humain, qui est avant tout unité, maintienne entre le profane et le sacré cette séparation radicale sur laquelle repose, comme dit M. Lévy-Bruhl, la *catégorie affective du surnaturel*. La foi ne prend conscience d'être la foi que dans la mesure où elle ne réussit pas à entrer en possession pleine et entière de son objet. Un écart reste à combler, un doute à repousser ; il est donc inévitable que le « croyant » cherche à se rendre compte de ce qui peut motiver son doute, tout au moins de ce sur quoi il pourrait porter. Entre l'illumination transcendante et la lumière intérieure, la digue que la « crainte du Seigneur » s'était efforcée d'élever sera sans cesse rompue : le contraire de la crainte, c'est l'espérance, mais c'est aussi le courage. Il faut avoir le courage de son espérance ; et dès lors, la subjectivité de la synthèse cessera de tenir à distance respectueuse l'objectivité de l'analyse. Plus profondément encore peut-être, la question sera de décider si une synthèse qui n'est que subjective, qui ne se fonde pas, selon l'exigence de la méthode, sur la vertu conquérante de l'analyse, est réellement une synthèse, si elle ne se réduit pas, sous un nom flatteur et trompeur, à une ruse de la mémoire qui projette sur le progrès de la conscience l'ascendant mystérieux d'habitudes invétérées, c'est-à-dire, au fond, la tradition banale d'un sens commun.

LII. — Bon gré, mal gré, il faudra en arriver à poser en termes nets et francs le problème que l'éclectisme cherchait à embrouiller ou à dissimuler, et dont aussi bien dépend la vocation spirituelle de l'humanité. Dira-t-on que nous nous convertissons à l'évidence du vrai lorsque nous surmontons la violence de l'instinct, que nous refusons de centrer notre conception du monde et de Dieu sur l'intérêt du *moi* ? ou sommes-nous dupes d'une ambition fallacieuse lorsque nous prétendons, vivants, échapper aux lois de la vie, nous

---

[1] Journal intime de Maine de Biran, du 26 mai au 6 juin 1828.

évader hors de la caverne, pour respirer dans un ₚ₁₉₉ monde sans Providence et sans prières, sans sacrements et sans promesses ?

La clarté de l'alternative explique assez la résistance à laquelle se heurte une conception entièrement *désocialisée* de la réalité religieuse. Un Dieu impersonnel et qui ne fait pas acception des personnes, un Dieu qui n'intervient pas dans le cours du monde et en particulier dans les événements de notre planète, dans le cours quotidien de nos affaires, « les hommes n'ont jamais songé à l'invoquer ». Or, remarque M. Bergson, « quand la philosophie parle de Dieu, il s'agit si peu du Dieu auquel pensent la plupart des hommes que, si, par miracle, et contre l'avis des philosophes, Dieu ainsi défini descendait dans le champ de l'expérience, personne ne le reconnaîtrait. Statique ou dynamique, en effet, la religion le tient avant tout pour un Être qui peut entrer en rapport avec nous » [1]. En vain donc le rationalisme invoquera ses titres de noblesse, tentera de faire valoir « quelque idéal de sagesse ou de beauté, il ne saurait grouper qu'une rare élite et, s'il se borne aux horizons terrestres, il succombe avec l'individu » [2].

Mais ce qui s'imagine au-delà des horizons terrestres ne s'étale-t-il pas encore dans l'espace, comme le temps de la vie future, à laquelle l'individu serait appelé par un démenti éclatant aux conditions de l'existence naturelle, est seulement un temps indéfiniment allongé, image évidemment décevante de l'éternité intrinsèque et véritable ? L'immortalité de l'âme ne se conçoit que dans la conception naïve, que dans l'illusion primitive, d'un temps qui serait un *substantif*, entité simple et homogène par rapport à soi. Pour nous le problème du temps, et particulièrement du temps religieux, se précise de façon toute différente. Le bienfait dont nous serons redevables à l'histoire même de l'éclectisme, c'est de nous mettre définitivement en garde contre l'obscurité née de l'interférence entre des mouvements inverses de flux et de reflux, allant tantôt de l'ancien au nouveau, du statique au dynamique, et tantôt, au contraire, revenant au statique pour tenter d'y appuyer le dynamique, pour faire rentrer, suivant la formule de Comte, la marche du progrès dans la loi de l'ordre.

---

1 Henri BERGSON, Les deux sources de la morale et de la religion, 1932, p. 258.
2 Edouard LE ROY, *Académie des sciences morales et politiques*. Séance publique annuelle du 12 décembre 1936, p. 58.

Et ce qui est vrai du temps de l'histoire est à plus forte raison vrai du temps de la personne. Là aussi, chaque moment apparaît décisif, par cette option qu'il nous propose entre la poussée en quelque sorte rectiligne du temps biologique et l'effort de redressement qui est nécessaire pour nous arracher à la tyrannie inconsciente du passé. En nous retournant sur lui, en le reconnaissant comme passé, nous nous rendrons capable de le soumettre à l'épreuve du jugement, fondé sur l'enchaînement, de mieux en mieux établi à travers les siècles de notre humanité, entre les antécédents et les conséquents.

Nous nous affranchirons du temps simplement vital, dans la mesure où nous en découvrirons la racine intemporelle. La vie, à la prendre en général dans l'absolu de son concept, nous savons trop qu'elle est sans pitié pour les vivants. Elle peut se définir comme l'ensemble des forces qui résistent à la mort ; mais ce n'est là qu'une expression provisoire jusqu'à l'inévitable dénouement qui la révèle comme l'ensemble des forces qui acheminent à la mort. Il est malaisé de décider si l'armée des vivants peut avoir l'espérance, suivant la magnifique image que nous a proposée M. Bergson, de « culbuter la mort » ; mais, puisque *le salut est en nous*, n'est-il pas assuré que l'armée des esprits débouche dans l'éternité, pourvu que nous ayons soin de maintenir à la notion d'éternité sa stricte signification d'immanence radicale ?

Nous le disons à notre tour : il ne s'agit plus pour l'homme de se soustraire à la condition de l'homme. Le sentiment de notre éternité intime n'empêche pas l'individu de mourir, pas plus que l'intelligence du soleil astronomique n'empêche le savant de voir les apparences du soleil sensible. Mais, de même que le système du monde est devenu vrai du jour où la pensée a réussi à se détacher de son centre biologique pour s'installer dans le soleil, de même il est arrivé que de la vie qui fuit avec le temps la pensée a fait surgir un ordre du temps qui ne se perd pas dans l'instant du présent, qui permet d'intégrer à notre conscience toutes celles des valeurs positives qui se dégagent de l'expérience du passé, celles-là mêmes aussi que notre action réfléchie contribue à déterminer et à créer pour l'avenir.

Rien qui ne soit ici d'expérience et de certitude humaines. Par la dignité de notre pensée nous comprenons l'univers qui nous écrase ; nous dominons le temps qui nous emporte ; nous sommes plus qu'une personne dès que nous sommes capable de remonter à la source de ce qui à nos propres yeux nous constitue comme personne, et fonde dans autrui la personnalité à laquelle nous nous attachons. Ainsi, par-delà toutes les circonstances de détail, toutes les vicissitudes contingentes, qui tendent à diviser les hommes, à diviser l'homme lui-même, le progrès de notre $_{P201}$ réflexion découvre dans notre propre intimité un foyer où l'intelligence et l'amour se présentent dans la pureté radicale de leur lumière. Notre âme est là ; et nous l'atteindrons à condition que nous ne nous laissions pas vaincre par notre conquête, que nous sachions résister à la tentation qui ferait de cette âme, à l'image de la matière, une substance détachée du cours de la durée, qui nous porterait à nous abîmer dans une sorte de contemplation muette et morte. La chose nécessaire est de ne pas nous relâcher dans l'effort généreux, indivisiblement spéculatif et pratique, qui rapproche l'humanité de l'idée qu'elle s'est formée d'elle-même.

Si les religions sont nées de l'homme, c'est à chaque instant qu'il lui faut échanger le Dieu de l'*homo faber*, le Dieu forgé par l'intelligence utilitaire, instrument vital, mensonge vital, tout au moins illusion systématique, pour le Dieu de l'*homo sapiens*, aperçu par la raison désintéressée, et dont aucune ombre ne peut venir qui se projette sur la joie de comprendre et d'aimer, qui menace d'en restreindre l'espérance et d'en limiter l'horizon.

Dieu difficile sans doute à gagner, encore plus difficile peut-être à conserver, mais qui du moins rendra tout facile. Comme chaque chose devient simple et transparente dès que nous avons triomphé de l'égoïsme inhérent à l'instinct naturel, que nous avons transporté dans tous les instants de notre existence cette attitude d'humilité sincère et scrupuleuse, de charité patiente et efficace, qui fait oublier au savant sa personnalité propre pour prendre part au travail de tous, pour ne songer qu'à enrichir le trésor commun !

Aller jusqu'au bout dans la voie du sacrifice et de l'abnégation, sans chercher de compromis entre les deux mouvements inverses et inconciliables de *marche en avant* et de *retour en arrière*, nous avons à cœur de dire, une fois de plus, que ce n'est nullement, selon nous, rompre l'élan imprimé à la vie religieuse par les confessions qui ont nourri la pensée de l'Occident, contredire l'exemple de leurs héros et de leurs saints. Nous avons appris de Pascal que la lutte n'est pas entre l'Ancien et le Nouveau Testament, mais dans l'Ancien même entre les « juifs charnels » et les « juifs spirituels », comme dans le Nouveau entre les « chrétiens spirituels » et les « chrétiens charnels ». Et la parole demeure, qui passe outre à la séduction pieuse de l'éclectisme : *On ne sert pas deux maîtres à la fois*, seraient-ce (oserons-nous conclure) la puissance du Père et la sagesse du Fils.

ISBN : 978-2-37976-143-0

www.ingramcontent.com/pod-product-compliance
Lightning Source LLC
LaVergne TN
LVHW040051080526
838202LV00045B/3588

9782379761430